third edition

Façon de Parler 2

French for Beginners

Angela Aries & Dominique Debney

Hodder & Stoughton

A MEMBER OF THE HODDER HEADLINE GROUP

Acknowledgements

ements

For James, Nadine, Katherine and Michelle

The authors and publishers are grateful to the following for permission to reproduce photographs:

Avis p269; Bailey of Bristol p119 (top); Anna Cairncross p119 (centre); Corbis p36 (top left & right), 40 (left), 42, 164, 176, 180, 181 (right), 337; James Davis Travel Library p119 (bottom), 163; Owen Franken p216; Ronald Grant Archive p33 (*Les Enfants du Paradis*); imax p142; Life File/Louise Oldroyd p40 (right), /Emma Lee p45, /Giles Stokoe p181 (left), /Nicola Sutton p36 (bottom), 87, /Flora Torrance p105, /Terence Wacland p65, 224, /Andrew Ward p336 (bottom); © Photostore p336 (top); © David Simpson p161; Roger Viollet p324, © Lipnitzki-Viollet p33 (Prévert), © Harlingue-Viollet p191.

Orders: Please contact Bookpoint Ltd, 130 Milton Park, Abingdon, Oxon OX14 4SB. Telephone: (44) 01235 827720, Fax: (44) 01235 400454. Lines are open from 9.00–6.00, Monday to Saturday, with a 24-hour message answering service.
You can also order through our website at www.madaboutbooks.com

British Library Cataloguing in Publication Data
A catalogue record for this title is available from The British Library

ISBN 0 340 77237 9

Third edition published 2001

Impression number	10 9 8 7 6 5
Year	2006 2005 2004 2003

Copyright © 2001 Angela Aries and Dominique Debney

Typeset by Servis Filmsetting Ltd, Manchester.
Designed by Claire Brodmann Book Designs, Lichfield. Cover illustration: Melanie Barnes.
Illustrations by Gillian Martin, Chris Long and David Hancock.
Printed in Great Britain for Hodder & Stoughton Educational, a division of Hodder Headline, 338 Euston Road London NW1 3BH by J. W. Arrowsmiths, Bristol.

Contents

Abbreviations and symbols

lit. = literally translated
fam. = familiar
m. = masculine
f. = feminine
pl. = plural
sing. = singular
pol. = polite form
inv. = invariable
⚠ = irregular verb

Introduction

Façon de Parler! Book 2 is the second part of a comprehensive course for adult beginners wishing to reach GCSE standard and beyond. It is suitable for those wishing to reach a good level of communicative competence when they travel in francophone countries, whether or not they seek formal qualifications.

This fully revised new edition of Book 2 consists of:

- a coursebook, containing eighteen study units, six revision units, and a grammar reference section
- two specially recorded audio cassettes, containing dialogues from the coursebook, as well as listening comprehension exercises
- an accompanying booklet with the text of the listening material, and a key to the exercises in the book and on the cassettes

The eighteen study units form the core of the course. Each unit contains:

 presentation material – dialogues, short descriptions, broadcasts, etc.

 à vous!, individual, pair- and group-work to improve speaking skills

 avez-vous compris?, designed to check comprehension of the presentation material

 écoutez bien!, material designed to increase listening skills and build up confidence

- **qu'est-ce que ça veut dire**, a box listing useful words and expressions used in each of the presentations
- **un peu de grammaire**, a brief grammar summary
- a range of exercises to develop speaking, reading and writing skills

To extend speaking skills, rôle play (**jeux de rôles**) and free exercises to elicit the student's own opinions (**et vous?** sections) appear regularly throughout the book, in addition to extended reading passages (**lecture**) and games and quizzes (**faites nos jeux!**). **Qu'est-ce que ça veut dire?** sections help with the key words and expressions introduced. However, at this stage students are advised to use a dictionary in order to benefit from the range and variety of language in the course.

The recorded material forms an integral part of the course and, together with the study guide booklet, is essential for those working on their own. *Façon de Parler Plus!*, the brand new package accompanying both parts of the course, is strongly recommended to Teachers. Consisting of an Activity Book of photocopiable material suitable for all levels and a matching cassette it provides essential further practice and assessment for those learning French with *Façon de Parler*.

Première unité

re unité

on se présente!

Vous souvenez-vous de nos amis de *Façon de Parler!*? Non? Alors, écoutez-les se présenter.

Guillaume   Bonjour! Je m'appelle Guillaume Lejeune. J'ai 21 ans.
Je suis étudiant à Paris. Pendant les vacances, pour
me faire un peu d'argent, je travaille pour la société
Tourama; je sers de guide à des groupes de touristes.

Interviewer   Et vous, Jeanne, pouvez-vous vous présenter?

Jeanne   Avec plaisir! Je m'appelle Jeanne Chouan. Je suis professeur de sciences
naturelles. Je suis célibataire.

Interviewer   Où habitez-vous?

Jeanne   J'habite à Luçon. C'est en Vendée, dans l'ouest de la France.

Interviewer   Et vous, Sylvie, d'où êtes-vous?

Sylvie   Moi, je suis de Grasse, en Provence, dans le sud-est de la France. Je suis
ouvrière dans une usine de parfums. Je ne suis pas mariée non plus.

Interviewer   Vous avez un petit ami?

Sylvie   Non, pas en ce moment.

Interviewer   Puis-je vous demander votre numéro de téléphone?

Sylvie   Bien sûr. C'est le 04 93 35 09 12.

Interviewer   Annick et Yves, est-ce que vous êtes mariés?

Yves   Non, pas encore, mais nous sommes fiancés.
Annick est fonctionnaire. Mais moi, je
ne travaille pas dans un bureau. Je
préfère travailler en plein air; je suis
marin-pêcheur. Nous habitons tous
les deux à Quimper, en Bretagne,
depuis six mois.

Interviewer   Vous, Claire, vous êtes de Normandie, n'est-ce pas?

Claire   C'est exact. J'ai un appartement à Rouen, 160, avenue de Bretagne. Je travaille
à temps partiel parce que j'ai deux enfants, un fils de onze ans, Paul, et une fille
de sept ans, Élisabeth. Ils s'adorent, mais ils se disputent souvent!

Interviewer	Et vous, Henri, avez-vous des enfants?
Henri	Non, malheureusement. Je suis divorcé et je n'ai pas d'enfants, mais j'ai un chat très affectueux qui s'appelle Moustache.
Interviewer	Où habitez-vous?
Henri	J'ai une petite maison à Nuits-Saint-Georges, près de Dijon, en Bourgogne. Je suis pharmacien, mais naturellement, je préfère le bon vin aux médicaments!

QU'EST-CE QUE ÇA VEUT DIRE?   *WHAT DOES THAT MEAN?*

on se présente	*introducing oneself*
se souvenir (de)	*to remember*
je sers de guide (servir)	*I act as a guide (to serve)*
ne . . . non plus	*not . . . either*
pas encore	*not yet*
depuis	*for, since*
un(e) fonctionnaire*	*a civil servant*
malheureusement	*unfortunately*
affectueux(-se)	*affectionate*

The symbol indicates an irregular verb. Please refer to the verb table (on page 000).

*Many people in France work in the public sector – teachers, policemen etc.

avez-vous compris?   *did you understand?*

Relisez les dialogues, puis répondez *vrai* ou *faux*. Si vous le pouvez, corrigez les erreurs. *Re-read the dialogues, then answer **true** or **false**. Correct the mistakes if you can.*

1 Guillaume est jeune.

2 Il est guide de profession.

3 Jeanne habite dans l'est de la France.

4 Elle n'est pas mariée.

5 Grasse est une ville de Vendée.

6 Sylvie travaille dans un magasin.

7 Annick et Yves sont fiancés depuis six mois.

8 Ils habitent dans l'ouest de la France.

9 Yves travaille sur un bateau.

10 Claire a deux enfants.

11 Henri est bourguignon.

12 Il vend du vin.

à vous!   *your go!*

1 Regardez la carte de France ci-dessous. Écrivez en français les détails concernant chaque personne présentée. *Look at the map of France below. Write in French the details concerning each person introduced.*

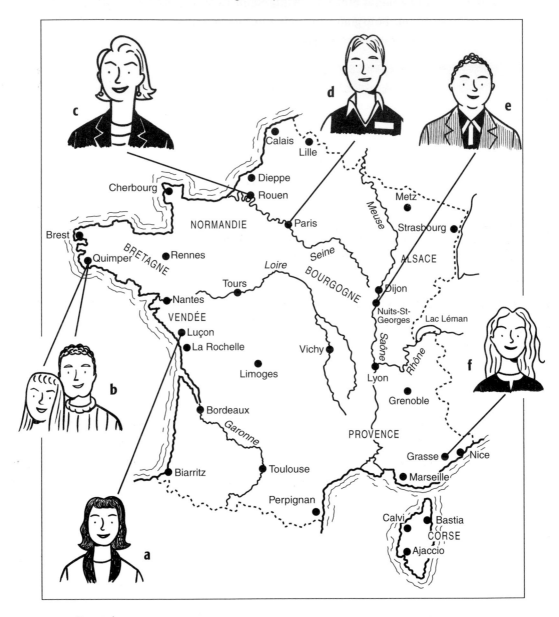

Exemple:

a Jeanne habite à Luçon en Vendée dans l'ouest de la France. Elle est professeur de sciences naturelles. Elle est célibataire.

2 Complétez les dialogues ci-dessous. *Fill in the gaps in the dialogues below.*

a – _____ habitez-vous?
– J'habite _____ Brest, _____ Bretagne, _____ l'ouest de la France.

b – Vous _____ des enfants?
– Oui, _____ une fille _____ s'appelle Isabelle.

c – Quel est votre métier?
– Je _____ travaille _____. Je suis étudiant.

d – Est-ce que vous _____ dans un hôpital?
– Non, je _____ ouvrier d'usine.

e – Vous _____ bourguignon, n'est-ce pas?
– C'est exact. Je suis _____ Dijon.

f – Est-ce que vous êtes mariée?
– Oui, je suis mariée _____ dix ans.

jeu de rôles *rôle play*

Conseil: Révisez les nombres cardinaux, page 386. *Advice: Revise the cardinal numbers on page 386.*

Exemple:
Read the Laurent / Laure dossier then practise the conversation following it with your partner.

A Dossier de **LAURENT / LAURE** 26 ans Célibataire	**B** Vous êtes **LAURENT / LAURE** 25 ans Célibataire

A Vous vous appelez Laurent / Laure.

A Vous avez 26 ans.

A Vous êtes célibataire.

B C'est exact.

B Non. J'ai 25 ans.

B C'est exact.

(Partenaire A: tournez à la page 6. *Partner A: turn to page 6.*)

(Partenaire B: tournez à la page 13. *Partner B: turn to page 13.*)

Partenaire A

A1 Now imagine that you have been given some information about Partner B (Christian / Christiane). As you are only double-checking, *do not ask questions*, but make statements instead.

If your information is wrong, your partner will set the record straight so that you can correct his / her file (**son dossier**).

> Dossier de
> **CHRISTIAN / CHRISTIANE**
> **Âge**: 43 ans
> **Ville / Région**: Planville, Bretagne
> **Adresse**: 14, rue Victor Hugo
> **Situation de famille**: marié(e)
> **Enfants**: 1 fils, Claude
> **Travail**: bureau

A2 Imagine that you are Jacques / Jacqueline. This time your partner is checking information about you. Set the record straight if he / she makes a mistake.

> Vous êtes
> **JACQUES / JACQUELINE**
> **Âge**: 31 ans
> **Ville**: Paris
> **Numéro de téléphone**: 01.48.16.25.96
> **Situation de famille**: célibataire
> **Animaux**: 1 chat, Mimi
> **Métier**: ingénieur

et vous?   *and what about you?*

Pouvez-vous vous présenter? Dites votre nom, parlez de votre famille et de votre travail. Expliquez où vous habitez, depuis quand et, si vous voulez, donnez votre adresse et votre numéro de téléphone.
Prenez des notes. *Take notes*. Listen while the other members of the class introduce themselves.
Vérifiez avec le professeur. *Check with the teacher*.

on se décrit

Paul Ouate parle de sa mère.

Interviewer	Salut, Paul! Tu peux me parler de ta maman?
Paul	Euh . . . Elle s'appelle Claire . . . Elle a les cheveux courts, blonds . . . Elle est . . . Elle est . . . Elle est très bavarde et très curieuse. C'est l'idéal parce qu'elle est enquêteuse pour la SNES!
Interviewer	La SNES? Qu'est-ce que c'est?
Paul	Je sais pas exactement. Un truc de sondages. Elle pose des questions aux gens dans la rue.
Interviewer	Et qu'est-ce qu'elle fait, quand elle a du temps libre?

Paul	Euh . . . Elle aime bien lire et écouter de la musique. Et elle a toujours la radio dans la voiture et dans la cuisine.
Interviewer	Elle fait bien la cuisine?
Paul	Bof! Comme ci comme ça!

QU'EST-CE QUE ÇA VEUT DIRE?   *WHAT DOES THAT MEAN?*

on se décrit	*describing oneself / each other*
court(e)	*short*
bavard(e)	*talkative*
curieux(-se)	*inquisitive, nosey*
un(e) enquêteur(-euse)	*market researcher*
SNES (Société Nationale d'Enquêtes par Sondages)	(fictitious) *survey and opinion poll company*
un truc	*a thing, a whatsit*
les gens (m.)	*people*
Bof!	(familiar term expressing lack of interest or enthusiasm; *Dunno! It's OK, I suppose!*)

on se décrit (suite)

Antoine parle de son frère jumeau, Dominique.

Interviewer	Antoine, pouvez-vous me parler de votre frère?
Antoine	Oui, avec plaisir. Il est cuisinier, comme moi. Nous travaillons dans le même restaurant à Ajaccio, en Corse. Nous nous ressemblons beaucoup. Nous avons les yeux noirs et les cheveux bruns. Nous n'avons pas beaucoup de cheveux mais nous avons une barbe et une moustache tous les deux. La seule différence, c'est que Dominique porte des lunettes.
Interviewer	Vous vous entendez bien?
Antoine	Oui. On va souvent au cinéma ou à des matchs de foot ensemble. Quelquefois, on va dans une discothèque avec des copines, mais moi, je n'aime pas tellement danser.
Interviewer	Quelle est la principale qualité de Dominique?
Antoine	Il est toujours de bonne humeur.
Interviewer	Et vous?
Antoine	Eh bien, moi, je suis beau, intelligent, riche, spirituel, courageux, généreux, honnête . . .

Interviewer	Vous n'oubliez pas quelque chose?
Antoine	Quoi donc?
Interviewer	Modeste, bien sûr!

QU'EST-CE QUE ÇA VEUT DIRE? *WHAT DOES THAT MEAN?*

un frère jumeau	*a twin brother*
se ressembler	*to look alike*
oublier	*to forget*
s'entendre bien	*to get on well*
un copain / une copine	*a friend* (fam.)
pas tellement	*not much*
une qualité	*a (good) quality*
être de bonne humeur	*to be in a good mood*
spirituel(le)	*witty*

on se décrit (suite)

Laurent parle de sa petite amie, Chantal, à un ami.

Laurent	Chantal est très douée en anglais.
Ami	Et toi?
Laurent	Moi, je suis nul!
Ami	Et comment est-elle physiquement?
Laurent	Elle est très jolie. Elle est de taille moyenne. Elle est mince. Elle a les yeux bleus et les cheveux bruns. Et elle est toujours élégante. L'idéal, quoi!
Ami	Tu as de la chance, dis donc!
Laurent	Mais, elle aussi, elle a de la chance, non?

QU'EST-CE QUE ÇA VEUT DIRE? *WHAT DOES THAT MEAN?*

doué(e)	*gifted*
nul(le)	*no good, hopeless*
dis donc (fam.)	*aren't you?* (here)

on se décrit (suite)

Monsieur Brède, boulanger-pâtissier à Rouen, parle de sa femme à un ami.

Ami	Et votre femme, ça va?
M. Brède	Ah, ma femme! Elle est toujours de mauvaise humeur en ce moment!
Ami	Ah bon, pourquoi?
M. Brède	Eh bien, elle est de mauvaise humeur quand elle mange trop, parce que ça la fait grossir et elle est de mauvaise humeur quand elle est au régime, parce qu'elle a faim.
Ami	Elle est gourmande?
M. Brède	Très! Elle adore faire de bons petits plats, surtout des recettes normandes.
Ami	Qui sont très riches!
M. Brède	C'est vrai! Et en plus, elle mange trop de gâteaux.
Ami	Il faut dire que c'est tentant quand on travaille dans une boulangerie-pâtisserie!
M. Brède	C'est vrai, mais elle n'a pas beaucoup de volonté! Résultat, elle croit qu'elle est malade et elle est toujours fourrée chez le médecin.

QU'EST-CE QUE ÇA VEUT DIRE?   *WHAT DOES THAT MEAN?*

être de mauvaise humeur	*to be in a bad mood*
être au régime	*to be on a diet*
gourmand(e)	*someone who enjoys good food / greedy*
une recette	*a recipe*
ne pas avoir de volonté	*to lack willpower*
elle est toujours fourrée chez . . .	*she's forever at . . .*

on se décrit (suite)

Maintenant, c'est François Muller qui se décrit.

Interviewer	Est-ce que vous pouvez vous décrire, Monsieur Muller?
François	Je vais essayer! Euh . . . J'ai 40 ans. Je mesure 1 mètre 90. J'ai les cheveux bruns et les yeux gris. Je fais du sport pour rester en forme et garder la ligne. Je vais à la piscine toutes les semaines et je joue au golf. Mes qualités? Je ne sais pas, il faut le demander à ma femme! Mes défauts? Je ne suis pas très patient et je suis têtu.

| Interviewer | Parce que vous êtes alsacien? |
| François | Peut-être! |

QU'EST-CE QUE ÇA VEUT DIRE?	WHAT DOES THAT MEAN?
essayer	*to try*
rester en forme	*to keep fit*
garder la ligne	*to keep one's figure*
têtu(e)	*stubborn, headstrong*
alsacien(ne)	*from Alsace*

on se décrit (suite et fin)

Josée Cousin, la Martiniquaise, parle de ses enfants.

Interviewer	Vous avez beaucoup de problèmes avec vos enfants?
Josée	Non, je n'ai pas à me plaindre! Simon est très gentil. À la maison, il fait souvent la vaisselle et il passe l'aspirateur, mais à l'école, il est paresseux.
Interviewer	Il est sportif?
Josée	Oui. Il adore l'athlétisme et il aime jouer au basket.
Interviewer	Et Annette?
Josée	Elle travaille bien à l'école, mais elle est timide. Elle, elle adore la musique. Elle chante toutes les chansons du hit-parade.
Interviewer	Elle chante bien?
Josée	Non, malheureusement. Elle chante faux.

QU'EST-CE QUE ÇA VEUT DIRE?   *WHAT DOES THAT MEAN?*

Je n'ai pas à me plaindre!	*I've got nothing to complain about!*
gentil(le)	*kind*
paresseux(-se)	*lazy*
elle chante faux	*she can't sing in tune*

avez-vous compris?   *did you understand?*

Relisez les descriptions. *Re-read the descriptions.*

Faites la liste des qualités et des défauts utilisés. *Make a list of the good qualities and faults mentioned.*

Qualités	Défauts
beau	bavarde

Qui est-ce? Donnez le nom des personnes décrites. *Who is it? Give the name of the people described.*

1 Ils ont les yeux noirs.

2 Il est grand.

3 Elle est timide.

4 Elle est hypocondriaque.

5 Il est impatient.

6 Elle parle beaucoup.

7 Ils portent la barbe et la moustache.

8 Il est têtu.

9 Elle a les cheveux blonds.

10 Elle n'est jamais de bonne humeur.

11 Il est paresseux mais il est gentil.

12 Elle mange trop.

13 Ils ne sont pas très modestes.

14 Elle est bonne en anglais.

15 Elle n'a pas beaucoup de volonté.

16 Elle aime la musique et la lecture.

17 Ils sortent souvent.

18 Elle est satisfaite de ses enfants.

à vous! *your go!*

1 Choisissez un adjectif. *Choose an adjective*. Find one that describes each of these characters. (You might need to look some words up. Make sure the adjectives agree in gender and number. If in doubt, refer to the Grammar box on page 14.)

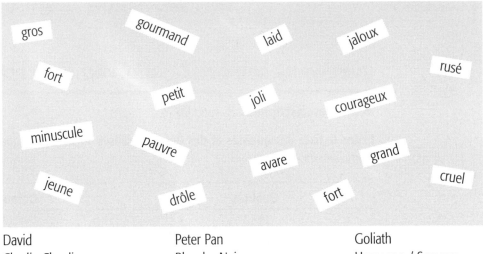

David

Charlie Chaplin

Tom Pouce

Obélix

Astérix

Peter Pan

Blanche-Neige

la belle-mère de
    Blanche-Neige

Attila

Goliath

Harpagon / Scrooge

Cendrillon

les sœurs de Cendrillon

Gargantua

Exemple: David = courageux

2 Cochez seulement les mots et expressions utilisés dans les dialogues. *Tick only the words and expressions used in the dialogues.*

- **jouer au** badminton / tennis / golf / foot / basket / volley / squash / ping-pong / Scrabble
- **jouer aux** échecs / cartes / fléchettes
- **faire du** ski / cheval / vélo / yoga / judo / patin à glace
- **faire de la** natation / voile / gymnastique / musculation
- **regarder** la télévision / **écouter** la radio / de la musique / **chanter** / **danser** **lire** / **coudre** / **tricoter** / **faire** les mots croisés / **faire collection de . . .**
- **sortir** / **aller** au cinéma / à la piscine / **manger** au restaurant
- **faire** le ménage / la vaisselle / la cuisine / la lessive / les courses / les lits / le jardinage
- **repasser** / **passer l'aspirateur** / **ranger** / **laver**

et vous? *and what about you?*

Travaillez avec un / une partenaire. *Work with a partner.*
First take it in turns to describe yourself. Include one or two obvious inaccuracies for your partner to spot.

Now prepare a series of statements to try to find out more about your partner's tastes. Your conversation should be similar to that in the **jeu de rôles**. You might like to give some extra information in your answers.

Exemple:

A Vous jouez au tennis.

B Non. Je joue au badminton.

A Vous aimez faire la cuisine.

B C'est exact. J'aime bien préparer des plats français.

jeu de rôles *rôle play*

Partenaire B

(**Partenaire A: tournez à la page 6.** *Partner A: turn to page 6.*)

B1 Imagine that a civil servant is checking your file (**votre dossier**). If his / her information is wrong, set the record straight.

> Vous êtes
> **CHRISTIAN / CHRISTIANE**
> **Âge**: 44 ans
> **Ville / Région**: Planville, Normandie
> **Adresse**: 14, rue Victor Hugo
> **Situation de famille**: divorcé(e)
> **Enfants**: 1 fille, Claude
> **Travail**: magasin

B2 This time you are the civil servant checking a file. Imagine that you have been given some information about Partner A (Jacques / Jacqueline). As you are only double-checking, *do not ask questions*, but make statements instead.

If your information is wrong, your partner will set the record straight so that you can correct his / her file (**son dossier**).

> Dossier de
> **JACQUES / JACQUELINE**
> **Âge**: 32 ans
> **Ville**: Paris
> **Numéro de téléphone**: 01.48.16.25.87
> **Situation de famille**: célibataire
> **Animaux**: 1 chien, Max
> **Métier**: architecte

UN PEU DE GRAMMAIRE

A LITTLE GRAMMAR

à . . .	(+ town)
e.g. je travaille **à Londres**	*I work in London*

en . . .	(+ feminine countries / regions)
e.g. j'habite **en Angleterre**	*I live in England*
j'habite **en Bretagne**	*I live in Brittany*
j'habite **en Corse**	*I live in Corsica*

but: **à la . . .**	(+ small island)
e.g. j'habite **à la Martinique**	*I live in Martinique*

au . . .	(+ masculine countries)
e.g. j'habite **au Pays de Galles**	*I live in Wales*
je vais en vacances **au Portugal**	*I go on holiday to Portugal*

depuis	*for, since*
je travaille **depuis six mois**	*I've been working for six months*
j'habite en France **depuis 1999**	*I've been living in France since 1999*

Agreement of adjectives

il est grand / **elle** est grand**e**	*he / she is tall*
ils sont grand**s**	*they are tall* (masc. or mixed)
elles sont grand**es**	*they are tall* (fem. only)

but:	
il est jeune / elle est jeune	*he / she is young*
il est paresseux / elle est paresseuse	*he / she is lazy*
il est spirituel / elle est spirituelle	*he / she is witty*
il est sportif / elle est sportive	*he / she is sporty*
ils sont curieux / elles sont curieuses	*they are inquisitive / nosey*

Verb conjugation
Please refer to the verb table from page 376 onwards.

▶ **Grammaire** 1, 2, 3

EXERCICES

A **Utilisez les noms et adjectifs ci-dessous de façon différente.** *Use the nouns and adjectives below in different ways.*

Exemples: Un professeur intéressant. Un enfant curieux.

un professeur sympathique	une actrice célèbre
un homme curieux	une voisine bavarde
un problème délicat	une secrétaire bilingue
un appartement moderne	une femme élégante
un enfant paresseux	une voiture rapide
un étudiant timide	une question difficile
un livre ennuyeux	une cliente patiente
un sport dangereux	une histoire intéressante
un père indulgent	une remarque sérieuse
un animal intelligent	une vendeuse aimable

B **Imaginez que vous venez de rencontrer votre partenaire idéal(e)! Faites une description détaillée. Utilisez le texte suivant**. *Imagine that you have just met your ideal partner! Write a detailed description. Use the following text.*

Je viens de rencontrer l'homme / la femme de ma vie. Il / Elle s'appelle (**1**) _____ . Il / Elle a (**2**) _____ ans. Il / Elle est (**3**) _____ . Il / Elle mesure (**4**) _____ . Il / Elle a les yeux (**5**) _____ et les cheveux (**6**) _____ . Il / Elle aime faire (**7**) _____ , jouer (**8**) _____ , aller (**9**) _____ et (**10**) _____ . Il / Elle a beaucoup de qualités. Il / Elle est (**11**) _____ . (**12**) _____ et (**13**) _____ . Malheureusement, il / elle est aussi (**14**) _____ et (**15**) _____ . Personne n'est parfait!

C **Aidez d'autres personnages de *Façon de Parler!* à se présenter. Utilisez les notes à la page 16**. *Help other characters from **Façon de Parler!** to introduce themselves. Use the notes on page 16.*

Exemple: Je m'appelle Lucien Cousin. J'habite à Fort-de-France à la Martinique. Je suis marié. J'ai . . .

Lucien Cousin: médecin; Fort-de-France, Martinique; marié; 2 enfants (Simon, 12 ans, Annette, 9 ans); natation, tennis, musculation

Marie Muller: appartement; Strasbourg, Alsace; mari, ingénieur; 2 enfants; un cochon d'Inde; infirmière (hôpital: 2 heures – 6 heures); aérobic; promenades

Claude Dupré: fermier (petit village à 15 km de Rouen, Normandie); marié; femme, Liliane, de Grenoble dans les Alpes; 4 enfants (Jean-Pierre, 17 ans, Paul, 15 ans, Colette, 13 ans et Philippe, 11 ans) qui aident pendant les vacances; parents à la retraite; mère fait cuisine pour toute la famille

Chantal: 23 ans; célibataire; petit ami (Laurent, 25 ans), vendeuse (magasin: Primono); cours d'anglais; cinéma, discothèque; adore musique

Monsieur Déveine: Dijon, Bourgogne; ami de Henri Boivin; marié; homme d'affaires; au chômage

D **Imaginez que vous venez de rencontrer une personne que vous n'aimez pas. Écrivez à votre ami(e) français(e) pour lui en parler.** *Imagine that you have just met a person that you do not like. Write to your French friend to tell him / her about it.*

E **Faites votre autoportrait et décrivez les membres de votre famille, en vue d'un jumelage avec une ville française. Parlez aussi de vos passe-temps.** *Describe yourself and the members of your family, with a view to a twinning with a French town. Also mention your hobbies.*

écoutez bien! *listen carefully!*

Listen to a civil servant checking the information on a file. Then imagine that you are the civil servant. Correct the mistakes on the form below.

> **Numéro de dossier:** 6529
> **Nom de famille:** LEGROS **Prénom:** Patricia
> **Âge:** 40 ans
> **Situation de famille:** Célibataire
> **Enfants:** 0 **fils** 0 **fille(s)**
> **Couleur des yeux:** Bleus
> **Taille:** 1 m 50
> **Profession:** Architecte
> **Passe-temps:** Voile, bridge
> **Adresse:** 64, rue de Nancy, Paris 10ème*

*(10ème = 10th **arrondissement**. Paris is divided into twenty administrative districts called **arrondissements**.)

Deuxième unité

un week-end difficile

Lundi matin, Jeanne demande à ses élèves ce qu'ils ont fait pendant le week-end.

Laure Moi, dimanche, j'ai fini mes devoirs et j'ai aidé ma mère. J'ai fait la vaisselle et j'ai cassé un verre.

Isabelle Avant-hier, moi je n'ai rien fait, mais mon frère a perdu sa montre, ma sœur a acheté une robe et mon chien a mordu le facteur.

Michel Hier, j'ai dormi jusqu'à midi. L'après-midi, mes amis et moi on a joué au football, et le soir, j'ai écouté les CD de mon groupe préféré.

Thomas Et moi, hier, j'ai attendu l'heure du programme sportif, et j'ai regardé la télé tout l'après-midi. Ma sœur m'a parlé, mais je ne lui ai pas répondu!

Michel Et vous, mademoiselle, avez-vous dormi jusqu'à midi hier?

Jeanne Non, je n'ai pas dormi jusqu'à midi.

Thomas	Est-ce que vous avez regardé la télé?
Jeanne	Non, je n'ai pas regardé la télévision.
Isabelle	Qu'est-ce que vous avez fait?
Jeanne	J'ai téléphoné à une amie, nous avons bavardé longtemps, j'ai oublié mes pommes de terres et elles ont brûlé.
Laure	Et alors, qu'est-ce que vous avez fait?
Jeanne	Alors, j'ai mangé au restaurant!

QU'EST-CE QUE ÇA VEUT DIRE?

un(e) élève	*a pupil*
avant-hier	*the day before yesterday*
mordre	*to bite*
préféré(e)	*favourite*
jusqu'à	*until, up to*
brûler	*to burn*

avez-vous compris?

Répondez *vrai* ou *faux*.

1   Dimanche, Laure a fini ses devoirs.

2   Elle n'a pas aidé sa mère.

3   Elle n'a pas fait la vaisselle.

4   Isabelle n'a rien fait, avant-hier.

5   Elle n'a pas perdu sa montre.

6   Michel n'a pas dormi jusqu'à midi, hier.

7   Le soir, il a écouté des disques.

8   Hier, Thomas a attendu l'heure du programme sportif.

9   Il n'a pas regardé la télé tout l'après-midi.

10 Jeanne Chouan a téléphoné à une amie et elles ont bavardé longtemps.

11 Elle n'a pas oublié ses pommes de terre.

12 Elle n'a pas mangé chez elle.

à vous!

Choisissez les bons mots pour raconter le week-end désastreux de Marie!

fait   choisi   téléphoné   cassé   bavardé   mordu

aidé   mangé   fait   perdu   oublié   brûlé

Samedi après-midi, j'ai (**1**) _____ ma mère. J'ai (**2**) _____ la vaisselle, mais malheureusement j'ai (**3**) _____ trois assiettes. Puis j'ai (**4**) _____ la cuisine. Mon petit ami m'a (**5**) _____ et nous avons (**6**) _____ longtemps. J'ai (**7**) _____ la viande et elle a (**8**) _____ ! Alors, le soir, nous avons (**9**) _____ au restaurant où j'ai (**10**) _____ un plat qui n'était pas tellement bon. Pour tout arranger, le chien de la patronne m'a (**11**) _____ et mon petit ami a (**12**) _____ son portefeuille!

 ## la vie quotidienne

Et nos touristes, qu'est-ce qu'ils ont fait récemment?

Martin Tu as ouvert une bonne bouteille hier, hein?

Henri Ah oui, mais j'ai trop bu et j'ai trop chanté, tu sais!

Martin Alors aujourd'hui, je suppose que tu as mal à la tête et à la gorge!

Henri Oui, mais c'était super!

Philippe	Vous avez reçu beaucoup de cadeaux pour votre anniversaire, Sylvie?
Sylvie	Bien sûr! Du parfum, des chocolats, des fleurs . . . Et le soir, j'ai mis une robe neuve et je suis allée au restaurant avec des amis.
Philippe	Vous avez bien mangé?
Sylvie	Oui, c'était délicieux!

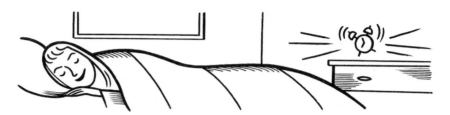

Le directeur	Mademoiselle Le Goff, pourquoi avez-vous été en retard au bureau lundi matin?
Annick	Je suis désolée, Monsieur le directeur, mais je n'ai pas entendu le réveil. C'était exceptionnel!
Le directeur	Quelle excuse! Vous avez lu mon rapport et ouvert mes lettres, j'espère!
Annick	Alors, vous avez eu une tempête en mer la semaine dernière?
Yves	Oui, nous avons eu très peur. J'ai vu des éclairs énormes! C'était effrayant!
Annick	Mon pauvre chou! Et vous n'avez pas pris beaucoup de poissons?
Yves	Ah non, évidemment.

Josée	Bonne journée, chéri? Ça va?
Lucien	Comme ci comme ça.
Josée	Qu'est-ce que tu as fait ce matin?
Lucien	Oh, je n'ai rien fait de spécial. J'ai fait des piqûres, j'ai pris la tension de plusieurs malades . . . J'ai regardé des radios aussi. C'était plutôt ennuyeux!

Client	Est-ce que vous avez travaillé dimanche dernier?
Antoine	Non, nous n'avons pas travaillé. Mais malheureusement, il n'a pas fait beau. Il a plu toute la journée. Alors, Dominique est resté à la maison. Il a écrit une lettre à notre amie Sylvie, et moi, je suis allé au cinéma.
Client	Qu'est-ce que vous avez vu?
Antoine	Un film anglais. C'était très intéressant!

QU'EST-CE QUE ÇA VEUT DIRE?

j'ai bu (boire 🛎)	*I drank, I have drunk*
c'était	*it was*
vous avez reçu (recevoir 🛎)	*you received, you have received*
j'ai mis (mettre 🛎)	*I put on, I have put on*
être en retard	*to be late*
j'ai été (être 🛎)	*I was, I have been*
un rapport	*a report*
vous avez eu (avoir 🛎)	*you had, you have had*
une tempête	*a storm*
mon pauvre chou	*my poor love*
nous avons vu (voir 🛎)	*we saw, we have seen*
un éclair	*a flash of lightning*
faire une piqûre	*to give an injection*
prendre la tension	*to take the blood pressure*
j'ai pris (prendre 🛎)	*I took, I have taken*
une radio	*an X-ray*
plutôt ennuyeux	*rather boring*
il a plu (pleuvoir 🛎)	*it rained, it has rained*
je suis allé(e) (aller 🛎)	*I went, I have been*
je suis resté(e)	*I stayed, I have stayed*

avez-vous compris?

Cochez les bonnes réponses.

1 Henri a mal à la tête / au dos, parce qu'il a trop mangé / bu.

2 Pour son anniversaire, Sylvie a reçu des fleurs / une plante et des gâteaux / des chocolats.

3 Annick a été en retard à l'hôpital / au bureau, parce qu'elle n'a pas entendu la télévision / le réveil. C'était exceptionnel / normal.

4 Pendant la tempête, Yves et ses amis ont eu très faim / peur, et ils n'ont pas pris beaucoup de poissons / vêtements. C'était formidable / effrayant.

5 Lucien a fait des piqûres / radios, et il a pris la température / la tension de plusieurs malades. C'était intéressant / ennuyeux.

6 Dimanche dernier il a plu tout l'après-midi / toute la journée. C'était désagréable / bien. Antoine est allé au cinéma / au stade et Dominique a écrit une carte postale / une lettre à Sylvie.

à vous!

Travaillez avec un / une partenaire.

Vous êtes un / une des touristes. Votre partenaire doit deviner qui vous êtes! Répondez simplement oui ou non. Puis changez de rôle.

Exemple: **A** Vous avez / Est-ce que vous avez / Avez-vous ouvert une bonne bouteille hier?
         B Non.
         A Vous avez / Est-ce que vous avez / Avez-vous reçu beaucoup de cadeaux?
         B Oui.
         A Alors, vous êtes Sylvie.

on va à la noce

Monsieur et Madame Brède marient leur fille, Anne. Voici le faire-part qu'ils ont envoyé (à la page 24).

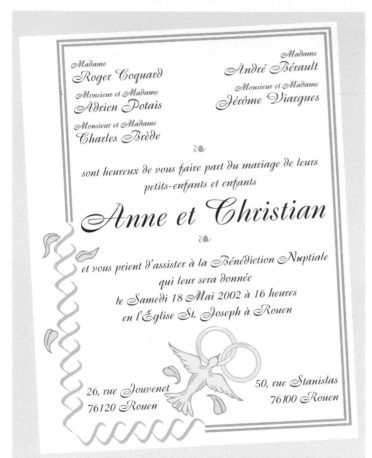

Madame
Roger Coquard
Monsieur et Madame
Adrien Potais
Monsieur et Madame
Charles Brède

Madame
André Bérault
Monsieur et Madame
Jérôme Viargues

sont heureux de vous faire part du mariage de leurs
petits-enfants et enfants

Anne et Christian

et vous prient d'assister à la Bénédiction Nuptiale
qui leur sera donnée
le Samedi 18 Mai 2002 à 16 heures
en l'Église St. Joseph à Rouen

26, rue Jouvenet
76120 Rouen

50, rue Stanislas
76100 Rouen

Certaines personnes ont déjà répondu.

Toulouse,
le 1er avril
2002

Chers amis,

Nous sommes très heureux d'apprendre le mariage de votre fille Anne. Nous vous prions d'accepter toutes nos félicitations à cette occasion et nous adressons nos vœux de bonheur les plus sincères aux jeunes mariés. Veuillez croire, chers amis, à nos sentiments très amicaux.*

Marie-Reine et Jean-Philippe

*Formal ending

Les membres de la famille et les amis proches ont également reçu l'invitation suivante.

Madame Charles Brède
Madame Jérôme Viargues

recevront en l'honneur de leurs enfants
au restaurant 'La Pergola' à Planville
à partir de 19 heures

26 rue Jouvenet
76120 Rouen

50 rue Stanislas
76100 Rouen

Réponse souhaitée avant le 20 avril 2002

Une autre réponse vient d'arriver chez les Brède.

Paris, le 3 avril 2002

Chers Irène et Charles,
Je suis enchantée d'apprendre le mariage d'Anne et de Christian. Toutes mes félicitations! Je suis très touchée par votre invitation. Je ne pourrai malheureusement assister ni à la cérémonie religieuse ni au repas car je serai aux États-Unis à ce moment-là. En effet, je pars chez ma sœur à Boston début mai pour un séjour d'un mois. Transmettez tous mes vœux de bonheur aux jeunes mariés. Mes pensées seront avec vous le 18!

Bien affectueusement,
Gabrielle

QU'EST-CE QUE ÇA VEUT DIRE?

la noce	*wedding*	le bonheur	*happiness*
un faire-part (inv.)	*an announcement* (wedding, birth, etc.)	recevront* (recevoir 🔔)	*will entertain* (here)
		à partir de . . .	*from . . .*
assister (à)	*to attend, to be at*	enchanté(e)	*delighted*
sera / serai / seront* (être 🔔)	*will be (to be)*	pourrai* (pouvoir 🔔)	*will be able to*
félicitations (fem.)	*congratulations*	ni . . . ni . . .	*neither . . . nor . . .*
un vœu	*a wish*	car	*for, because*

*Future tense

avez-vous compris?

Répondez en français.

1 Qui sont les grands-parents d'Anne?

2 Quel est le nom de famille de Christian?

3 Où Anne et Christian vont-ils se marier?

4 Quand vont-ils se marier?

5 Qui a déjà envoyé une réponse à l'annonce du mariage?

6 Qui a été invité au restaurant?

7 À quelle heure sont-ils attendus?

8 Les invités doivent répondre avant quelle date?

9 Qui a répondu négativement à l'invitation?

10 Pourquoi?

à vous!

À quoi correspondent les réponses ci-dessous? Choisissez entre un mariage, une naissance, un décès, une invitation, ou des vœux pour une personne malade.

1

MONSIEUR YVON JOSSEPIN

vous remercie de votre aimable invitation à laquelle il aura le grand plaisir de se rendre.

3

CHRISTOPHE LENORMAND

adresse ses compliments et ses félicitations aux parents et ses vœux de bonheur aux jeunes époux.

MONSIEUR ET MADAME GERARD LACROIX

vous prient de bien vouloir agréer l'expression de leur douloureuse sympathie et vous adressent leurs plus sincères condoléances.

4

Madame Jean-Claude Poulain

❋

vous prie d'accepter ses vœux les meilleurs pour le rétablissement de votre santé.

2

IRENE LEVASSEUR

vous adresse ses plus vives félicitations à l'occasion de la naissance du petit Alexandre.

5

on va à la noce (suite et fin)

Au mariage d'Anne, certains invités se plaignent . . .

J'ai grossi! Le pantalon que j'ai mis aujourd'hui est trop étroit!

Aïe! J'ai mal aux pieds. Les chaussures que mon frère m'a prêtées sont trop petites!

La robe que j'ai empruntée est à ma sœur, je n'aime pas la couleur! Elle ne me va pas!

QU'EST-CE QUE ÇA VEUT DIRE?

un(e) invité(e)	*a guest*
se plaindre	*to complain*
emprunter	*to borrow*
elle ne me va pas	*it doesn't suit me*
prêter	*to lend*
étroit(e)	*narrow, tight*

à vous!

Choisissez les bons mots pour compléter les plaintes des invités.

Choose the right words to complete the complaints of the guests.

train   voiture   cadeau   hélicoptère   chemise   sandales

1 – La _____ que j'ai achetée récemment n'est pas assez rapide!

2 – J'ai grossi! La _____ que j'ai mise est trop petite!

3 – Les _____ que j'ai empruntées sont trop grandes. Elle sont à ma mère, bien sûr!

4 – C'est une vraie catastrophe! Le _____ que j'ai choisi ne plaît pas à la mariée.

5 – Le _____ que j'ai pris n'était pas direct!

6 – L' _____ que le jeune couple a loué est en retard!

encore une visite chez le médecin

Après le mariage de sa fille, Madame Brède retourne chez le médecin.

Le médecin   Alors, Mme Brède, qu'est-ce qui ne va pas cette fois?

Madame Brède   Ah docteur, j'ai passé un dimanche épouvantable: j'ai été malade comme un chien, j'ai eu mal à la tête, j'ai dû rester au lit et je n'ai rien pu manger de la journée!

Le médecin   Eh bien, ça doit être sérieux!

Madame Brède   Ne plaisantez pas, docteur, je n'ai pas envie de rire ce matin. Il me faut un médicament pour le foie, quelque chose de radical!

Le médecin   Pour le foie! et votre régime alors?

Madame Brède   Aujourd'hui, docteur, j'ai une excuse!

Le médecin   Une excuse?

Madame Brède   Oui, nous avons marié notre fille, Anne, il y a deux jours.

Le médecin   Toutes mes félicitations!

Madame Brède   La cérémonie a été splendide et le repas a été somptueux. Pour commencer, nous avons eu du homard à l'américaine, puis j'ai mangé une belle sole meunière, ensuite du gigot d'agneau avec des flageolets et des haricots verts – j'en ai pris deux fois, et . . .

Le médecin	Et je suppose que vous avez aussi bien bu?
Madame Brède	Bien sûr! l'apéritif d'abord, puis du vin blanc avec le poisson, du vin rouge avec la viande et du champagne avec une pièce montée magnifique.
Le médecin	Et vous vous étonnez d'être encore malade aujourd'hui?
Madame Brède	Pas du tout, docteur, mais je compte sur vous pour me donner un bon médicament.
Le médecin	Il n'y a pas de remède miracle contre la gourmandise, vous savez!

QU'EST-CE QUE ÇA VEUT DIRE?

épouvantable	*dreadful*
j'ai dû (devoir)	*I had to, I have had to*
j'ai pu (pouvoir)	*I could, I was / have been able to*
plaisanter	*to joke*
il y a	*ago* (here)
du homard	*lobster*
du gigot d'agneau	*leg of lamb*
des flageolets (m.)	*small kidney beans*
j'en ai pris deux fois	*I had two helpings*
une pièce montée	(a special cake of choux pastry, served at weddings, etc)
s'étonner	*to be surprised*
il me faut	*I need*
le foie	*liver*

avez-vous compris?

1 Pourquoi Mme Brède a-t-elle passé un dimanche épouvantable?

2 Où a-t-elle dû rester?

3 A-t-elle pu manger quelque chose?

4 Est-ce qu'elle a vraiment besoin d'un médicament pour le foie?

5 Pourquoi n'a-t-elle pas suivi son régime?

6 Comment a été le mariage de sa fille, Anne?

7 Qu'est-ce qu'on a mangé?

8 Qu'est-ce qu'on a bu?

à vous!

Vous êtes malade! Complétez la conversation.

Le médecin   Alors, M . . ., qu'est-ce qui ne va pas aujourd'hui?

Vous   (**1** *Say you spent a dreadful Sunday. You had a headache, you had to stay in bed, and you couldn't eat anything all day.*)

Le médecin   Vous n'avez rien mangé, rien du tout?

Vous   (**2** *Say no. You need some medicine for your liver.*)

Le médecin   Pour le foie? Et votre régime alors?

Vous   (**3** *Say you have an excuse today. You went to a friend's wedding two days ago.*)

Le médecin   Et je suppose que vous avez bien mangé?

Vous   (**4** *Say yes. You ate lobster, then leg of lamb. You had two helpings.*)

Le médecin   Et vous avez aussi bien bu?

Vous   (**5** *Say of course. An apéritif first, then red wine, and champagne.*)

Le médecin   Et vous vous étonnez d'être malade aujourd'hui?

Vous   (**6** *Say not at all, doctor. You're counting on him to give you some good medicine!*)

et vous?

Qu'est-ce que vous avez fait le week-end dernier? C'était comment? Cochez les bonnes réponses. **Ajoutez d'autres activités si vous voulez**. *Add other activities if you wish.*

Exemple: J'ai joué au squash. C'était fatigant!

LOISIRS

J'ai joué au badminton / au squash / au tennis / au football / au ping-pong.
J'ai fait du yoga / de l'aérobic / de la natation / de la voile.
Je n'ai pas fait de sport.
J'ai joué au Scrabble / aux échecs.
J'ai tricoté / fait de la couture.
J'ai écouté des CD / regardé la télé.
J'ai lu le journal / un magazine / un livre / une bande dessinée.

TRAVAUX MÉNAGERS

J'ai fait la cuisine / la vaisselle / la lessive.
J'ai passé l'aspirateur.
J'ai repassé.
Je n'ai pas fait de ménage.
J'ai travaillé dans le jardin.
J'ai lavé la voiture.

SORTIES

J'ai fait les courses / une promenade.
J'ai visité un monument historique.
J'ai suis allé(e) à la campagne / au bord de la mer.
Je suis allé(e) chez mes parents / mes enfants / des amis.
Je suis allé(e) au cinéma / au concert / au théâtre / à un
match de foot / à une conférence.

jeu de rôles

Fill in your diary for the past week, and ask your partner
what he / she did at certain times last week.

Exemple: Qu'est-ce que vous avez fait hier soir?
        Avez-vous fait les courses lundi matin?

Then answer your partner's questions.

UN PEU DE GRAMMAIRE

Le passé composé	***The perfect tense***
Regular verbs	
-er verbs	
j'ai joué / je n'ai pas joué	*I played, I have played / I didn't play, I haven't played*
-re verbs	
j'ai perdu / je n'ai pas perdu	*I lost, I have lost / I didn't lose, I haven't lost*
-ir verbs	
j'ai choisi / je n'ai pas choisi	*I chose, I have chosen / I didn't choose, I haven't chosen*
(For irregular verbs, please consult the verb tables at the back of the book.)	
Agreement of the preceding direct object	
Le pantalon que j'ai emprunté	*The trousers (that) I borrowed*
La robe que j'ai achetée	*The dress (that) I bought*
Les chaussures que j'ai mises	*The shoes (that) I put on*

Grammaire 4, 7(a)(b)(c)

EXERCICES

A   Choisissez un des adjectifs ci-dessous pour compléter les phrases.

super	merveilleux	drôle	désagréable
magnifique	formidable	normal	génial
triste	ennuyeux	exceptionnel	fatigant
intéressant	amusant	effrayant	moche
délicieux	agréable	bon	fantastique

1   L'année dernière, j'ai visité le Louvre. C'était . . . Ce n'était pas . . .

2   La semaine dernière, nous avons eu une tempête. C'était . . .

3   Il a plu toute la journée. C'était . . .

4   Nous avons vu un film de Charlot (*Charlie Chaplin*). C'était . . .

5   Mardi matin, elle a été en retard au bureau. C'était . . .

6   Hier il a dû rester au lit. C'était . . .

7   Jeudi soir, nous sommes allés au concert. C'était . . .

8   Samedi après-midi, j'ai travaillé dans le jardin. C'était . . .

9   Cette nuit il a neigé. C'était . . .

10   Dimanche soir ils ont mangé au restaurant chinois. C'était . . .

Maintenant faites vos propres phrases.

B   Un(e) jeune français(e) a fait du babysitting dans une famille nombreuse. Quelles sont ses récriminations? Expliquez en anglais.

1   Les enfants n'ont pas joué avec les voisins après la classe.

2   Paul n'a pas aidé Marie à ranger ses affaires.

3   Philippe n'a pas attendu Henri devant l'école.

4   Les jumeaux n'ont pas mangé.

5   Le bébé n'a pas dormi.

6   Le chien a cassé le vase chinois.

7   Je n'ai pas pu regarder mon émission favorite. Le téléviseur était en panne.

8   Finalement j'ai perdu patience et j'ai téléphoné à leur mère!

C   Envoyez une carte postale à un ami / une amie pour lui raconter quelque chose d'intéressant que vous avez fait récemment.

D   Complétez la conversation. Utilisez 'tu'.

Alain   (**1** *Say 'hello Jean' and ask how he is.*)

Jean   Comme ci comme ça, et toi?

Alain   (**2** *Say you telephoned yesterday evening. Ask him where he went.*)

Jean   Je suis allé chez Michelle. Elle m'a invité à dîner.

Alain   (**3** *Say he is lucky. Ask what they ate.*)

Jean   Michelle a préparé des soles meunières et moi j'ai apporté une bouteille de bordeaux blanc.

Alain   (**4** *Ask what they did after the meal.*)

Jean   Nous sommes allés au cinéma pour voir un film anglais qui passe au Rex.

Alain   (**5** *Ask if they saw any friends there.*)

Jean   Ah oui, nous en avons rencontré plusieurs.

écoutez bien!

You are about to hear a sample from a survey conducted on a European scale. The question was: **'Vous avez fait quelque chose d'intéressant samedi soir?'** Unfortunately, the notes from the French interviewers have not been translated accurately. Your job is to correct all the mistakes which have crept in.

1 Went to disco with girlfriend but left after two hours.

2 Had a shower, put on a new dress and went to a restaurant with a girlfriend.

3 Phoned a friend who's been living in Spain for six years. Chatted for about 30 minutes.

4 Didn't do anything special. Stayed at home and watched TV all evening: a programme about America, then an English film on another channel.

5 Was lucky! Borrowed 50 euros off a friend in the street. Then went to the casino and came away with 400 euros.

6 Had dinner at her in-laws and had an argument about holidays.

lecture

Read the magazine article on Jacques Prévert which includes two of his early poems. Imagine you are giving a brief talk in English about him. Give a few biographical details, and explain one of his poems.

Jacques Prévert est né à Neuilly-sur-Seine en 1900. Dans sa jeunesse le poète a fait partie du mouvement surréaliste, et il est devenu brillant scénariste au cinéma. Dans sa poésie, les choses et les êtres parlent un langage à la fois proche et inattendu. À côté du charmant Prévert, il existe un poète libertaire, dont la passion se tourne en anarchisme virulent. Il s'attaque à tout ce qui relève de l'ordre social établi (famille, armée, police, justice, politique, Église), et sa protestation suggère une vision du monde et de la société.

Paroles (1945) a été le premier recueil de sa poésie à paraître. Puis il a publié **Histoires** (1946), **La Pluie et le beau temps** (1955), et **Choses et autres** (1973). Il a aussi écrit des chansons, dont certaines, interprétées par Yves Montand, ont eu beaucoup de

succès, par exemple, **Les feuilles mortes** et **Barbara**. Jusqu'en 1946 Prévert a écrit des scénarios et des dialogues de film pour Marcel Carné: **Les Enfants du Paradis** (1945), **Quai des Brumes**, avec Jean Gabin et Michèle Morgan, et **Hôtel du Nord** (1938). Il est mort à Omonville-la-Petite, Manche, en 1977.

Les Enfants du Paradis

Le message

La porte que quelqu'un a ouverte
La porte que quelqu'un a refermée
La chaise où quelqu'un s'est assis
Le chat que quelqu'un a caressé
Le fruit que quelqu'un a mordu
La lettre que quelqu'un a lue
La chaise que quelqu'un a renversée
La porte que quelqu'un a ouverte
La route où quelqu'un court encore
Le bois que quelqu'un traverse
La rivière où quelqu'un se jette
L'hôpital où quelqu'un est mort.

Paroles, Jacques Prévert

Déjeuner du matin

Il a mis le café
Dans la tasse
Il a mis le lait
Dans la tasse de café
Il a mis le sucre
Dans le café au lait
Avec la petite cuiller
Il a tourné
Il a bu le café au lait
Et il a reposé la tasse
Sans me parler
Il a allumé
Une cigarette
Il a fait des ronds
Avec la fumée
Il a mis les cendres
Dans le cendrier
Sans me parler
Il s'est levé
Il a mis
Son chapeau sur sa tête
Il a mis
Son manteau de pluie
Parce qu'il pleuvait
Et il est parti
Sous la pluie
Sans une parole
Sans me regarder
Et moi j'ai pris
Ma tête dans ma main
Et j'ai pleuré.

Paroles, Jacques Prévert

un bon repas entre amis

Henri Boivin a invité son ami Martin, qui est très gourmand, à déjeuner. Martin ne connaît pas bien la Bourgogne.

Henri	Moi, je suis né à Dijon. C'est une ville que j'aime beaucoup.
Martin	C'est une ville qui est surtout connue pour sa moutarde, n'est-ce pas?
Henri	Oui, mais aussi pour le pain d'épice, la crème de framboise, la crème de cassis . . .
Martin	Ah, la crème de cassis!
Henri	Alors, vous voulez un kir, Martin?
Martin	Avec plaisir!
Henri	Voilà! . . . Santé!
Martin	Santé! Hmm . . . C'est un apéritif que j'adore!
Henri	Dijon est une ville historique très intéressante. Il faut voir le Palais des Ducs, qui est très célèbre, il faut visiter les musées . . .
Martin	Depuis combien de temps habitez-vous ici, à Nuits-Saint-Georges?
Henri	Depuis deux ans maintenant. Mais vous savez, ce n'est pas loin de Dijon. C'est une ville qui est aussi en Côte d'Or.
Martin	En Côte d'Or?
Henri	Oui. C'est la région qui se trouve à l'est de la Bourgogne. Il y a quatre régions qui s'appellent . . .

Martin Moi, je m'intéresse surtout à la gastronomie, vous savez! Vous avez une devise . . .

Henri 'Bonne table, bons vins'?

Martin C'est ça. C'est une devise qui me plaît énormément! . . . Hmm . . . Ça sent bon ici, dites donc! Qu'est-ce que c'est? Du bœuf bourguignon?

Henri Non. Le bourguignon est un plat qui est très populaire et que j'aime bien manger, mais que je déteste préparer, à cause des oignons.

Martin Quel dommage!

Henri Ne vous inquiétez pas! Je vous ai préparé un poulet de Bresse, une autre spécialité de la région dont nous sommes très fiers.

Martin Excellent!

Henri Et pour commencer, une douzaine d'escargots à la bourguignonne.

Martin Et comme vin?

Henri Eh bien, vous avez la région de Chablis, qui produit de grands vins blancs secs, la Côte-de-Nuits avec ses vins rouges aux noms prestigieux, comme le Gevrey-Chambertin, le beaujolais, et naturellement, le Nuits-Saint-Georges.

Martin Alors, qu'est-ce que nous allons boire à midi?

Henri Devinez!

Martin Une bonne bouteille de Nuits-Saint-Georges?

Henri Bien sûr, c'est mon vin préféré!

QU'EST-CE QUE ÇA VEUT DIRE?

Je suis né(e) (naître ⚠)	*I was born (to be born)*
le pain d'épice	*(cake made with honey and spices)*
la framboise	*raspberry*
le cassis	*blackcurrant*
le kir	*(white wine with blackcurrant liqueur)*
Santé!	*Cheers! / Your health!*
il faut voir	*one must see*
une devise	*a motto*
sentir ⚠	*to smell*
Quel dommage!	*What a pity!*
Ne vous inquiétez pas!	*Don't worry!*
dont nous sommes fiers	*of which we are proud*
Devinez!	*Guess!*

avez-vous compris?

Relisez le dialogue et trouvez:

1. Une grande ville en Côte d'Or qui est connue pour sa moutarde.

2. Deux liqueurs qui sont aussi des spécialités connues.

3. Un apéritif d'origine bourguignonne.

4. Une des quatre régions de la Bourgogne qui se trouve à l'est.

5. Une devise bourguignonne qui plaît à l'ami d'Henri.

6. Un plat populaire qu'Henri n'aime pas préparer.

7. Une autre spécialité de la région qu'Henri va servir en entrée.

8. Une région de Bourgogne qui produit de bons vins blancs secs.

9. Un bâtiment très célèbre qui se trouve à Dijon.

10. Le vin qui est le vin favori d'Henri.

à vous!

Tourama fait une enquête pour savoir ce qui attire les visiteurs en Bourgogne.
Tourama is doing a survey to find out what attracts visitors to Burgundy.

Remplissez le questionnaire ci-dessous. *Fill in the questionnaire below.*

POURQUOI LA BOURGOGNE?

Indiquez ce qui vous attire le plus dans cette région,
en numérotant de un à six, par ordre de préférence:

☐ Le parc naturel du Morvan, qui préserve le
charme des forêts et la sauvage beauté des lacs.

☐ Les rivières et les lacs qui favorisent les sports nautiques.

☐ Les châteaux et les vieilles forteresses qui remontent au Moyen Âge.

☐ Les nombreuses abbayes et églises qui représentent l'art roman.

☐ Le paysage varié, qui vous permet de faire des randonnées en VTT,
à cheval et des randonnées pédestres.

☐ La cuisine et les vins, qui sont mondialement connus.

Relisez le questionnaire sur la Bourgogne et complétez les listes ci-dessous.

Caractéristiques géographiques	Bâtiments d'intérêt historique	Activités sportives	Autres avantages
forêts	châteaux		

on se contacte

Voici un extrait de la cassette que Colette Dupré a envoyée à sa correspondante anglaise. Écoutez!

Beauchamp, le 27 octobre

Chère Alison,

Merci de ta cassette. C'est une bonne idée, mais peux-tu parler plus lentement, s'il te plaît? C'était trop difficile pour moi et j'ai dû demander à mon professeur d'anglais de m'aider! Moi aussi, j'habite à la campagne, dans une ferme! Elle est dans un petit village perdu qui s'appelle Beauchamp. Tout près, il y a une rivière et des bois. C'est bien pour mes frères qui aiment aller à la pêche et grimper aux arbres, mais à mon avis, il n'y a rien pour les jeunes ici. Il faut aller à Rouen qui se trouve à 15 kilomètres. Moi non plus, je n'aime pas beaucoup le climat. Chez nous aussi il pleut souvent . . .

QU'EST-CE QUE ÇA VEUT DIRE?

on se contacte	*getting in touch*
un(e) correspondant(e)	*a penfriend*
perdu	*in the middle of nowhere, lost*
tout près	*very near*
grimper	*to climb*
moi aussi	*me too, so do I*
à mon avis	*in my opinion*
moi non plus	*neither do I*

on se contacte (suite)

Simon Cousin a écrit de la Martinique au fils Muller en Alsace par courrier électronique.

> . . . Si tu es bon en géographie, tu sais que la Martinique est une île des Caraïbes. C'est idéal pour les vacances. Il y fait toujours du soleil et il y a des tas de choses à faire pour les jeunes. Il y a des plages magnifiques et c'est super pour les sports nautiques, la voile, la planche à voile, le ski nautique et la plongée sous-marine. Mais moi, je préfère le jet-ski. C'est vraiment marrant! Il y a plein de dauphins, mais je n'ai jamais vu de requins. J'espère que tu aimes le poisson. On en mange beaucoup ici. J'espère que tu vas aimer les spécialités créoles. Sinon, on peut toujours aller au McDo!
>
> Simon

QU'EST-CE QUE ÇA VEUT DIRE?

le courrier électronique	*e-mail*
des tas de choses	*lots of things*
la voile	*sailing*
la plongée sous-marine	*deep-sea diving*
C'est marrant! (fam.)	*it's fun(ny)!*
un requin	*a shark*
goûter	*to taste*

avez-vous compris?

Dites si les phrases ci-dessous correspondent à Colette / à Simon / à quelqu'un d'autre.

1 Habite à la montagne.

2 Habite sur une île.

3 Sa maison se trouve à la campagne.

4 À son avis, il n'y a rien à faire pour les jeunes.

5 Pense qu'il y a beaucoup d'activités pour les jeunes.

6 Mange souvent du poisson.

7 Aime aller à la pêche.

8 Fait beaucoup de sports nautiques.

9 Fait du ski.

10 Dit qu'il fait toujours beau.

11 Aime sa région parce qu'il y a beaucoup de neige l'hiver.

12 Dit qu'il pleut souvent.

13 Va quelquefois manger des fastfoods.

14 Aime faire la cuisine créole.

15 Habite dans un endroit isolé.

à vous!

Qu'est-ce qu'on a en commun? Travaillez avec un / une partenaire. *What do we have in common? Work with a partner*. Take it in turns, using the sentences below. If your situation / opinion corresponds to your partner's say **Moi aussi** or **Moi non plus** accordingly. If not, say what your situation / opinion is.

Exemples: – Je suis célibataire.
         – Moi aussi. (*same situation*)
     (*or*) Moi, je suis marié(e) depuis sept ans. (*different situation*)
         – Je n'aime pas le jazz.
         – Moi non plus. (*same opinion*)
     (*or*) Moi, j'adore le jazz, surtout Louis Armstrong. (*different opinion*)

   J'aime bien la région où j'habite.

   Je n'aime pas ma maison / mon appartement.

   Ma région se trouve dans le sud / le nord / l'est / l'ouest / le centre du pays.

   J'habite près / loin du centre-ville.

   Je n'habite pas à la montagne / au bord de la mer.

   Je n'aime pas les sports nautiques / les sports d'hiver.

   Je fais / Je ne fais pas beaucoup de sport.

   Je ne mange jamais de viande / de légumes / d'escargots.

   Je n'ai jamais mangé de lapin.

   Il pleut souvent où j'habite.

Vous pouvez aussi ajouter vos propres idées.

on se contacte (suite)

Dominique, lui, a envoyé une lettre d'invitation à Sylvie.

Il faut absolument venir nous voir en Corse. Il y a plein de choses à faire et à voir ici. La Côte est splendide, il y a des criques sauvages, de belles plages de sable, de jolies stations balnéaires, des ports pittoresques. Et puis, il y a aussi des montagnes. C'est idéal pour faire des randonnées. Et toi qui aimes l'histoire, tu vas pouvoir visiter des endroits historiques. Il y a toutes sortes de vieux bâtiments, des forteresses, des musées, de vieilles églises, etc . . . Et comme tu es gourmande, je suis sûr que tu vas aimer les spécialités gastronomiques du pays. Le "prisuttu" (du jambon), les "figatelli" (des saucisses), et le 'brocciu' (du fromage de brebis) sont parfaits pour les pique-niques! Ci-joint un dépliant.

LA CORSE!

C'est une île enchanteresse . . .

▶ qui est tout près de l'Hexagone.

▶ qui a des plages de sable fin, désertes.

▶ que les touristes n'ont pas encore découverte.

▶ qui vous offre des randonnées pédestres, en VTT ou à cheval dans les montagnes.

▶ qui a une multitude de criques sauvages à visiter en bateau.

▶ où vous êtes sûr d'avoir beau temps.

▶ qui est riche en histoire.

▶ que vous ne voudrez pas quitter.

QU'EST-CE QUE ÇA VEUT DIRE?

plein de choses	*lots of things*
une plage de sable	*a sandy beach*
pas encore	*not yet*
une station balnéaire	*a seaside resort*
un endroit	*a place*
comme	*as*
une brebis	*a ewe*
ci-joint	*enclosed*
un dépliant	*a leaflet*
l'Hexagone	*France* (thus called because of its shape)

avez-vous compris?

Un / une ami(e) britannique veut partir en vacances avec vous. *A British friend wants to go on holiday with you*. Try to convince him / her that you should go to Corsica. Use the letter and leaflet sent by Dominique to Sylvie for ideas.

à vous!

Complétez les renseignements sur la Corse envoyés par Dominique. Utilisez les mots ci-dessous.

Population   fiers   située   climat   clients   cher   près   adorent

La Corse est une île qui est (**1**) _____ à 170 kilomètres des côtes françaises, qui a une (**2**) _____ relativement faible, qui a un (**3**) _____ chaud et sec l'été et que nous allons te faire visiter quand tu vas venir!

'Les Flots bleus', où nous travaillons depuis cinq ans, est un restaurant qui est (**4**) _____ du port, que les touristes (**5**) _____ , qui ne coûte pas (**6**) _____ , dont le patron accueille chaleureusement les (**7**) _____ et dont nous sommes très (**8**) _____ .

on se contacte (suite)

Marie, elle, a écrit à Claire Ouate pour l'inviter à Strasbourg.

> . . . C'est une ville historique très belle et très intéressante. Comme c'est le siège du Conseil de l'Europe et du Parlement Européen, elle est très cosmopolite. Il y a aussi un grand centre universitaire, un château et des musées. Moi, j'adore la cathédrale qui date du Moyen Âge et les vieilles ruelles aux maisons pittoresques merveilleusement fleuries. Malheureusement, c'est toujours plein de touristes. Il y a de nombreux magasins de souvenirs et d'antiquités, des "winstub" où l'on déguste le vin, etc . . . Et comme c'est une grande ville commerciale et industrielle, il y a beaucoup de circulation, de bruit et de pollution. Heureusement que nous avons de nouveau le tramway. Il est aussi rapide qu'un métro mais beaucoup plus pratique car on y entre et on en sort très facilement, même si on est dans une chaise roulante ou si on a un landau ou une poussette. Le design est très moderne. Il est confortable, climatisé, informatisé et surtout respectueux de l'environnement. De plus, il est transparent, ce qui permet de profiter au maximum de la beauté de Strasbourg.

QU'EST-CE QUE ÇA VEUT DIRE?

le siège	*the seat*
une ruelle	*a small narrow street*
le bruit	*noise*
fleuri(e)	*full of flowers*
(mal)heureusement	*(un)fortunately*
de nouveau	*again*
nombreux (-se)	*numerous*
une chaise roulante / un fauteuil roulant	*a wheelchair*
un landau	*a pram*
une poussette	*a pushchair*
climatisé(e)	*air-conditioned*
informatisé(e)	*computerised*

avez-vous compris?

Répondez *vrai* ou *faux*.

1 Strasbourg est une ville où il y a beaucoup d'étrangers.

2 C'est une ville touristique.

3 Il n'y a pas beaucoup de voitures.

4 Il y a une université.

5 Le château date du Moyen Âge.

6 Il y a des quartiers pittoresques.

7 Il y a beaucoup de fleurs.

8 Le tramway est moins rapide que le métro.

9 Les handicapés physiques et les femmes avec de jeunes enfants peuvent se déplacer facilement.

10 Le tramway est peu polluant.

on se contacte (suite et fin)

Voici un passage de la réponse de Claire.

J'aimerais beaucoup visiter Strasbourg, malgré le bruit, les embouteillages et la pollution! Ici à Rouen, c'est la même chose. C'est aussi un grand centre industriel et commercial. Mais la vieille ville vaut la peine d'être visitée. Comme Strasbourg, c'est une ville riche en monuments historiques. Il y a aussi une université et des maisons très pittoresques. (Ci-joint deux photos, une vue générale avec la cathédrale, et le Gros-Horloge qui date du XVIème siècle.) Rouen a aussi son tramway. On l'appelle le "Métrobus" car une partie du réseau est souterraine. Il relie le centre de la ville à la banlieue.

Nous venons de déménager et nous habitons maintenant dans un quartier assez laid, mais nous avons un appartement confortable, dans un immeuble moderne assez loin du centre ville. Il y a un ascenseur, un digicode et un interphone. Fini les concierges qui se mêlent des affaires des autres! Nous avons de la chance parce qu'il y a une grande salle de séjour et une chambre d'amis. Naturellement, il y a aussi une cuisine et une salle de bain.

QU'EST-CE QUE ÇA VEUT DIRE?

malgré	*despite (in spite of)*
un embouteillage	*a traffic jam*
vaut la peine (de) (valoir ⚡)	*is worth (to be worth)*
comme	*like*
une horloge	*a clock* (especially town or church)
un siècle	*a century*
un réseau	*a network*
souterrain(e)	*underground*
relier	*to link*
la banlieue	*the suburb*
nous venons de déménager	*we have just moved*
un immeuble	*a block of flats*
un digicode	*entry code*
un interphone	*intercom*
se mêler des affaires des autres	*to be a busybody, to interfere in someone else's business*
une chambre d'amis	*a guest room*

avez-vous compris?

1 Qu'est-ce que Rouen et Strasbourg ont en commun? Faites une liste.

2 Décrivez le nouvel appartement de Claire, en anglais.

à vous!

1   Reliez les phrases.

a Il a une cathédrale . . .   **(i)**   parce qu'il y a beaucoup de circulation.

b Nous venons de déménager . . . **(ii)**   les maisons sont très pittoresques.

c Nous avons de la chance . . .   **(iii)** parce que c'est un centre universitaire.

d Dans le vieux quartier . . .   **(iv)** parce que c'est une ville historique.

e Le 'Métrobus' de Rouen . . .   **(v)**   très moderne.

f Il y a beaucoup d'étudiants . . . **(vi)** qui date du XVIème siècle.

g Il y a de nombreux magasins de souvenirs . . .

(vii) parce que nous n'aimons pas les concierges!

h Il y a beaucoup de vieux bâtiments . . .

(viii) parce que c'est une ville touristique.

i Strasbourg a un tramway . . .

(ix) relie le centre de la ville à la banlieue.

j Il y a beaucoup d'embouteillages . . .

(x) parce qu'il y a un ascenseur.

2 Complétez les phrases ci-dessous avec les mots suivants.

photographiée   visités   regardée   mangé   lu   goûtées   vu   bue

a À mon avis, ce livre vaut la peine d'être . . .

b À mon avis, ce film vaut la peine d'être . . .

c À mon avis, le musée et le château valent la peine d'être . . .

d À mon avis, cette émission de télévision vaut la peine d'être . . .

e À mon avis, cette bouteille de vin vaut la peine d'être . . .

f À mon avis, ces spécialités valent la peine d'être . . .

g À mon avis, cette vue vaut la peine d'être . . .

h À mon avis, ce plat vaut la peine d'être . . .

un nouveau logement

Pour trouver un nouvel appartement, Claire Ouate a acheté *De Particulier à Particulier*, magazine hebdomadaire spécialiste de l'immobilier. Elle y a trouvé les annonces ci-dessous.

— *Ventes régions* —

76 SEINE MARITIME

APPARTEMENTS

■ 151 / 4FVR1856 – **DIEPPE (76)** APPARTEMENT, 80 m², face chenal, clair, vue panoramique sur 3 directions. Au 8e et dernier étage. 3 chambres, séjour avec cheminée, salle de bains, cuisine, vide-ordures. Ascenseur, chauffage individuel, 2 balcons, véranda, 2 caves, garage.

■ 151 / 6FV1663 – **ROUEN CENTRE (76)** Dans copropriété calme, entre gare (5 mn à pied) et nouvelle préfecture. Appartement grand standing, 6 pièces principales + cave (150 m², jardin privatif 120 m². Plein sud. Cuisine, 2 salles de bains, chauffage individuel, placards, balcon. Garage proche (25 m²) 2 voitures + grenier.

■ 453 / 3FV801 – **ROUEN (76)** 3 pièces, au 1er, 70 m² habitables: entrée, cuisine, séjour, 2 chambres, salle de bains, wc, chauffage individuel électrique. Garage + place de parking. Proche centre ville.

■ 152 / 2FVN926 – **ROUEN (76)** Rive droite. 5 mn de la gare et du vieux marché. Tout confort, remis entièrement à neuf, 48 m². Chambre, séjour, cuisine, salle de bains avec wc, entrée. Meublé et agencé à neuf.

avez-vous compris?

Lisez les annonces et trouvez le français pour les mots et expressions ci-dessous.

1 *luxury flat*

2 *entrance hall*

3 *renovated*

4 *furnished*

5 *parking space*

6 *rubbish chute*

7 *fireplace*

8 *cellar and attic*

un nouveau logement (suite)

Par curiosité, Clarie a aussi regardé des annonces de maisons.

MAISONS

■ 153 / MFVR1186 – **LE HAVRE (76)** Maison à colombages[1], 170 m² habitables, exposition sud, 10 mn à pied centre ville. Sur 500 m² jardin clos. Salon, salle à manger, cuisine aménagée, 5 chambres, salle de bains, douche, 2 cabinets toilette, 2 wc, studio indépendant 90 m², garages 3 voitures.

■ 153 / MFVN421 – **3 MN ST VALERY EN CAUX (76)** Chaumière restaurée, 18e siècle. Parfait état. 230 m² habitables, tout confort, toit, chaume neuf, colombages, entrée, séjour, cheminée, cuisine équipée, arrière-cuisine, 6 chambres, plafond cathédrale, bureau, salle de bains, 2 wc, salle d'eau, chauffage central, moquette. Terrain de 1.000 m², abri. 2 mn mer.

1. Half-timbered house, typical of Normandy.

■ 151 / MFV1641 – **10 MN GARE DE ROUEN (76)** Maison, quartier résidentiel, 198 m², exposition sud + jardin 480 m². Rez-de-chaussée: cuisine, salle à manger, salon (cheminée), bureau, wc. 1er: 4 chambres, salle de bains, cabinet de toilette, wc. 2e: 3 chambres, cabinet de toilette, wc, grenier. Sous-sol, garage 2 voitures.

■ 152 / MFVR1495 – **FECAMP CENTRE (76)** Maison ancienne, parfait état, terrasse et jardin paysager 300 m². Face à l'Abbatiale et aux ruines du château des Ducs Richard. Cuisine aménagée, séjour, salon, bureau, 4 chambres, salle de bains, cabinet de toilette, salle de jeux. Cave, dépendances, grenier, chauffage gaz. 250 m² habitables.

avez-vous compris?

Lisez les annonces et trouvez le français pour les mots et expressions ci-dessous.

1 *old house*

2 *fitted kitchen*

3 *study*

4 *playroom*

5 *patio*

6 *central heating*

7 *thatched house*

8 *garden shed*

9 *basement*

10 *ground floor*

11 *utility room*

12 *fitted carpet*

13 *out-building*

14 *washroom*

15 *landscaped garden*

16 *'granny' annexe*

un nouveau logement (suite et fin)

Guillaume cherche un nouveau logement à Paris, de préférence dans le 14ème arrondissement. Il a passé la petite annonce suivante.

PARIS LOCATIONS
Demandes

URGENT. Etudiant cherche studio meublé, calme, dans 14e.
Maximum 500 € / mois.
05.46.81.15.27 (si absent laisser message répondeur)

avez-vous compris?

Lisez les OFFRES ci-dessous et essayez de trouver un logement pour Guillaume.

PARIS LOCATIONS
Offres

■ 153 / 1POL3603 – **14e** Métro Pernéty, près Montparnasse. Studio 13 m² + mezzanine, kitchenette, salle de bains, chambre. **Meublé**, cuisine équipée, canapé, bureau, lit. 460 € / mois toutes charges comprises.

■ 153 / 1POL1263 – **14e** Mouton-Duvernet. Chambre **meublée**, bien pour étudiant(e) ou pied-à-terre. 440 € / mois charges comprises.

■ 153 / 1POL158 – **14e** Studio: cuisine équipée, réfrigérateur, plaques de cuisson, évier, hotte. Entrée avec placard, salle d'eau, lavabo, wc, baignoire. Pièce principale. Parquet bois, rangements. Fenêtres dans les 3 pièces, vue dégagée. Au 7e sans ascenseur. Cave. Chauffage central compris. 700 € / mois charges comprises.

Maintenant, décrivez en anglais le logement que vous avez choisi pour lui.

à vous!

Imaginez que vous voulez échanger votre maison / appartement avec une maison / un appartement en France. Complétez la petite annonce ci-dessous.

> # ÉCHANGES ENTRE PROPRIÉTAIRES
>
> *ÉCHANGE . . .*
>
> *CONTRE . . .*

UN PEU DE GRAMMAIRE

Qui et Que / Qu'	***Who / Whom / Which / That***

C'est une île **qui** a un climat chaud et sec et **que** les touristes adorent. *It's an island which has a hot and dry climate and that tourists love.*

Une île is the *subject* of **a** (hence **qui**), but the *object* of **adorent** (hence **que**), this time the subject being **les touristes**.

C'est un plat **qui** est très connu mais **qu'**il n'aime pas préparer. *It's a dish which is well known but that he doesn't like to prepare.*

Un plat is the *subject* of **est très connu** (hence **qui**), but the *object* of **n'aime pas préparer** (hence **qu'**), this time the subject being **il**.

Dont	***Whose / Of which***

C'est une spécialité **dont** je suis fier. *It's a speciality of which I'm proud.*

Dont is frequently used with expressions such as **se servir de** (*to use*), **avoir besoin de** (*to need*), **avoir envie de** (*to fancy, to feel like*), etc.

Encore des adjectifs	***More adjectives***
Il y a **des** ports pittoresques.	*There are (some) picturesque harbours.*
Il y a **des** endroits magnifiques.	*There are (some) magnificent places.*

||||➡

but

Il y a **de** belles montagnes.	*There are (some) beautiful mountains.*
Il y a **de** vieilles églises.	*There are (some) old churches.*

In the plural, when the adjective comes *before* the noun it describes, use **de** instead of **des**. Most adjectives in French come after the nouns, but a few common ones come before, for instance: beau / belle, vieux / vieille, petit(e), grand(e).

▶ **Grammaire** 3, 9

EXERCICES

A   Complétez avec **des** ou **de / d'**.

Dans ma ville, il y a (**1**) _____ monuments historiques et (**2**) _____ maisons pittoresques dans (**3**) _____ petites ruelles que j'adore. Il y a aussi un château et (**4**) _____ musées très intéressants. Il y a (**5**) _____ vieilles églises et une très belle cathédrale. Comme il y a beaucoup de touristes, il y a (**6**) _____ nombreux magasins de souvenirs. Il y a (**7**) _____ excellents restaurants et (**8**) _____ hôtels très confortables.

B   Complétez avec **qui** ou **que / qu'**.

1   La région _____ je voudrais visiter se trouve dans le centre.

2   Le plat _____ coûte 20 euros est une spécialité régionale.

3   L'église _____ date du XIIème siècle vaut la peine d'être visitée.

4   Le vin _____ je préfère est très connu.

5   Le village _____ elle aime est très pittoresque.

6   Le plat _____ il n'aime pas préparer est délicieux.

7   La rivière _____ traverse la région s'appelle *l'Andelle*.

8   Les stations balnéaires _____ sont populaires sont situées sur la côte ouest.

C Complétez la lettre ci-dessous avec le vocabulaire suivant.

cherchées　dormi　tes nouvelles　trouvées　fauteuils

la semaine dernière　déménagé　en ville　des meubles　répondu

ma chambre　perdu

Chère Madeleine,

Je t'écris ce petit mot pour te raconter ce que j'ai fait (**1**) _____ . Vendredi dernier j'ai
(**2**) _____ . Quelle journée! D'abord j'ai (**3**) _____ les clés du nouvel appartement.
Je les ai (**4**) _____ partout et je les ai finalement (**5**) _____ dans ma voiture.
Samedi, j'ai été (**6**) _____ pour choisir (**7**) _____ . J'ai acheté une commode que
j'ai mise dans (**8**) _____ et deux (**9**) _____ pour le salon.

Dimanche, j'ai (**10**) _____ jusqu'à midi. Je t'ai téléphoné l'après-midi mais tu n'as pas
(**11**) _____ . Écris ou téléphone bientôt pour me donner de (**12**) _____ .

Amitiés
Cécile

D Décrivez en français votre maison / appartement idéal(e) et sa situation.

E Écrivez à un(e) ami(e) français(e) pour lui parler de votre région et de votre ville / village.
Expliquez pourquoi, à votre avis, ils / elles valent la peine d'être visité(e)s.

écoutez bien!

A young woman telephones her parents to tell them about the fantastic holiday she is
having. Or is she? Listen carefully to what she says and try to identify the advantages and the
drawbacks concerning the following points: **1** hotel, **2** food, **3** weather, **4** beach and sea,
5 places of interest, and **6** shopping.

faites nos jeux!

Mots croisés: Connaissez-vous les Français célèbres?

Hardy (Françoise)
Colette
Curie (Pierre et Marie)
Pasteur (Louis)
Sagan (Françoise)

Descartes (René)
Braille (Louis)
Lumière (Louis et Auguste)
Debussy (Claude)
Laënnec (René)

VERTICALEMENT

1 L'homme qui a inventé un alphabet pour les aveugles.

2 Le médecin qui a inventé le stéthoscope.

3 La chanteuse qui a chanté « Tous les garçons et les filles ».

4 Le philosophe qui a dit « Je pense donc je suis ».

5 Le biologiste qui a trouvé le vaccin contre la rage.

HORIZONTALEMENT

6 La femme qui a écrit les *Claudine*.

7 La femme qui a écrit *Bonjour Tristesse*.

8 Les frères qui ont inventé le cinéma.

9 Le couple qui a découvert le radium.

10 Le musicien qui a composé *La Mer* et *Children's corner*.

Qu'est-ce que c'est?

1 Un animal qui chante et qui vole: _____

2 Quelque chose que l'on porte sur la tête: _____

3 Un animal familier qui mord souvent les facteurs: _____

4 Travail à faire à la maison que le professeur donne aux élèves: _____

5 Un animal qui vit dans l'eau et que l'on peut manger: _____

6 Une boisson que les Anglais adorent: _____

7 Nourriture que l'on achète à la boucherie: _____

8 Un appareil que l'on porte au bras et qui donne l'heure: _____

Devinette: testez vos connaissances générales!

1 Pays dont les habitants mangent beaucoup de riz.   C _ _ _ _

2 Animal d'Afrique dont le cou est très long, ce qui lui permet de manger des feuilles d'arbres.   G _ _ _ _ _

3 Personne dont on a besoin quand on est malade.   M _ _ _ _ _ _

4 Livre dont les traducteurs se servent souvent.   D _ _ _ _ _ _ _ _ _

5 Matière dont on fait le papier.   B _ _ _

6 Source d'énergie dont on a besoin pour faire marcher les voitures.   E _ _ _ _ _

7 Pays dont la capitale s'appelle Lisbonne.   P _ _ _ _ _ _

8 Animal familier dont les souris ont peur.   C _ _ _

9 Chose dont on a envie quand il fait très chaud et dont le nom est synonyme de miroir.   G _ _ _ _

10 Sauce dont on a besoin pour préparer une salade à la française.   V _ _ _ _ _ _ _ _

Faites le point! unités 1–3

1 Match these answers with the questions.

1 Oui, nous l'avons ouverte pour le dîner.

2 Oui, je l'ai reçue ce matin.

3 Oui, je l'ai acheté la semaine dernière.

4 Oui, je l'ai éteinte à minuit.

5 Non, je suis restée à la maison.

6 Non, je les ai trouvées dans mon sac.

7 Oui, et je l'ai déjà lu.

8 Oui, je l'ai visitée hier.

9 Non, je l'ai allumée vers midi et demi.

a Est-ce que vous avez pris votre billet?

b Vous avez perdu vos clés?

c Avez-vous écouté la radio hier matin?

d Vous avez acheté une bonne bouteille de vin?

e Est-ce que vous avez vu notre usine?

f Vous avez regardé la télé hier soir?

g Avez-vous acheté le journal aujourd'hui?

h Est-ce que Paul vous a envoyé une carte postale?

i Mireille, vous êtes allée au cinéma samedi soir?

2 Tell a friend about your last holiday. First, put the verbs in the perfect tense.

L'année dernière, pour aller en vacances, j' (**vendre**) tous mes bijoux. Alors, j' (**pouvoir**) aller à l'hôtel, et j' (**manger**) au restaurant midi et soir. Naturellement, j' (**grossir beaucoup**). J' (**visiter**) la région, et j' (**perdre**) mon chemin plusieurs fois. Je (**ne pas dormir**) jusqu'à midi tous les jours.

Now, choose the right past participle:

J'ai reçu/lu/écrit beaucoup de cartes postales. Il n'a pas vu/bu/plu et je n'ai pas fait/eu/ouvert mon parapluie une seule fois. J'ai pris/été/mis beaucoup de photos.

3   Choose the correct word.

a   Où sont mes chaussures? Où les as-tu mis / mises?

b   Regardez ces belles fleurs que / qui j'ai trouvés / trouvées dans la montagne!

c   Où sont les clés de la voiture? Je ne les ai pas vus / vues.

d   Rends-moi mes devoirs! Je te les ai déjà rendu / rendus.

e   L'homme que / qui m'a vendu / vendue sa Mobylette vaut / veut / voit acheter une Jaguar.

4   Choose the correct answers, then link them to the pictures.

a   Voici la boisson qu'Henri Boivin boit tous les jours.
C'est la boisson qu'il a bu / bue hier.

b   Voici la tarte que Marie Muller préfère.
C'est la tarte qu'elle a préparé / préparée le week-end dernier.

c   Voici le vin blanc que François Muller choisit quand il fait les courses. C'est le vin qu'il a choisi / choisie avant-hier.

d   Voici la spécialité bretonne qu'Yves et Annick font souvent. C'est la spécialité qu'ils ont fait / faite récemment.

e   Voici le fromage que Claire achète régulièrement. C'est le fromage qu'elle a acheté / achetée ce matin.

f   Voici le plat que Sylvie adore manger.
C'est le plat qu'elle a mangé / mangée il y a deux jours.

Le camembert

Les crêpes

Le Sylvaner

La bouillabaisse

La tarte à l'oignon

Le Nuits-Saint-Georges

5   Find the opposites, and give the feminine forms.

beau   bonne humeur   mince   long   doué

grand   ancien   généreux   riche   courageux

patient   jeune   marié   intéressant

impatient	égoïste
célibataire	laid
vieux	mauvaise humeur
timide	pauvre
petit	ennuyeux
nul	gros
moderne	court

6   Match the French phrases to their English equivalents.

Exemple: **a** = des plages magnifiques

une maison ancienne	**a**	*magnificent beaches*
une jolie rivière	**b**	*picturesque narrow streets*
des ruelles pittoresques	**c**	*a twelfth-century church*
un vieux quartier	**d**	*an isolated place*
un vieil immeuble	**e**	*an old district*
une église du douzième siècle	**f**	*an old block of flats*
un endroit isolé	**g**	*a landscape garden*
une cuisine aménagée	**h**	*a famous seaside resort*
un château du Moyen Âge	**i**	*a fitted kitchen*
des plages magnifiques	**j**	*a medieval castle*
une station balnéaire très connue	**k**	*an old house*
un jardin paysager	**l**	*a pretty river*

7   How would the following people describe themselves?

a **Woman:** *average height (1 m 65); short brown hair; green eyes; very jealous; stubborn.*

Je suis . . . Je mesure . . . J'ai . . ., etc.

b **Man:** *short and fat; appreciates good food; always in a good mood; rather lazy.*

c **Woman:** *tall; fairly thin; long blond hair; blue eyes; pretty; intelligent; single.*

d **Man:** *eighteen years old; very tall (2 metres); black hair; brown eyes; friendly; fairly shy.*

8   Read the advertisements for flats, and answer the questions referring to each one.

a What are the advantages of these flats?

b What sports facilities can the owners enjoy?

c What does the firm offer to attract clients?

d What are the limitations?

e How does the firm try to ensure it can get in touch with you quickly?

f Since the hall, kitchen and bathroom are not included in the number of rooms in French advertisements, what does '3 pièces' refer to?

SOLVAC

Côte d'Azur

58 000 €

2 pièces plein sud • terrasse
cuisine et salle d'eau équipées • vue sur la mer
accès direct à la plage

1 parcours de santé • 8 tennis • 2 piscines
ping-pong • pétanque

Existe également en 3 et 4 pièces
Pour vous décider, venez passer 2 jours à
SOLVAC

L'hébergement est gratuit pendant 2 nuits.
Cette offre est valable sous réserve des places
disponibles.
Tél. 01 93 28 75 17

Bon pour une documentation gratuite.

Nom

Adresse

Tél. Dom.

Tél. Bur.

A retourner à
SOLVAC

B.P. 46 • 06210 • Mandelieu

CALME ET CHARME AU CŒUR DE PARIS

3 pièces • 60 m² 1 balcon • 135 000 €

Dans un quartier vivant et bien desservi
- Commerces
- Métro à 200 m
- Parkings

Visite de l'appartement témoin et bureau de vente sur place le samedi et le lundi de 14 h à 18 h. Autres jours sur rendez-vous. Tél. 01 47 62 41 18

Pour recevoir une documentation, envoyez votre carte de visite à:

IMMOB • 52 av. Malesherbes • 75008 Paris

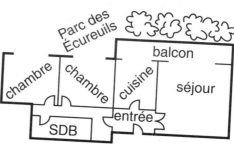

g In what way are these flats well-situated?

h Is it possible to visit one at any time?

i How soon could one move in?

j Why isn't there a cut-out coupon for those who wish to receive more information?

k What rooms are there in the flat?

l On what floor is the flat situated?

m Would it be unsuitable for an elderly person?

n Is the flat in good condition?

o How is it heated?

p What are the other extras?

Quatrième unité

au restaurant

Chantal et Laurent dînent ensemble dans un nouveau restaurant à Rouen.

Serveuse Bonjour, messieurs-dames!

Laurent J'ai réservé une table pour deux personnes, par téléphone, ce matin.

Serveuse Oui monsieur, à quel nom?

Laurent Darieux.

Serveuse Ah oui. Par ici, messieurs-dames . . . Voilà.

Laurent Merci . . . Voyons . . . Deux menus à 28 euros, s'il vous plaît.

Chantal Attends, Laurent. Tu sais bien que je suis végétarienne maintenant. Avez-vous un menu végétarien, s'il vous plaît?

Serveuse Non. Je suis désolée, mademoiselle. Mais vous pouvez choisir à la carte.

Chantal Pourquoi pas? . . . Alors, pour commencer, je prendrai les asperges vinaigrette.

Laurent Pour moi, l'avocat aux crevettes et puis . . .

Chantal N'oublie pas que tu es allergique aux crustacés!

Laurent C'est vrai, mais seulement aux moules.

Serveuse Et ensuite?

Chantal Qu'est-ce qu'il y a dans le poivron farci?

Serveuse Il y a du riz, de l'ail, des oignons, des tomates, des champignons . . .

Chantal Pas de viande?

Serveuse Non. C'est parfait pour les végétariens.

Chantal Alors, je prendrai le poivron farci.

Laurent Le poulet au curry, c'est une sauce relevée?

Serveuse Ah oui, monsieur.

Laurent En ce cas, je prendrai le lapin chasseur.

Serveuse	Très bien, monsieur.
Laurent	Et avec quoi le servez-vous?
Serveuse	Avec des pommes vapeur.
Laurent	Très bien.
Serveuse	Et comme boisson?
Chantal	Qu'est-ce que vous recommandez?
Serveuse	Pour accompagner le lapin je vous recommande un bordeaux léger ou même une bouteille de Pouilly-Fuissé.
Laurent	Est-ce que je peux avoir la carte des vins?
Serveuse	Mais certainement, monsieur. Voilà.

QU'EST-CE QUE ÇA VEUT DIRE?

je prendrai (prendre)	I will have (lit. take)
les asperges (f.) vinaigrette	asparagus in vinaigrette
l'avocat (m.) aux crevettes (f.)	avocado with prawns
les crustacés (m.)	shellfish
les moules (f.)	mussels
le poivron farci	stuffed pepper
une sauce relevée	a hot and spicy sauce
le lapin chasseur	(rabbit in white wine, with tomatoes and mushrooms)
des pommes (f.) vapeur	steamed potatoes
léger (légère)	light
en ce cas	in that case

avez-vous compris?

Dites si les phrases ci-dessous correspondent à Chantal ou à Laurent.

1 a réservé une table pour deux personnes par téléphone.

2 a pris le menu à 28 euros.

3 est végétarienne.

4 a pris les asperges vinaigrette, pour commencer.

5 a commandé l'avocat aux crevettes.

6 n'a pas pris le lapin chasseur.

7 est allergique aux moules.

8 a choisi le poivron farci.

9 n'a pas mangé de viande.

10 a demandé la carte des vins.

à vous!

Travaillez avec un / une partenaire. Complétez le dialogue.

Serveur / serveuse   Bonjour messieurs-dames.

Client(e)   (**1** *Say you reserved a table for two people, by telephone, this morning.*)

Serveur / serveuse   C'est à quel nom?

Client(e)   _____ .

Serveur / serveuse   Ah oui. Par ici, messieurs-dames . . . Voilà.

Client(e)   (**2** *Say thank you, and ask for two menus at 26 euros.*)

Serveur / serveuse   Oui, M _____ . Qu'est-ce que vous prendrez pour commencer?

Client(e)   (**3** *Say you'll have avocado with prawns.*)

Serveur / serveuse   Et pour monsieur / madame aussi?

Client(e)   (**4** *Say no, asparagus in vinaigrette. He / she is allergic to prawns.*)

Serveur / serveuse   Et ensuite? Poulet rôti, steak, lapin chasseur, omelette aux champignons?

Client(e)   (**5** *Choose what you would like.*)

Serveur / serveuse   Et comme boisson?

Client(e)   (**6** *Ask what he / she recommends.*)

 ## au restaurant (suite et fin)

Les Brède ont choisi le même restaurant et ils n'en sont pas satisfaits.

Mme Brède   Quel service! Ça fait une demi-heure au moins que nous attendons le dessert!

M. Brède   Patience, chérie, il y a du monde.

Mme Brède   Il n'y avait presque personne quand nous sommes arrivés, mais nous avons dû attendre quand même! Jeune homme, s'il vous plaît!

Serveur	Messieurs-dames?
Mme Brède	Jeune homme, les crêpes Suzette que j'ai commandées, elles sont prêtes?
Serveur	Je vais vérifier, madame.
M. Brède	Ne t'inquiète pas, mon chou. Ils sont en train de les préparer, j'en suis sûr.
Mme Brède	Je me demande s'ils ont déjà ramassé les œufs!
Serveur	Je suis désolé, madame, mais nous n'avons plus de zeste de mandarine. Je peux vous proposer des crêpes au beurre, au sucre, au chocolat, aux pommes . . .
Mme Brède	Ah non! Qu'est-ce qu'il y a d'autre?
Serveur	Citron givré, moka, mousse au chocolat, gâteau norvégien. . . .
M. Brède	Qu'est-ce que c'est exactement, le gâteau norvégien?
Serveur	C'est une génoise, avec de la glace à la vanille recouverte de meringue.
Mme Brède	Alors, deux gâteaux norvégiens.
Serveur	C'est en supplément, madame.
M. Brède	En ce cas, moi, je prendrai autre chose. Qu'est-ce que vous avez comme glaces?
Mme Brède	Que tu es radin, Charles!
Serveur	Vanille, café, praliné, chocolat, fraise, framboise, pistache . . .
M. Brède	Alors, une glace vanille-fraise et un gâteau norvégien.
Mme Brède	Attends, Charles! Regarde la dame à la table d'à côté! Elle a un dessert bien appétissant! Je préfère celui-là!
Serveur	C'est du moka, madame.
Mme Brède	Très bien!
M. Brède	Alors, un moka et une glace vanille-fraise. Oh . . . Et pouvez-vous me donner une autre cuillère? Celle-ci est sale.

QU'EST-CE QUE ÇA VEUT DIRE?

il y a du monde	*there are a lot of people / it's crowded*	le moka	*coffee cream cake*
		en supplément	*extra*
il y avait	*there was / there were*	Qu'est-ce que vous avez comme . . .?	*What sort of . . . have you got?*
quand même	*all the same, even so*		
en train de	*in the process of*	radin(e)	*mean*
le zeste	*zest, thin rind* (of citrus fruit)	d'à côté	*next to us, next door*
la mandarine	*mandarin orange*	celui-là (m.) celle-là (f.)	*that one*
citron givré	*lemon sorbet* (served in the lemon skin)	celui-ci (m.) celle-ci (f.)	*this one*
		une cuillère / cuiller	*a spoon*
une génoise	*a sponge cake*		

avez-vous compris?

Répondez en français.

1 Les Brède, ont-ils dû attendre longtemps au restaurant?

2 Est-ce qu'il y avait du monde ce soir-là?

3 Qu'est-ce que Mme Brède a commandé?

4 À part les crêpes, qu'est-ce qu'il y avait comme dessert?

5 Pourquoi M. Brède a-t-il préféré une glace au gâteau norvégien?

6 Pourquoi Mme Brède a-t-elle aussi changé d'avis?

à vous!

1 D'autres clients du restaurant se plaignent. Qu'est-ce qu'il faut changer et pourquoi?

   a Pouvez-vous me donner une autre ⟨fourchette⟩, s'il vous plaît, celle-ci est sale.

   b Pouvez-vous me donner un autre ⟨verre⟩, s'il vous plaît, celui-ci est fêlé.

   c Pouvez-vous me donner une autre ⟨assiette⟩, s'il vous plaît, celle-ci est ébréchée.

   d Pouvez-vous me donner une autre ⟨serviette⟩, s'il vous plaît, celle-ci est tachée.

   e Pouvez-vous me donner un autre ⟨couteau⟩, s'il vous plaît, celui-ci ne coupe pas bien.

   f Pouvez-vous me donner une autre ⟨nappe⟩, s'il vous plaît, celle-ci n'est pas repassée.

   g Pouvez-vous me donner d'autres ⟨fleurs⟩, s'il vous plaît, celles-ci sont fanées.

   h Pouvez-vous me donner une autre ⟨carafe⟩, s'il vous plaît, celle-ci n'est pas fraîche.

   i Pouvez-vous me donner une autre ⟨baguette⟩, s'il vous, plaît, celle-ci est rassise.

   j Pouvez-vous me donner une autre ⟨bouteille⟩, s'il vous plaît, celle-ci est vide.

2 Comprenez-vous les menus? Reliez les plats et leur description.

   a Ananas Surprise   **(i)** une soupe de carottes.

   b Gâteau Norvégien   **(ii)** du lapin, des champignons et des tomates dans une sauce au vin blanc.

   c Folie au Chocolat

   d Plateau de Fruits de Mer   **(iii)** du pâté 'maison'.

e Melon Antillais

f Potage Crécy

g Terrine du chef

h Couscous

i Bêtise de Banane

j Lapin chasseur

k Poivron Farci

l Coq au vin

m Tarte 'maison'

(iv) des huîtres, des crevettes, des langoustines, des crabes, des oursins.

(v) du poulet, du lard fumé, des oignons, de l'ail, des champignons et du vin rouge.

(vi) un plat nord-africain à base de semoule, de viande et de légumes, servi avec une sauce relevée.

(vii) un poivron, du riz, des champignons, de la viande hâchée et de l'ail.

(viii) du melon rempli de fruits exotiques arrosés de rhum.

(ix) une tarte aux prunes.

(x) une banane flambée à l'armagnac, servie avec de la glace à la vanille et du sirop d'érable.

(xi) une génoise et de la glace à la vanille couvertes de meringue.

(xii) de l'ananas et de la salade de fruits arrosés de Grand Marnier.

(xiii) des poires, de la meringue, du sorbet cassis, de la sauce au chocolat et de la crème Chantilly.

quelques spécialités normandes

Les Normands connaissent-ils bien leur région? Claire Ouate enquête.

Claire	Pardon, madame, vous êtes de Rouen?
Mme Brède	Oui, je suis rouennaise.
Claire	Connaissez-vous bien la ville?
Mme Brède	Oui, assez bien.
Claire	Connaissez-vous les monuments historiques?
Mme Brède	Oui, bien sûr.
Claire	Lequel préférez-vous, personnellement?
Mme Brède	C'est difficile à dire, il y en a beaucoup, vous savez! Il faut plus d'une journée pour faire le tour des admirables monuments de Rouen. Mais il faut voir le palais de justice et la place du Vieux-Marché, où Jeanne d'Arc a été brûlée vive en 1431. Moi, j'aime particulièrement la cathédrale et le Gros-Horloge.

Claire	Aimez-vous les spécialités gastronomiques de la région?
Mme Brède	Oui, je suis plutôt gourmande!
Claire	Lesquelles préférez-vous?
Mme Brède	Je crois que j'aime tout, vous savez! J'utilise beaucoup la sauce normande avec le poisson, et j'adore les soles de Dieppe et les crustacés. Mon mari, lui, préfère les tripes à la mode de Caen, et il boit du cidre et du calvados, naturellement!
Claire	Aimez-vous les fromages normands?
Mme Brède	Oui, beaucoup.
Claire	Lesquels préférez-vous?
Mme Brède	Je les aime bien tous: le camembert, le livarot et le pont-l'évêque. Mais malgré mes origines normandes, mon fromage préféré est le fromage de chèvre!
Claire	Connaissez-vous d'autres régions de France?
Mme Brède	Oui, car en général nous passons nos vacances en France.
Claire	Laquelle préférez-vous, à part la Normandie?
Mme Brède	Je ne sais pas, elles sont toutes très différentes, chacune a son charme, mais je crois que la Normandie reste ma région favorite.
Claire	Eh bien, je vous remercie, madame.
Mme Brède	Je vous en prie!

QU'EST-CE QUE ÇA VEUT DIRE?

il faut	*it is necessary, one must*
il faut plus d'une journée	*you need more than a day*
les tripes (f.)	*tripe*
le fromage de chèvre	*goat's cheese*
chacun(e)	*each one*
favori (favorite)	*favourite*

avez-vous compris?

Répondez en français.

1 Citez quelques monuments historiques de Rouen.

2 Lesquels Mme Brède préfère-t-elle?

3 Quelle est la sauce dont elle se sert?

4 Quels plats aime-t-elle?

5 Quelle spécialité gastronomique son mari préfère-t-il?

6 Quelles boissons produit-on en Normandie?

7 Nommez des fromages de Normandie.

8 Quel fromage Mme Brède préfère-t-elle?

9 Va-t-elle en vacances à l'étranger?

10 Quelle région française aime-t-elle le mieux?

à vous!

Trouvez l'intrus. *Find the odd one out.*

1 Lequel de ces fruits ne se mange pas?
un ananas   une pomme de pin   une cerise   une groseille   une framboise

2 Laquelle de ces plantes est une fleur?
un champignon   un oignon   un sapin   un brin d'herbe   un œillet

3 Lesquels de ces hommes ne parlent pas français dans leur pays?
les Québécois   les Belges   les Maltais   les Martiniquais   les Luxembourgeois

4 Lesquelles de ces chaussures ont leur origine chez les Indiens d'Amérique?
les mocassins   les sandales   les bottes   les pantoufles   les espadrilles

5 Laquelle de ces boissons ne provient pas du raisin?
le cognac   le porto   le vin   le champagne   l'eau d'Évian

6 Les premières lettres de ces intrus vous donnent le nom d'un fruit. Lequel?

les Français et la nourriture

Claire   Pardon, mademoiselle. Je fais une enquête sur les Français et la nourriture. Qu'est-ce que cela veut dire pour vous 'bien manger'?

Chantal   Moi, je suis végétarienne maintenant. 'Bien manger' veut dire avoir un régime équilibré, pour la santé, et varié, pour le plaisir, mais pas au détriment des animaux!

Claire   Vous êtes végétarienne depuis longtemps?

Chantal   Non, mais depuis que je mange de la nourriture plus saine, je me porte mieux.

Claire   Je suppose que vous n'êtes pas une fan des fastfoods, alors!

Chantal   Je suis tout à fait contre. D'abord, il n'y a presque rien pour les végétariens. Ensuite, je n'aime pas l'ambiance de ce genre de restaurant, c'est trop froid, trop impersonnel. Et puis, c'est mauvais pour l'environnement. Les emballages sont un véritable fléau! Malheureusement, les jeunes adorent ça.

QU'EST-CE QUE ÇA VEUT DIRE?

la nourriture	food	il n'y a presque rien	there's virtually nothing
équilibré(e)	balanced	l'emballage (m.)	packaging, wrapping materials
sain(e)	healthy, wholesome	un fléau	a scourge
se porter mieux	to feel better		

les Français et la nourriture (suite)

Claire   Pardon, monsieur. Je fais une enquête sur la nourriture.

Homme   Ça tombe bien, je suis traiteur!

Claire   Alors vous êtes bien placé pour expliquer ce que veut dire 'bien manger'.

Homme   'Bien manger' est de plus en plus difficile, parce qu'on utilise de moins en moins de produits frais, de produits de qualité.

Claire   Pourquoi pas?

Homme   Pour des raisons d'argent et d'hygiène. Les produits frais, par exemple, coûtent deux fois plus cher que les produits surgelés. Beaucoup de restaurateurs utilisent aussi des conserves, les haricots verts par exemple, parce qu'ouvrir une boîte de conserve, c'est moins cher et c'est plus rapide. La bonne vieille gastronomie française est menacée.

Claire   Pourtant, il y a encore de bons restaurants en France!

QU'EST-CE QUE ÇA VEUT DIRE?

Ça tombe bien!	That's lucky! / You're in luck!
un traiteur	an outside caterer
de plus en plus	more and more
de moins en moins	fewer and fewer / less and less
être bien placé(e) pour (faire quelque chose)	to be in a good position to (do something)
surgelé(e)	(deep) frozen
les conserves (f.)	tinned food
une boîte de conserve	a tin, a can

les Français et la nourriture (suite)

Claire Pardon, madame. Qu'est-ce que c'est pour vous 'bien manger'?

Grand-mère Pour moi, ça veut dire manger les plats traditionnels, préparés avec des produits de qualité et surtout, avec amour.

Claire Vous êtes bonne cuisinière?

Grand-mère Sans me vanter, je peux dire que mes amis et ma famille apprécient les petits plats que je leur prépare! Il n'y a rien de plus agréable que de passer une heure ou deux, ou plus quelquefois, à table avec ses proches. On bavarde, on plaisante, on prend son temps. Chez moi, les repas, c'est sacré!

Claire Que pensez-vous des fastfoods?

Grand-mère Des quoi?

QU'EST-CE QUE ÇA VEUT DIRE?

se vanter	*to boast*
un petit plat	*a delicacy, a special dish*
ses proches (m.)	*one's nearest and dearest*

les Français et la nourriture (suite et fin)

Claire Pardon, mademoiselle. Qu'est-ce que c'est pour vous 'bien manger'?

Étudiante La nourriture ne m'intéresse pas beaucoup. Mais j'aime bien me retrouver avec des copains au McDo. J'adore les hamburgers et les frites.

Claire Et à la maison?

Étudiante Ma mère travaille et elle rentre tard le soir, alors elle n'a pas le temps de faire la cuisine. La plupart du temps, elle achète des plats cuisinés qu'on fait réchauffer au micro-ondes.

Claire Ça vous plaît?

Étudiante C'est pas mauvais, c'est très pratique et il y a beaucoup de recettes basses calories. C'est bon pour la ligne.

Claire Vous savez faire la mayonnaise?

Étudiante Rien de plus facile. J'ouvre le pot qui est dans le frigo!

QU'EST-CE QUE ÇA VEUT DIRE?

les plats cuisinés (m.)	*ready-made meals, convenience food*
un (four) micro-ondes	*a microwave (oven)*
(faire) réchauffer	*to heat / warm up*
une recette	*a recipe*
un pot	*a jar* (here)
Ça vous plaît? (plaire 🔔)	*Do you like that?*

avez-vous compris?

Qui est-ce? Chantal, le traiteur, la grand-mère, l'étudiante ou la mère de l'étudiante?

1 Aime bien les fastfoods.

2 Ne connaît pas les fastfoods.

3 Est végétarienne.

4 Ne veut pas grossir.

5 Prépare des plats traditionnels.

6 Dit que la gastronomie est en danger.

7 Achète beaucoup de plats cuisinés.

8 Dit que l'emballage des fastfoods menace l'environnement.

9 Ne sait pas faire la mayonnaise.

10 Est tout à fait contre les fastfoods.

11 Dit que les produits frais coûtent très cher.

12 Utilise régulièrement un four micro-ondes.

13 N'aime pas l'ambiance des restaurants comme les McDo.

14 Adore les repas en famille ou avec des amis.

15 N'a pas le temps de faire la cuisine.

16 Pense qu'il faut avoir un régime équilibré et varié.

17 Prépare des petits plats avec amour.

18   Ne s'intéresse pas à la nourriture.

19   Dit que les conserves sont pratiques et bon marché.

20   Se porte mieux depuis qu'elle mange plus sainement.

à vous!

Reliez.

une bonne . . .	plats
des plats . . .	d'argent et d'hygiène
ouvrir . . .	son temps
faire réchauffer . . .	cuisinière
c'est bon . . .	surgelés
faire . . .	pour la ligne
pour des raisons . . .	basses calories
un régime . . .	au micro-ondes
des recettes . . .	équilibré
prendre . . .	la cuisine
des produits . . .	une boîte de conserve
des petits . . .	cuisinés

Maintenant, faites des phrases en utilisant certaines de ces expressions.

et vous?

Est-ce que la nourriture est importante pour vous? Expliquez.

- Que pensez-vous des fastfoods?
- Aimez-vous aller au restaurant? Expliquez.
- Aimez-vous les longs repas en famille ou entre amis?
- Utilisez-vous beaucoup de plats cuisinés / de produits surgelés / de conserves? Pourquoi?
- À votre avis, faut-il 'manger pour vivre et non vivre pour manger'?
- Qu'est-ce que c'est pour vous 'bien manger'?

UN PEU DE GRAMMAIRE

Les pronoms relatifs	*Relative pronouns*
lequel / laquelle / lesquels / lesquelles?	*which one / which ones?*
lequel de ces monuments préférez-vous?	*which (one) of these monuments do you prefer?*
lesquelles de ces spécialités préférez-vous?	*which (ones) of these specialities do you prefer?*

Les pronoms démonstratifs	*Demonstrative pronouns*
celui-ci (m.) / celle-ci (f.)	*this one*
ceux-ci (m.) / celles-ci (f.)	*these ones*
celui-là (m.) / celle-là (f.)	*that one*
ceux-là (m.) / celles-là (f.)	*those ones*

▶ **Grammaire** 8, 9(d), 10

EXERCICES

A Faites le bon choix.

1 Lequel / Laquelle de ces deux hommes est votre ami?
Celle / Celui qui porte un costume gris.

2 La jeune fille que / dont j'ai oublié le nom est fonctionnaire en Bretagne.

3 La région qui / que je voudrais visiter se trouve au centre de la France.

4 Le livre que / dont j'ai besoin est à la maison.

5 Le gâteau qui / que m'a beaucoup plu est une spécialité alsacienne.

6 La robe que / dont j'ai envie coûte trop cher.

7 Lesquelles / Lesquels de ces jeunes gens sont corses?
Ceux-ci. / Celles-ci.

8 L'île que / qui vous offre des plages de sable et des montagnes est un paradis touristique.

B   Utilisez les mots ci-dessous pour compléter les mini-dialogues.

> lequel   lesquels   laquelle   lesquelles   lequel

1 – _____ des boissons normandes préférez-vous?
   – Le calvados, bien sûr!

2 – _____ de ces fromages voulez-vous?
   – Celui-ci, c'est mon préféré!

3 – _____ de ces fruits prenez-vous?
   – Ceux-ci.
   – Vous avez raison; ces fruits exotiques sont bien appétissants!

4 – _____ des vins alsaciens avez-vous choisi?
   – Celui-ci.
   – Le Sylvaner? Ah oui, il est frais et léger!

5 – _____ de ces boissons alcoolisées avez-vous déjà goûtées?
   – Celles-ci. C'est-à-dire, le cointreau, la liqueur de fraise et l'armagnac.

C   Complétez la conversation.

Serveur / serveuse   Vous avez choisi, messieurs-dames?

Client(e)   (**1** *Ask for two menus at 36 euros.*)

Serveur / serveuse   Alors, qu'est-ce que vous prenez pour commencer?

Client(e)   (**2** *Ask what the soup of the day is.*)

Serveur / serveuse   C'est de la soupe de tomates.

Client(e)   (**3** *Order a soup and a melon with port [au porto].*)

Serveur / serveuse   Et ensuite, l'escalope de veau, le poulet rôti, ou le lapin chasseur?

Client(e)   (**4** *Order the rabbit for your partner, and the chicken for yourself. Ask what it's served with.*)

Serveur / serveuse   Avec des pâtes fraîches et des légumes. Et comme boisson?

Client(e)   (**5** *Ask what the waiter / waitress recommends to go with the chicken.*)

Serveur / serveuse   Je vous recommande un vin blanc sec comme le Chablis ou le Pouilly-Fuissé.

Client(e)   (**6** *Order a bottle of Chablis.*)

Serveur / serveuse   Qu'est-ce que vous prenez comme dessert, la mousse au chocolat, le baba au rhum, les fraises à la crème, la crème caramel?

Client(e)   (**7** *Order two sweets*.)

D   Bien manger, qu'est-ce que c'est exactement? Complétez le texte pour savoir ce que Chantal en pense.

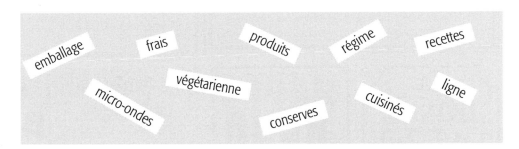

emballage   frais   produits   régime   recettes

végétarienne   ligne

micro-ondes   conserves   cuisinés

"Depuis que je suis (**1**) _____ , je n'ai plus besoin de (**2**) _____ basses calories. J'ai un (**3**) _____ équilibré qui est bon pour la santé et pour la (**4**) _____ . Je n'achète plus de plats (**5**) _____ que l'on fait réchauffer au (**6**) _____ . Je préfère les produits (**7**) _____ aux (**8**) _____ et je me sers très peu des (**9**) _____ surgelés avec tout leur (**10**) _____ qui est mauvais pour l'environnement!"

E   Lisez les publicités à la page 74.

1   Recommandez un restaurant aux personnes suivantes.

a   Marielle s'est levée tard parce que c'est dimanche. Elle a faim mais son frigo est vide. Elle a envie d'écouter de la musique.

b   Philippe a dépensé beaucoup d'argent pour acheter des billets pour l'Opéra Bastille, mais il veut emmener sa petite amie au restaurant après le spectacle. Ils aiment bien la bière tous les deux.

c   Ces touristes étrangers veulent découvrir la cuisine typiquement française.

d   C'est lundi. Anne-Marie et Simon n'ont pas de chance. Ils veulent manger un plateau de fruits de mer, mais le restaurant que des amis leur ont recommandé est fermé.

e   Jean-Luc a travaillé chez lui toute la matinée. Il est fatigué. Il n'a rien à manger chez lui, mais il n'aime pas manger au restaurant.

f   Un groupe d'amis a décidé de passer une bonne soirée. Ils veulent manger, mais aussi s'amuser. Ils aiment bien chanter.

La Bonne Fourchette

Un 'must' du quartier latin

Restaurant   Brunches
Salon de thé   Vente à Emporter

Tous les jours à partir de 11h – Fermé le dimanche

LE PUB IRLANDAIS

Déjeuner, dîner et brunch le dimanche

Musiciens irlandais et jazz   Tous les jours 12h–1h30

La BONNE TAVERNE

Au cœur du quartier de la Bastille, dans un décor pittoresque, LA BONNE TAVERNE vous propose une formule steak-frites ou moules-frites à 16 € et un menu complet à 24 € Très grande variété de bières SERVICE EN CONTINU DE MIDI À 2H DU MATIN

HAPPY HOUR

RESTAURANT DE SPÉCIALITÉS AMÉRICAINES

* * *

Un 'must' pour les amateurs de karaoké (plus de 2000 titres!)

* * *

MENUS 20 et 30 €, à la carte le week-end

* * *

7/7 jusqu à 2h du matin

Le panier de coquillages

À deux pas de la gare Montparnasse, nous avons une excellente réputation.

SPÉCIALITÉS DE LA MER Huîtres et crustacés de qualité

NOTRE SPÉCIALITÉ: la bouillabaisse

Fermé le lundi

Chez Bébert

CUISINE FRANÇAISE TRADITIONNELLE FORMULE à 40 €

Apéritif, vin et café compris

Ouv. ma.–sa. & di. midi

---

2 Relisez les publicités et trouvez les équivalents français.

a until two in the morning

b every day

c non-stop service / uninterrupted service

d from eleven o'clock

e a stone's throw from . . .

f in the heart of the city

g wine and coffee included

écoutez bien!

Première partie

La télérecette d'aujourd'hui: La mousse au chocolat

Listen to the **télérecette** for **La Mousse au Chocolat**. Phone as often as you need to get the complete list of ingredients and instructions. Then complete the notes below.

Ingrédients:

1 _____ œufs

2 _____ g. de sucre en poudre

3 ½ _____ de crème fraîche

4 _____ g. de chocolat noir en tablette

Marche à suivre: On fait fondre le chocolat dans (**5**) _____ ou (**6**) _____ cuillerées de (**7**) _____ très fort. On casse les (**8**) _____ , et on sépare les (**9**) _____ et les (**10**) _____ . On incorpore les jaunes, le (**11**) __ __ , le chocolat et la (**12**) _____ . On ajoute les blancs d'œufs battus en neige très ferme. On met le dessert au (**13**) _____ plusieurs (**14**) _____ avant de servir.

Deuxième partie

Au restaurant

Now listen in to a conversation between a waiter and a rather fussy customer. First, fill in the price of the menu and the dishes available. Then note the four reasons the customer gives for not choosing that particular menu and explain why she doesn't want the ratatouille.

MENU
À PRIX FIXE
. . . . €
TOUT COMPRIS

Soupe 'Maison'
. . . .
***
Plat du jour
. . . .
***
Dessert au choix
. . . .
***
¼ vin – Cuvée du chef
. . . .

lecture

1   According to the text, what will you get on your plates as well as food if you use the Italian-style sauce?

2   With what are you advised to use the sauce?

3   To make it up, how much water is used, and is it hot or cold?

4   How long does the mixture have to simmer?

5   What does one have to do before that stage?

6   What is the recipe for?

7   What do you first do with the fish?

8   What is the sauce made up with this time?

9   What is the finishing touch to this dish?

10   What other information is given to the consumers about the product?

Sachet-Sauce CUISO

En quelques minutes, la sauce italienne CUISO va mettre le soleil dans vos assiettes. Essayez-la sur vos viandes rôties et sur votre poisson, il n'y a rien de plus simple à faire!

On verse le contenu du Sachet-Sauce CUISO dans une casserole. On mélange avec l'eau froide.

On mesure 0,4 litre d'eau froide.

On porte à ébullition en remuant. On laisse cuire 5 mn à feu doux sans cesser de remuer.

RECETTE: FILETS DE SOLE SAUCE ITALIENNE
Faites pocher les filets de sole. Mettez-les dans un plat chaud. Dans une casserole, versez 1/8 de litre de liquide de cuisson refroidi, 1/8 de litre de vin blanc sec et le contenu du Sachet-Sauce italienne. Portez à ébullition en remuant. Laissez cuire 5 mn. Nappez les filets de sole. Ajoutez du persil haché.

À consommer de préférence avant fin

JUIN 2005

Ingrédients: Amidon modifié, lactose, graisse végétale et animale, sel, poivre, extraits végétaux, champignons, ail, échalote, glutamate, sucre, condiments.

Poids net: 50g

LE SAVIEZ-VOUS? Qu'est-ce que c'est?

1. On l'a découvert en Chine. Des voyageurs portugais et hollandais l'ont apporté en Europe. Il a été très populaire à Londres dès 1640.

2. On l'utilise à table pour ne pas se salir les doigts. C'est le roi Henri III qui l'a introduite en France, mais elle a été inventée à Venise, en Italie.

3. On le trouve dans toutes les pâtisseries françaises, mais c'est le roi de Pologne, Stanislas Leczinski, qui l'a inventé. Il a eu l'idée d'arroser d'alcool un gâteau appelé 'kugelhof' parce qu'il était trop sec.

4. C'est une boisson que l'on fabrique en Normandie et en Bretagne. À l'origine, au douzième siècle, elle était faite par des moines.

5. C'est un pont à haubans sur l'estuaire de la Seine. Avec 214 mètres de hauteur, il est aussi haut que la tour Montparnasse. Un système de lumières clignotantes bleues indique de loin aux automobilistes l'état de la circulation (peu de clignotement, peu de trafic). Il a été inauguré en 1995 et relie Le Havre à Honfleur.

6. Cette bande dessinée géante est composée de 58 scènes. Elle mesure soixante-dix mètres de longueur et cinquante centimètres de hauteur. C'est le document le plus vivant des mœurs du Moyen Age.

RÉPONSES

1 le thé 2 la fourchette 3 le baba au rhum 4 le cidre 5 le pont de Normandie
6 la tapisserie de Bayeux

Cinquième unité

Cinquième unité

dans un hypermarché

Une dame âgée essaie de faire ses commissions.

Cliente   Pardon, mademoiselle. Je ne connais pas du tout cette grande surface. Pourriez-vous m'indiquer le rayon charcuterie, s'il vous plaît?

Vendeuse   C'est facile, regardez. Tout est écrit au-dessus des rayons.

Cliente   C'est que j'ai oublié mes lunettes à la maison et je n'y vois pas grand-chose!

Vendeuse   Ah, je comprends. Moi, je suis myope, mais maintenant je porte des verres de contact. Alors, l'alimentation est là-bas, au fond du magasin. Prenez la deuxième à gauche, puis continuez le long de l'allée centrale. Allez jusqu'au bout et le rayon charcuterie est sur votre droite, à côté du rayon boucherie.

Cliente   Je vous remercie, mademoiselle.

Vendeuse   Je vous en prie, madame.

QU'EST-CE QUE ÇA VEUT DIRE?

faire les commissions / courses	*to do the shopping*
une grande surface / un hypermarché	*a hypermarket*
Pourriez-vous m'indiquer . . .?	*Could you show me . . .?*
le rayon	*department, counter* (lit. *shelf*)
au dessus (de)	*above*
l'alimentation (f.)	*food*
là-bas	*over there*
au fond (de)	*at the end/bottom (of)*
une allée	*an aisle* (here)
jusqu'au bout	*to the end*

dans un hypermarché (suite)

Nous retrouvons la dame qui attend au rayon boucherie.

Vendeur C'est à qui le tour?

Cliente J'espère bien que c'est à moi cette fois, ça fait dix minutes que je fais la queue! Je voudrais un saucisson sec et des rillettes d'oie, s'il vous plaît. Vous en avez?

Vendeur Euh . . . non, madame, je regrette mais . . . .

Cliente Une grande surface comme la vôtre et vous n'avez pas de rillettes d'oie!

Vendeur C'est que . . .

Cliente Donnez-moi une tranche de pâté de campagne, alors. C'est bien du pâté que vous avez là?

Vendeur Non, madame, c'est de la chair à saucisse. Ici, c'est le rayon boucherie, le rayon charcuterie est juste à côté, sur votre gauche.

Cliente Même sans mes lunettes, je vois qu'il y a aussi la queue!

Vendeur Si vous ne voulez pas faire la queue, vous pouvez acheter des produits préemballés, là, à côté des surgelés.

QU'EST-CE QUE ÇA VEUT DIRE?

un saucisson sec	*a type of salami*
des rillettes (f.) d'oie (f.)	*potted goose meat for spreading*
une tranche	*a slice*
de la chair à saucisse	*sausage meat*
des produits préemballés	*pre-packed goods*

dans un hypermarché (suite)

La dame continue son périple.

Cliente Pardon, madame. Je voudrais acheter des savonnettes et du shampooing.

Vendeuse Eh bien, vous trouverez ça de l'autre côté de l'hypermarché, aux cosmétiques, en face des produits d'entretien.

Cliente Oh là là!

Vendeuse Vous voyez, là, devant les appareils électro-ménagers . . .

Cliente Oh, ben, ça me fait penser que j'ai besoin d'ampoules!

Vendeuse C'est près de l'entrée.

Cliente Alors, je dois revenir sur mes pas?

Vendeuse　Oui. Vous voulez que je vous accompagne?

Cliente　Non, vous êtes très aimable, mais ce ne sera pas nécessaire.

QU'EST-CE QUE ÇA VEUT DIRE?

un périple	*an expedition, a tour, a trip*
une savonnette	*a bar of toilet soap*
vous trouverez	*you will find*
les produits d'entretien	*cleaning materials*
les appareils électro-ménagers	*electrical appliances*
une ampoule	*an electric bulb* (here)
revenir sur ses pas	*to retrace one's steps*

dans un hypermarché (suite et fin)

La dame âgée est maintenant à la caisse.

Cliente　Je vous dois combien, madame?

Caissière　95 euros.

Cliente　Soixante . . . quatre-vingts . . . Je suis désolée, mais je n'ai plus de billets. Attendez, j'ai peut-être de la monnaie dans mon autre porte-monnaie . . . Ah, voilà! Est-ce que j'ai assez d'argent maintenant? J'ai du mal à m'habituer aux euros et j'ai oublié mes lunettes.

Caissière　Il manque encore cinq euros.

Cliente　Mon Dieu! Qu'est-ce que je vais faire?

Caissière　Il faut remettre quelque chose dont vous n'avez pas vraiment besoin.

Cliente　Ah non! J'ai besoin de tout ça! Mais ma fille doit venir me chercher dans quelques minutes. Je vais l'attendre.

QU'EST-CE QUE ÇA VEUT DIRE?

la caisse	*the till, the cashdesk*
un billet	*a banknote* (here)
l'argent (m.)	*money*
la monnaie	*change*
j'ai du mal (à)	*I find it hard (to)*
il manque cinq euros	*you are short of five euros* (lit. *five euros are missing*)
aller / venir chercher	*to fetch / to collect*
remettre	*to put back*

avez-vous compris?

Cochez les bonnes réponses.

1 D'abord la dame âgée cherche le rayon boulangerie / pâtisserie / boucherie / charcuterie.

2 Elle est myope / a perdu ses lunettes / porte des verres de contact / a oublié ses lunettes.

3 Le rayon charcuterie se trouve au fond du magasin / à côté des surgelés / près de l'entrée / en face du rayon boucherie.

4 La dame veut acheter du shampooing / du dentifrice / une brosse à dents / des savonnettes.

5 Elle a aussi besoin de produits d'entretien / d'ampoules / de surgelés / de lessive.

6 À la caisse, la dame a trop d'argent / a assez d'argent / n'a pas assez d'argent / n'a pas de monnaie.

7 Elle va attendre sa fille / aller chercher sa fille / téléphoner à sa fille / remettre quelque chose dont elle n'a pas besoin.

à vous!

1 Vous travaillez dans une grande surface. Vous devez remettre dans les rayons les articles abandonnés par les clients. Faites une liste pour chaque rayon.

Les articles abandonnés:

1 raquette de tennis	1 poivron
1 botte d'asperges	10 yaourts nature
2 baguettes	1 robot ménager
1 chemise	1 paquet de petits pois surgelés
1 sac de pommes de terre	3 savonnettes
1 grand paquet de croissants	1 kilo de sucre
1 œuf de Pâques	6 côtelettes d'agneau
1 paquet de bonbons	1 jupe
12 boîtes de bière	1 pot de crème fraîche
1 boîte de céréales	3 paires de collants
1 saucisson sec	1 pot de glace au chocolat
1 kilo de pêches	1 tube de dentifrice
1 journal	1 demi-livre de beurre
2 paquets de café	2 ampoules
1 litre de lait demi-écrémé	1 boîte de lessive
1 paire de baskets	1 paquet d'enveloppes
1 douzaine d'œufs	1 camembert
1 bouteille de vin	4 tranches de jambon

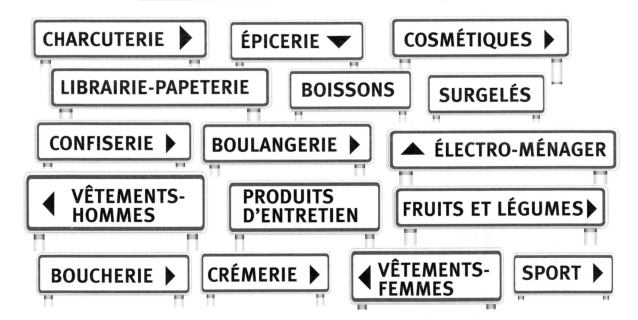

2 Travaillez avec un / une partenaire. Préparez plusieurs phrases pour situer les différents rayons. Utilisez **devant**, **au bout de**, **au fond de**, **à droite (de)**, **à gauche (de)**, **près de**, **à côté de**, **en face de** ou **au-dessus de**. À tour de rôle, lisez vos descriptions. Votre partenaire prend des notes.

les Français et le shopping

Tout d'abord, nous retrouvons Claire au marché.

Claire Pardon, madame. Je fais une enquête sur les Français et le shopping. Je peux vous poser quelques questions?

Femme Oui, si vous voulez.

Claire Vous venez souvent au marché?

Femme Je fais mon marché deux fois par semaine. Je ne peux pas porter trop de choses à la fois, c'est lourd!

Claire Vous préférez aller au marché ou au supermarché?

Femme Au marché, bien sûr! C'est plus sympathique. J'y rencontre des amies. Et puis, je connais beaucoup de commerçants, maintenant. On bavarde, on plaisante . . .

Claire Oui, c'est très animé ici!

Femme Il y a des marchands qui sont très drôles. Ils font toutes sortes de choses pour attirer la clientèle.

Claire Et la marchandise?

Femme Il y a un très grand choix. Euh . . . C'est moins cher qu'au supermarché. Et on peut même goûter avant d'acheter.

Claire Mais ça prend plus de temps.

Femme Peut-être, mais c'est bien plus agréable. Personnellement, je déteste faire la queue à la caisse.

Claire Et quand il pleut?

Femme Je mets un imper avec une capuche et des bottes en caoutchouc. Je suis irrésistible!

QU'EST-CE QUE ÇA VEUT DIRE?

faire son marché	*to do one's shopping*	la marchandise	*the goods*
lourd(e)	*heavy*	mettre (🖐)	*to put (on)*
un commerçant, un marchand	*a trader*	un imper(méable)	*a mac(kintosh)*
		une capuche	*a hood*
animé	*lively*	des bottes (f.) en caoutchouc (m.)	*Wellington boots* (lit. *rubber boots*)
attirer	*to attract*		

avez-vous compris?

Répondez en français.

1 Combien de fois par semaine la dame fait-elle son marché?

2 Qu'est-ce qu'elle aime en particulier au marché?

3 Avec qui bavarde-t-elle?

4 Que pense-t-elle de la marchandise?

5 Est-ce qu'elle trouve les prix raisonnables?

6 Qu'est-ce qu'elle aime faire avant d'acheter?

7 Qu'est-ce qu'elle déteste au supermarché?

8 Comment s'habille-t-elle quand il pleut?

les Français et le shopping (suite et fin)

Maintenant, Claire se trouve à l'entrée d'un supermarché.

Claire Pardon, monsieur. Vous venez souvent au supemarché?

Client Je viens tous les samedis. C'est moi qui fais les courses. Ma femme travaille, alors nous partageons les tâches.

Claire Oui, comme beaucoup de gens de nos jours. Mais dites-moi, est-ce que vous aimez faire vos courses ici?

Client Oui. Je trouve qu'il y a beaucoup d'avantages.

Claire Par exemple?

Client Eh bien, d'abord, on peut se garer sans problème. On trouve tout ce dont on a besoin sous le même toit et on met tout dans le caddie, même les jeunes enfants!

Claire Mais quelquefois, ils sont difficiles à diriger, ces chariots!

Client C'est vrai. Ça arrive.

Claire Et que pensez-vous de la marchandise?

Client   On trouve tout ce qu'on veut. Il n'y a que des produits de bonne qualité. Tout est propre et emballé. C'est très pratique.

Claire   Et point de vue prix?

Client   C'est meilleur marché que les petits magasins et comme il y a beaucoup de concurrence, il y a souvent des offres spéciales très intéressantes.

Claire   Mais il faut faire la queue à la caisse.

Client   Ça, c'est l'inconvénient, mais l'avantage, c'est qu'on n'est pas obligé d'avoir d'argent liquide sur soi. On peut payer tout en même temps par chèque ou avec une carte de crédit.

QU'EST-CE QUE ÇA VEUT DIRE?

partager	*to share*
une tâche	*a task, job*
se garer	*to park one's car*
sous le même toit	*under one roof*
un caddie, un chariot	*a trolley*
ne/n' . . . que	*only*
propre	*clean*
bon marché / meilleur marché (inv.)	*cheap / better value, cheaper*
la concurrence	*competition*
un inconvénient	*a disadvantage*
l'argent (m.) liquide	*cash*
avoir . . . sur soi	*to carry, have on one*

avez-vous compris?

Quels sont les avantages des supermarchés selon ce client?

à vous!

Relisez les dialogues puis complétez les phrases ci-dessous.

1 Je déteste faire _____ à la caisse.

2 On met tout dans _____ .

3 Quand _____ , je mets un imperméable.

4 On trouve tout ce dont on a _____ sous le même toit.

5 Je fais _____ sur les Français et le shopping.

6 On peut _____ sans problème.

7 Vous venez _____ au marché?

8 Ma femme travaille, alors nous _____ les tâches.

9 Je _____ beaucoup de marchands.

10 Comme il y a beaucoup de _____ , il y a souvent des offres spéciales.

11 Je fais mon marché deux fois _____ .

12 On n'est pas obligé d'avoir d' _____ sur soi.

13 On peut _____ avant d'acheter.

14 _____ sont quelquefois difficiles à diriger.

15 Je _____ tous les samedis.

et vous?

▨ Aimez-vous faire les courses?

▨ Quand faites-vous votre shopping?

▨ Où allez-vous? Pourquoi?

à la poste

Chantal a emballé le livre qu'elle vient d'acheter pour sa correspondante anglaise.
Maintenant elle va à la poste pour l'expédier et pour acheter des timbres.

Les timbres à validité permanente sont valables, quelle que soit l'évolution des tarifs, pour une lettre de 20 grammes pour la FRANCE, les DOM-TOM, la CEE, l'AUTRICHE, le LIECHTENSTEIN et la SUISSE

• PLIER ICI •

10 TIMBRES-POSTE
À
VALIDITÉ PERMANENTE
AUTOCOLLANTS

L'employé	Vous désirez?
Chantal	C'est combien pour envoyer une lettre en Angleterre?
L'employé	C'est le même tarif que chez nous.
Chantal	Et pour les cartes postales?
L'employé	C'est pareil.
Chantal	Alors, un carnet de timbres, s'il vous plaît. Ils sont autocollants?
L'employé	Oui.
Chantal	Très bien. C'est plus pratique.
L'employé	Voilà!
Chantal	Merci. Je peux m'en servir aussi pour envoyer des lettres aux États-Unis?
L'employé	Je regrette, mademoiselle. Il faut les envoyer par avion. Les timbres à validité permanente ne sont valables que pour les lettres de vingt grammes pour la Communauté Européenne et quelques autres pays.
Chantal	Et pour la Guadeloupe? J'ai une amie là-bas.
L'employé	Oui, c'est le même tarif pour les DOM-TOM.
Chantal	Bien. Je voudrais aussi envoyer ce colis en Angleterre.
L'employé	En recommandé ou ordinaire?
Chantal	Ordinaire. C'est seulement un petit cadeau pour ma correspondante. C'est un livre de recettes normandes. Elle s'intéresse beaucoup à la cuisine française.
L'employé	Donnez. Je vais le peser. Ça fait huit euros en économique.
Chantal	C'est aussi cher que le livre!
L'employé	Ça vient d'augmenter. Et puis, vous savez, les livres sont très lourds. Il vaut mieux choisir quelque chose de plus léger comme cadeau.
Chantal	Je sais. Est-ce que je dois remplir une fiche pour la douane?
L'employé	Non, ce n'est plus nécessaire maintenant.
Chantal	Où est la boîte aux lettres?
L'employé	Elle est dehors.

QU'EST-CE QUE ÇA VEUT DIRE?

expédier / envoyer	*to send*
pareil	*the same*
un carnet de timbres	*a book of stamps*
autocollant	*self-adhesive*
à validité permanente	*permanently valid* (like stamps marked first class)
les DOM-TOM (les Départements et les Territoires d'Outre-Mer)	*Overseas Departments and Territories*
un colis	*a parcel*
recommandé	*recorded delivery / registered*
peser	*to weigh*
Ça vient d'augmenter	*It's just gone up*
il vaut mieux	*it is better*
une fiche	*a form*
la douane	*the customs*
ne . . . plus	*no more, no longer*
dehors	*outside*

avez-vous compris?

Choisissez la bonne réponse.

1   Chantal a acheté deux timbres / un carnet de timbres.

2   Elle peut s'en servir pour envoyer une lettre en Australie / en Belgique.

3   Elle dit qu'elle a une amie à la Martinique / à la Guadeloupe.

4   Elle veut envoyer un colis en recommandé / ordinaire.

5   Chantal envoie un livre de recettes normandes / bretonnes à sa correspondante.

6   Les livres sont lourds / légers.

à vous!

Reliez les phrases **1** à **5** aux phrases **a** à **e** pour faire cinq mini-conversations.

1   Vous avez une boîte aux lettres?

2 C'est combien pour envoyer cette lettre aux États-Unis?

3 C'est combien pour envoyer une carte postale en Angleterre?

4 Je voudrais dix timbres, s'il vous plaît.

5 Je voudrais envoyer un colis.

a En recommandé ou ordinaire?

b Donnez-la-moi, je vais la peser. Il faut l'envoyer par avion.

c Voilà un carnet de timbres autocollants.

d C'est le même tarif que pour la France.

e Oui, mais elle est dehors, à côté de la porte.

hold-up à la banque

Dans la banque où il travaille, Laurent s'occupe d'une jeune cliente.

Laurent	Bonjour, mademoiselle, qu'y a-t-il pour votre service?
Cliente	Je vais bientôt partir à l'étranger, et je voudrais quelques renseignements.
Laurent	Oui. Vous voulez acheter des devises étrangères?
Cliente	Justement, je ne sais pas. Pouvez-vous me conseiller?
Laurent	Où allez-vous?
Cliente	En Angleterre.
Laurent	Alors, vous voulez des livres Sterling ou bien des chèques de voyage.
Cliente	Mais je ne pars pas en vacances, je vais travailler là-bas. Je vais faire un stage d'un an, dans une entreprise, dans l'espoir d'améliorer mon anglais.
Laurent	Si vous êtes salariée, je vous conseille d'ouvrir un compte courant sur place, pour faire virer votre salaire directement sur votre compte.
Cliente	Est-ce que je peux garder ma carte de crédit, ou est-ce que je dois en obtenir une autre?
Laurent	Qu'est-ce que vous avez comme carte, la Carte Bleue, la Carte Visa?
Cliente	J'ai une Mastercard.
Laurent	Alors, aucun problème. Vous pouvez l'utiliser de la même manière qu'ici, c'est-à-dire pour régler vos achats, pour retirer de l'argent aux distributeurs automatiques de billets . . .
Cliente	Ah, ça c'est pratique, 24 heures sur 24, même le dimanche.
Laurent	Vous voulez changer un peu d'argent pour avoir des livres Sterling avant votre départ?

| **Cliente** | Oui, c'est une bonne idée! Quel est le taux de change aujourd'hui? Mais . . . Qu'est-ce qu'il y a? Qu'est-ce qui se passe? Ah non! |
| **Cambrioleur** | Haut les mains! Que personne ne bouge! |

QU'EST-CE QUE ÇA VEUT DIRE?

s'occuper (de)	*to look after, to serve (a customer)*
les renseignements (m.)	*information*
les devises étrangères	*foreign currency*
là-bas	*over there!*
un stage	*a training course*
une entreprise	*a business / company*
faire virer le salaire	*to have the salary paid in*
régler	*to pay, to settle up*
retirer de l'argent	*to withdraw money*
un distributeur automatique de billets (DAB)	*a cash / ticket dispenser*
le taux de change	*the exchange rate*
un cambrioleur	*a robber / a burglar*
Qu'est-ce qui se passe?	*What's happening?*
Haut les mains!	*Put your hands up!*
Que personne ne bouge!	*Nobody move!*

avez-vous compris?

Relisez la conversation et complétez le texte.

La jeune femme va bientôt aller en (**1**) _____ . Elle ne part pas en (**2**) _____ , elle y va (**3**) _____ . Elle fait un (**4**) _____ d'un an dans une (**5**) _____ dans l'espoir d'améliorer son (**6**) _____ . Laurent lui conseille d'ouvrir un (**7**) _____ sur place. Il lui dit qu'elle peut utiliser sa (**8**) _____ de la même manière qu'en France. Il lui demande si elle veut (**9**) _____ un peu d'argent avant son départ. Tout à coup il y a un hold-up à la (**10**) _____ .

à vous!

Reliez les phrases **1** à **5** aux phrases **a** à **e** pour faire cinq mini-conversations.

1 Je voudrais changer des chèques de voyage.

2 Est-ce que je peux utiliser ma carte de crédit ici? J'ai une Mastercard.

3 J'aimerais changer des livres Sterling. Quel est le taux de change aujourd'hui?

4 Vous partez en vacances?

5 Je vais partir travailler à l'étranger et je voudrais quelques renseignements.

a La livre est à 1,60 euros aujourd'hui.

b Dans quel pays allez-vous?

c Oui. Qu'est-ce que vous avez comme chèques?

d Non. Je vais en Espagne pour faire un stage.

e Pas de problèmes. Vous pouvez régler vos achats et retirer de l'argent aux distributeurs de billets.

l'inspecteur Mars enquête

Maintenant l'inspecteur Mars interroge deux témoins. Le premier témoin était dans la rue au moment du hold-up.

Le témoin	Les cambrioleurs sont arrivés en voiture . . .
L'inspecteur Mars	Quelle voiture?
Le témoin	Une Citroën, je crois.
L'inspecteur Mars	Oui, et après?
Le témoin	Trois hommes sont descendus, le quatrième est resté au volant . . . ils sont entrés dans la banque . . . ils sont sortis en courant, ils sont montés dans la voiture et ils sont partis à toute vitesse.
L'inspecteur Mars	Combien de personnes sont arrivées en voiture?
Le témoin	Quatre, en tout.

L'inspecteur Mars	À quelle heure sont-ils entrés dans la banque?
Le témoin	Euh, je ne sais pas, à onze heures et demie peut-être.
L'inspecteur Mars	Et ils sont sortis . . .?
Le témoin	Environ cinq minutes plus tard.
L'inspecteur Mars	Et ils sont repartis tous ensemble?
Le témoin	Oui, ils sont partis par là.
L'inspecteur Mars	Et vous n'avez rien fait?
Le témoin	Qu'est-ce que vous croyez! Je ne suis pas James Bond, moi!

QU'EST-CE QUE ÇA VEUT DIRE?

interroger	to question
un témoin	a witness
le volant	the steering-wheel
ils sont sortis en courant (courir)	they ran out (to run)
à toute vitesse	at top speed

avez-vous compris?

Répondez en français.

1 Comment les cambrioleurs sont-ils arrivés?

2 Combien d'hommes sont descendus de la voiture?

3 Où est resté le quatrième?

4 À quelle heure sont-ils entrés dans la banque?

5 Quand en sont-ils sortis?

6 Sont-ils repartis tous ensemble?

7 Pourquoi le témoin n'a-t-il rien fait?

l'inspecteur Mars enquête (suite et fin)

Le deuxième témoin, c'est la jeune cliente qui était au guichet de Laurent.

| L'inspecteur Mars | Mademoiselle, quelle heure était-il quand les cambrioleurs sont entrés dans la banque? |

Cliente	Euh . . . Moi, je suis arrivée peu après onze heures. Donc il était environ onze heures et quart.
L'inspecteur Mars	Et où étiez-vous exactement?
Cliente	Eh bien, j'étais à un guichet . . . C'était vraiment effrayant! J'ai entendu du bruit derrière moi, j'ai regardé, et j'ai vu trois hommes . . .
L'inspecteur Mars	Qu'est-ce qu'ils ont fait, ces hommes?
Cliente	Ils ont sorti leur revolver. Ensuite, l'un d'eux, le gros aux cheveux noirs, a dit 'Haut les mains! Que personne ne bouge!' Tout le monde a eu très peur! Quelqu'un a crié . . .
L'inspecteur Mars	Et après?
Cliente	Ils sont allés droit à la caisse, à côté de moi. J'étais folle de terreur!
L'inspecteur Mars	Ils ont menacé quelqu'un?
Cliente	Oui, la caissière. Ils lui ont demandé de mettre tout l'argent dans de grands sacs.
L'inspecteur Mars	Et ils étaient comment, ces cambrioleurs?
Cliente	Je ne m'en souviens pas très bien . . . Il y en avait un gros aux cheveux noirs, et un jeune qui portait un bonnet de laine jaune, et un pull à rayures rouge et blanc . . .
L'inspecteur Mars	Vous vous moquez de moi, mademoiselle!
Cliente	Mais non, monsieur l'inspecteur! C'est la vérité, je vous assure!

QU'EST-CE QUE ÇA VEUT DIRE?

Où étiez-vous?	*Where were you?*	il portait	*he was wearing*
fou / folle de terreur	*terrified* (lit. *mad with terror*)	se moquer de	*to make fun of*
menacer	*to threaten*	la vérité	*the truth*

avez-vous compris?

Un jeune policier a pris des notes, mais il a fait quinze erreurs. Aidez-le à les corriger.

La jeune cliente était à l'école. Elle a entendu de la musique derrière elle, et quand elle a regardé, elle a vu quatre hommes. L'un d'eux a dit, 'Haut les cœurs! Que personne ne parle!' Ensuite ils sont allés droit au bureau, où ils ont menacé la directrice. Ils lui ont demandé de mettre tous les bonbons dans de petits sacs. Le gros cambrioleur avait les cheveux gris, et le vieux portait un bonnet en coton et un pull à fleurs.

à vous!

Imaginez que vous aussi, vous étiez à la banque au moment du cambriolage. L'inspecteur Mars vous interroge. Répondez à ses questions:

L'inspecteur Mars   Comment vous appelez-vous?

Vous   1 _____

L'inspecteur Mars   À quelle heure êtes-vous arrivé(e) à la banque?

Vous   2 _____

L'inspecteur Mars   Combien d'hommes sont entrés dans la banque?

Vous   3 _____

L'inspecteur Mars   À quelle heure sont-ils arrivés?

Vous   4 _____

L'inspecteur Mars   Est-ce qu'ils ont sorti leur revolver?

Vous   5 _____

L'inspecteur Mars   Est-ce qu'ils sont allés au guichet?

Vous   6 _____

L'inspecteur Mars   Et qu'est-ce qu'ils ont dit à la caissière?

Vous   7 _____

L'inspecteur Mars   Et qu'est-ce que vous avez fait?

Vous   8 _____

UN PEU DE GRAMMAIRE

The perfect tense with 'être'

A number of verbs in this unit are conjugated with **être** instead of **avoir**:

aller	*to go*
Il est allé à la poste.	*He went to the post offce.*
arriver	*to arrive*
Je suis arrivé(e) à onze heures.	*I arrived at eleven o'clock.*

(continued)

partir	to leave
Ils sont partis.	They left.
entrer	**to enter, go in**
Ils sont entrés.	They went in.
sortir	**to go out**
Ils sont sortis.	They went out.
descendre	**to get off / out, go / come down(stairs)**
Trois hommes sont descendus.	Three men got off / out.
rester	**to stay**
Il est resté au volant.	He stayed at the wheel.

Note that:

1 The past participle agrees with the subject.

2 There are some verbs based on the verbs above. These are also conjugated with **être**, e.g. **repartir** (*to leave again*) and **ressortir** (*to come out again*).

3 Some of these verbs can have a direct object, in which case they are conjugated with **avoir**, e.g. Ils **ont** sorti leur revolver. (*They took out their guns*.)

▶ **Grammaire** 5, 7

EXERCICES

 Vous êtes dans un hypermarché. Reliez ce que disent les clients et les réponses des vendeurs.

Clients:

1 Je voudrais acheter une raquette de tennis et des baskets.

2 Pardon, mademoiselle. Je cherche la viande.

3 Vous avez des œufs de Pâques?

4 Excusez-moi, monsieur. Le pain, s'il vous plaît?

5 Je dois acheter à manger pour mon chat.

6   Où se trouvent les jus de fruits, s'il vous plaît?

7   Je cherche des bottes en caoutchouc pour ma fille.

8   Je dois acheter des bananes pour les enfants.

9   J'ai besoin de paprika pour une nouvelle recette.

10   Pardon, madame. Je cherche le couscous.

11   Vous vendez des parasols?

12   Où sont les caisses, s'il vous plaît?

Vendeurs:

a   Regardez au rayon enfants.

b   Le rayon boulangerie est à côté des conserves.

c   Les épices sont à côté des plats cuisinés.

d   Là-bas. Vous voyez, il y a la queue!

e   Regardez. C'est juste là, avec les autres boissons, à côté de l'eau minérale.

f   Le rayon boucherie se trouve à gauche, juste après le rayon charcuterie.

g   Oui, avec les meubles de jardin, là-bas.

h   Allez au rayon sport. Il est au fond, à droite.

i   Vous allez le trouver avec les pâtes et le riz.

j   Oui. Le rayon confiserie est tout de suite à droite, après les biscuits.

k   Le rayon fruits et légumes est à côté de l'entrée.

l   Allez au rayon des aliments pour animaux, qui se trouve après les surgelés.

B   Vous êtes à la poste en France. Complétez la conversation.

Employé   Vous désirez?

Vous   (**1** *You want to send some postcards to England. Find out how much it costs.*)

Employé   C'est le même tarif que pour la France.

Vous   (**2** *Ask for what you need.*)

Employé   Voilà. Vous désirez autre chose?

Vous   (**3** *Don't forget your parcel!*)

Employé   En recommandé ou ordinaire?

Vous   (**4** *Choose and give a reason.*)

Employé   Alors, ça fait 6,50 euros.

Vous   (**5** *You want to know when your parcel will arrive.*)

Employé   Dans deux ou trois jours.

C   Vous êtes à la banque en France. Complétez la conversation.

Employé   Qu'y a-t-il pour votre service?

Vous   (**1** *You want to change some traveller's cheques. What do you say?*)

Employé   Qu'est-ce que vous avez comme chèques?

Vous   (**2** *Say how many you've got and their value.*)

Employé   Votre passeport, s'il vous plaît.

Vous   (**3** *Say that you haven't got your passport and explain why.*)

Employé   Pouvez-vous revenir plus tard avec votre passeport?

Vous   (**4** *Find out about the bank's closing time.*)

Employé   Nous fermons à trois heures. Votre hôtel est loin d'ici?

Vous   (**5** *Answer the question.*)

D   Mettez les phrases dans le bon ordre pour raconter l'histoire. La première est correcte.

1   Je suis arrivé(e) au supermarché vers sept heures du soir.

2   Comme il y avait beaucoup de circulation, je suis resté(e) plus d'une heure dans les embouteillages.

3   Finalement, je suis allé(e) aux surgelés pour acheter de la glace pour le dessert.

4   Heureusement, elles n'étaient pas cassées.

5   J'ai eu des difficultés à trouver une bonne place au parking parce qu'il y avait beaucoup de monde.

6   Je suis finalement rentré(e) à la maison à neuf heures.

7   Naturellement, j'ai fait la queue à la caisse, comme d'habitude.

8   Bien entendu, ma glace était fondue!

9   Puis j'ai choisi un plat cuisiné pour le dîner.

10 Quand je suis descendu(e) de voiture, j'ai fait tomber mes lunettes.

11 Quand je suis sorti(e) du magasin, il était huit heures moins le quart.

12 Tout d'abord, je suis allé(e) au rayon épicerie pour acheter du café.

E Vous venez de recevoir un cadeau de votre ami(e) français(e). Écrivez-lui une lettre de remerciements.

écoutez bien!

Première partie: Dans une grande surface

Listen to the store announcements, then fill in the gaps.

1 At the garden department you can get _____ per cent off _____ .

2 Today _____ are on offer at the _____ counter.

3 Michael is waiting for his _____ at the _____ near the exit.

4 You can get five T-shirts for the price of _____ , because the shop is celebrating its _____ .

5 The shop closes in _____ minutes. You are asked to go to the _____ .

Deuxième partie: Dans la rue

Listen to the conversation and add the missing places in this street.

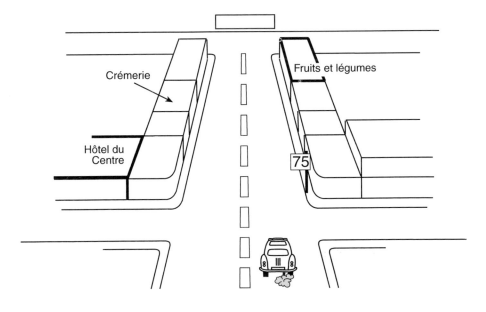

un petit tour en Normandie

Pendant les vacances de Pâques, Jean-Pierre et Paul Dupré ont décidé de faire un tour en vélo dans leur région. Voici quelques épisodes de leur périple.

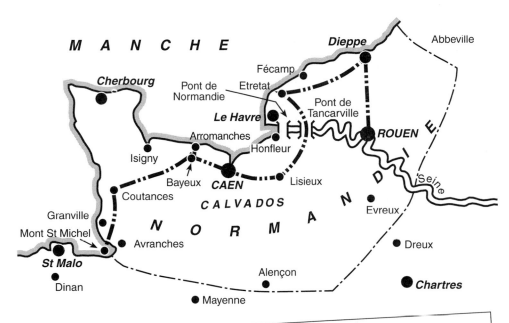

Étretat, le 18 avril

Chers tous,

Nous sommes arrivés à Dieppe sans difficultés. Heureusement il a fait très beau toute la journée et nous avons décidé de camper. Nous sommes allés au Syndicat d'Initiative où on nous a indiqué un fermier très sympa qui nous a prêté son champ. Paul a fait du feu et j'ai monté la tente. Nous avons grillé des saucisses pour le dîner. Nous n'avons pas très bien dormi parce que nous avons eu froid. Je vous écris d'un café où nous avons pris le petit déjeuner. Maintenant, visite d'Étretat.

Gros baisers à tous,

Jean-Pierre

Salut!
Paul

QU'EST-CE QUE ÇA VEUT DIRE?

un champ	*a field*
le feu	*fire*
un baiser / une bise	*a kiss*
gros baisers / grosses bises	*love*, (at the end of a letter)

avez-vous compris?

Répondez en français.

1 Comment Jean-Pierre et Paul sont-ils arrivés à Dieppe?

2 Quel temps a-t-il fait?

3 Où ont-ils campé?

4 Qui a monté la tente?

5 Pourquoi ont-ils fait du feu?

6 Ont-ils passé une bonne nuit?

7 Pourquoi les deux frères sont-ils dans un café?

un petit tour en Normandie (suite)

Les falaises sont splendides mais il n'y a qu'une plage de galets. Le sac à dos de Paul est encore plus lourd maintenant. Il a décidé de faire collection de galets! Nous avons rencontré des Anglais en vacances ici. Inutile de vous dire que nous avons surtout parlé par gestes!

Grosses bises à tous.
Jean-Pierre

Famille Dupré
Ferme du Pommier
Beauchamp

Normandie

Nous avons traversé la Seine par le pont de Tancarville.

Il a plu toute la journée. Nos sacs de couchage sont mouillés et la pile de la lampe de poche est à plat. Ce soir nous allons coucher à l'auberge de jeunesse.

Je vous embrasse
Jean-Pierre

Famille Dupré
Ferme du Pommier
Beauchamp

Normandie

QU'EST-CE QUE ÇA VEUT DIRE?

une falaise	*a cliff*	une lampe de poche	*a torch*
une plage de galets	*a shingle beach*	à plat	*flat*
un sac à dos	*a rucksack*	une auberge de jeunesse	*a youth hostel*
un sac de couchage	*a sleeping bag*	embrasser	*to kiss*
mouillé	*wet*	inutile	*useless, needless*
une pile	*a battery*		

avez-vous compris?

Répondez en français.

1 Qu'apprenons-nous sur Étretat?

2 Qu'est-ce que Paul a mis dans son sac à dos?

3 Pourquoi?

4 Qui ont-ils rencontré?

5 Comment ont-ils communiqué avec eux?

6 Quel pont ont-ils traversé?

7 Quel temps a-t-il fait?

8 Quelles sont les conséquences du mauvais temps?

9 Où les garçons vont-ils passer la nuit?

à vous!

1 Complétez avec les mots suivants.

sac à dos   sac de couchage   la lampe de poche   l'auberge de jeunesse   une tente   les piles

a J'ai bien dormi. Mon _____ est très confortable.

b Il fait noir. On ne voit rien. Allume _____ .

c Mon walkman ne marche plus. Il faut changer _____ .

d Tu as de la chance, ton _____ n'est pas lourd.

e C'est la première fois que je fais du camping. Je ne sais pas monter _____ .

f Il pleut. Allons à _____ ce soir.

2 Relisez la lettre et les cartes postales. Complétez le texte ci-dessous.

Les garçons sont (**g**) _____ à Dieppe sans difficultés. Il a (**h**) _____ beau toute la journée. Un fermier leur a (**i**) _____ son champ pour camper. À Étretat, ils ont vu les (**j**) _____ et Paul a (**k**) _____ des galets dans son (**l**) _____ .

Ils ont (**m**) _____ des Anglais. Ils ont (**n**) _____ le (**o**) _____ de Tancarville. Malheureusement, il a (**p**) _____ toute la (**q**) _____ . Résultat, les (**r**) _____ sont mouillés et la (**s**) _____ de la lampe de poche est (**t**) _____ !

un petit tour en Normandie (suite et fin)

Paul n'aime pas écrire, mais il adore téléphoner. Il appelle sa famille.

'Allô! . . . C'est toi, Colette? . . . Salut, c'est Paul! . . . Oui, ça va . . . Nous sommes arrivés à Coutances . . . Un temps épouvantable! . . . Non! On a couché à l'auberge de jeunesse et comme nos sacs de couchage étaient encore humides, il a fallu louer des draps . . . On a bavardé, on a joué au tennis de table, au baby-foot . . . Oui, c'est très sympa . . . Oui, il y a beaucoup d'étrangers, des Anglais, des Belges, des Hollandais, des Allemands . . . Non, on n'a pas vu le pont de Normandie . . . On n'est pas restés sur la côte . . . Oui, on est allés à Bayeux . . . Bien sûr, on a vu la tapisserie de la reine Mathilde . . . C'est génial, c'est comme une bande dessinée . . . Oui, il y avait un monde fou, de toutes nationalités . . . Les plages du débarquement? On est allés à Gold beach . . .

C'est à Arromanches, ignorante! . . . On a visité le musée du débarquement . . . Oui, très intéressant . . . Naturellement, il y a des cimetières militaires partout . . . On a l'intention d'aller jusqu'au Mont-Saint-Michel . . . Après? Dis donc, je crois qu'on a assez bavardé, je n'ai plus de monnaie! . . . Une télécarte? Oui, c'est une bonne idée . . . Au revoir.'

QU'EST-CE QUE ÇA VEUT DIRE?

épouvantable	*dreadful*
il a fallu	*we had to*
louer	*to hire*
un drap	*a sheet*
génial	*great*
il y avait un monde fou	*it was very crowded*
les plages du débarquement	*the landing beaches*
une télécarte	*a phone card*

avez-vous compris?

Répondez en français.

1 Qui a décroché le téléphone?

2 Dans quelle ville les garçons sont-ils arrivés?

3 Pourquoi n'ont-ils pas fait de camping récemment?

4 Pourquoi ont-ils été obligés de louer des draps?

5 Qu'est-ce qu'ils ont fait à l'auberge de jeunesse?

6 Est-ce qu'ils aiment les auberges de jeunesse? Pourquoi?

7 Pourquoi n'ont-ils pas vu le pont de Normandie?

8 Qu'est-ce qui attire beaucoup de monde à Bayeux?

9 À quoi Paul compare-t-il la tapisserie de la reine Mathilde?

10 Pourquoi sont-ils allés à Arromanches?

11 Qu'est-ce qu'ils ont visité?

12 Qu'est-ce qu'on voit partout dans cette région de Normandie?

13 Où est-ce que Jean-Pierre et Paul ont l'intention d'aller maintenant?

14 Pourquoi Paul interrompt-il la conversation?

15 Qu'est-ce que Colette lui suggère?

à vous!

Travaillez avec un / une partenaire. Complétez la conversation téléphonique entre Paul et Colette.

Paul	– Allô!
Colette	– Allô!
Paul	– C'est toi, Colette?
Colette	– Oui.
Paul	– Salut, c'est Paul!
Colette	– Salut, Paul! Ça va?
Paul	– Oui, ça va.
Colette	– Où êtes-vous?
Paul	– Nous sommes arrivés à Coutances . . .

et vous?

Décrivez une visite intéressante que vous avez faite. Dites:

- où vous êtes allé(e)
- quand
- avec qui
- comment vous avez voyagé
- ce que vous avez vu
- quel temps il a fait
- où vous avez couché
- qui vous avez rencontré
- ce que vous avez fait le soir, etc.

camping en Corse

Les Muller sont allés en vacances en Corse. Nous les retrouvons quand ils arrivent au terrain de camping-caravaning *La Vetta*, à trois kilomètres de Porto-Vecchio. Ils n'ont pas de réservation. Marie va au bureau d'accueil pour voir s'il y a de la place.

Marie	Bonjour, monsieur.
Propriétaire	Bonjour, madame.
Marie	Est-ce que vous avez de la place pour une caravane?
Propriétaire	Oui. Vous êtes combien de personnes?
Marie	Deux adultes et deux enfants.
Propriétaire	Vous voulez un branchement électrique?
Marie	Oui, si c'est possible, mais nous voulons surtout un emplacement ombragé.
Propriétaire	Pas de problème. Vous comptez rester combien de temps?
Marie	Qu'est-ce qu'il y a pour les enfants?
Propriétaire	Nous avons une piscine et une aire de jeux. Il y a aussi une table de ping-pong et une table de billard. Et il y a un centre équestre tout près.
Marie	Et qu'est-ce qu'il y a comme équipements?
Propriétaire	Eh bien, il y a des blocs sanitaires avec douches, lavabos, prises-rasoir, des points d'eau chaude, des bacs pour la vaisselle, et nous avons même une machine à laver.
Marie	Il y a des magasins?
Propriétaire	Non, mais il y a un bar-restaurant avec un dépôt de pain.
Marie	Vous faites des plats à emporter?
Propriétaire	Non, mais nous servons des sandwichs, des salades et des repas chauds, steak-frites, omelettes . . .
Marie	La plage est loin d'ici?
Propriétaire	Il y a une belle plage de sable à Saint Cyprien, à environ cinq kilomètres.
Marie	Et qu'est-ce qu'il y a d'intéressant à voir et à faire dans les environs?

LA VETTA

Camping • Caravaning
★★★

Propriétaire   Il faut aller à Porto-Vecchio, naturellement. Je vous recommande aussi de visiter Bonifacio qui est une très vieille ville. Et puis il faut voir la forêt de l'Ospédale.

Marie   C'est parfait! Est-ce que nous pouvons rester une semaine?

Propriétaire   Oui. Je vous donne l'emplacement numéro 35. Alors, prenez cette allée jusqu'au bloc sanitaire et là, tournez à gauche . . .

QU'EST-CE QUE ÇA VEUT DIRE?

le bureau d'accueil	*reception*
de la place	*room, vacancies, space*
un branchement électrique	*an electric power-point*
un emplacement	*a pitch*
ombragé	*shaded*
une aire de jeux	*an outdoor play area*
un centre équestre	*a riding school*
un bloc sanitaire	*a toilet block*
un lavabo	*a washbasin*
une prise-rasoir	*a shaving-point*
un bac	*a tub* (here)
un dépôt de pain	*place where bread can be purchased*
des plats (m.) à emporter	*take-away food*
proche	*near*
à environ	*at about*
dans les environs	*in the neighbourhood*
une allée	*a lane*

avez-vous compris?

Qu'est-ce qu'il y a à *La Vetta*? Relisez le dialogue et complétez les listes ci-dessous.

Shopping / Nourriture	Les équipements du terrain	Ce qu'il y a pour les jeunes	Les environs
bar-restaurant	emplacements ombragés	piscine	plage de sable

à vous!

1 Qu'est-ce qu'il y a au terrain de camping? Reliez les symboles et les phrases.

a Ombragé

b Piscine

c Bar / Buvette

d Location de tentes

e Alimentation

f Branchements électriques

g Aménagements pour handicapés

h Laverie automatique

i Réductions enfants

j Garderie

k Animations

l Chiens en laisse acceptés

(i)   **(iv)**   **(vii)**   **(x)**

(ii)   **(v)**   **(viii)**   **(xi)**

(iii)   **(vi)**   **(ix)**   **(xii)**

2 Maintenant, aidez la propriétaire à répondre à la demande de renseignements d'une éventuelle cliente. Complétez sa lettre avec les mots ci-dessous.

magasins   terrain de camping   dépôts
vaisselle   bar-restaurant   machine à laver
emplacements   aire de jeux   centre équestre
plats à emporter blocs sanitaires   prises-rasoir
plages   piscine   branchements

> Madame,
>
> J'ai bien reçu votre correspondance du 15 avril par laquelle vous me demandez certaines informations sur mon **(a)** _____ .
>
> Tous les **(b)** _____ sont ombragés et il y a des **(c)** _____ électriques pour les caravanes et pour les tentes. Il y a deux **(d)** _____ modernes avec toilettes, douches et **(e)** _____ . Nous avons une **(f)** _____ et des bacs pour la **(g)** _____ . Il n'y a pas de **(h)** _____ , mais nous avons des **(i)** _____ de pain. Nous ne vendons pas de **(j)** _____ , mais nous avons un **(k)** _____ . Il y a une grande **(l)** _____ et une **(m)** _____ pour les enfants. Il y a plusieurs **(n)** _____ de sable et un **(o)** _____ à quelques kilomètres du terrain.
>
> Demeurant à votre disposition pour tous renseignements complémentaires, je vous prie d'agréer, Madame, l'expression de mes sentiments distingués.

camping en Bretagne

Liliane Dupré a téléphoné à un terrain de camping en Bretagne pour obtenir des renseignements supplémentaires avant de réserver. Le propriétaire lui a envoyé la lettre suivante.

CAMPING DE LA PLAGE
Route de la Mer
56009 Étel

Tél. 02.96.53.87.25
Fax. 02.96.44.13.31

Étel, le 20 mars

Madame,

Suite à votre appel téléphonique de ce matin, j'ai le plaisir de pouvoir vous réserver un emplacement pour une voiture et deux tentes du 8 au 15 juillet inclus.

L'emplacement est de 10 € par jour, et la redevance campeur est de 4 € par adulte et 2 € par enfant. (Enfants de moins de trois ans – gratuit.) Il faut y ajouter une taxe de séjour de 1 € par nuitée et par personne à partir de dix ans.

Nous regrettons de vous informer qu'il n'y a pas de cafétéria dans le centre, mais nous avons un excellent service de plats cuisinés à emporter, midi et soir, tous les jours. En ce qui concerne la lessive, les campeurs ont à leur disposition une laverie automatique équipée de machines à laver et de séchoirs à linge.

Nous ne serons en mesure de confirmer votre réservation que lorsque vous nous ferez parvenir des arrhes, c'est-à-dire la somme de 40 €. Veuillez trouver ci-joint un formulaire à remplir pour confirmer votre réservation. Les conditions de réservation, d'annulation et de remboursement figurent au dos de la confirmation de réservation.

Dans l'attente de vous lire, je vous prie de croire, Madame, à mes sentiments les meilleurs.

P. Nazot

SERVICE DE LOCATION
P. J.

QU'EST-CE QUE ÇA VEUT DIRE?

Suite à . . .	*Following . . .*
du . . . au . . .	*from the . . . to the . . .*
une redevance	*a fee*
une taxe de séjour	*a visitor's / tourist tax*
un sèche-linge (inv.) / un séchoir à linge	*a tumble-dryer*
faire parvenir	*to send*
des arrhes (f.)	*a deposit*
Veuillez trouver ci-joint . . .	*Please fnd enclosed . . .*
un formulaire	*a form*
une annulation	*a cancellation*
. . . figurent au dos	*. . . are shown on the back*
Je vous prie de croire, . . ., à mes sentiments les meilleurs	*Yours faithfully*
P.J. (Pièces Jointes)	*Enclosures*

avez-vous compris?

Corrigez toutes les erreurs.

1 La famille Dupré veut aller faire du camping pendant quinze jours à Pâques.

2 Si on ne veut pas faire la cuisine, on peut aller manger à la cafétéria du terrain.

3 On peut acheter à manger tous les soirs, sauf le dimanche.

4 Des lave-vaisselle et des séchoirs à linge sont à la disposition des campeurs.

5 En plus de l'emplacement, il faut payer la redevance télévision et une place de parking.

6 Si vous voulez réserver, vous devez lire un formulaire et recevoir des arrhes.

7 Les pièces jointes figurent au dos de la confirmation de réservation.

à vous!

Complétez la conversation téléphonique avec Liliane Dupré mentionnée dans la lettre du propriétaire du *Camping de la Plage*.

Le propriétaire Allô, Camping de la Plage!

Mme Dupré Allô! Bonjour, monsieur. Je voudrais réserver (**1**) _____ au mois de juillet. C'est possible?

Le propriétaire Oui. À quelle date exactement?

Mme Dupré Pour une semaine, à partir du (**2**) _____ juillet.

Le propriétaire Pas de problème, madame.

Mme Dupré Est-ce qu'il y a un restaurant ou une cafétéria?

Le propriétaire Non, mais nous avons un excellent (**3**) _____ .

Mme Dupré Tous les jours?

Le propriétaire Oui, madame, tous les jours, (**4**) _____ .

Mme Dupré Et est-ce qu'on peut faire la lessive?

Le propriétaire Oui, nous avons une laverie automatique équipée de machines à laver et de (**5**) _____ .

Mme Dupré Et quels sont vos tarifs?

Le propriétaire Alors, un emplacement coûte (**6**) _____ . (**7**) _____ est de quatre euros pour les adultes et de deux euros pour les enfants.

Mme Dupré Jusqu'à quel âge?

Le propriétaire Dix ans. Et c'est gratuit pour (**8**) _____ . Il y a aussi une taxe de séjour d'un euro par nuit et par personne.

Mme Dupré C'est bien compliqué! Et que dois-je faire pour réserver?

Le propriétaire Il suffit de remplir (**9**) _____ et d'envoyer 40 euros (**10**) _____ . Donnez-moi votre nom et votre adresse et je vais vous faire parvenir un formulaire immédiatement.

Mme Dupré Alors, je suis madame Dupré, D-U-P-R-E accent aigu. J'habite . . .

jeu de rôles

Partenaire A

(**Partenaire B: tournez à la page 117**.)

A1 First, answer your partner's questions about the *Camping les Mimosas* in Brittany. Use the leaflet opposite.

CAMPING LES MIMOSAS

ACCÈS
Route N. 165 sortie Concarneau vers D. 44
S.N.C.F. Gare de Quimper – Correspondance par autobus
Aéroport de Pluguffan

ÉQUIPEMENTS ET LOISIRS
Ce camp est situé à moins d'1 km de la plage du Cap-Coz et du Centre Ville, dans
un cadre calme et verdoyant avec le bénéfice des plaisirs de la mer et du soleil.
1,3 ha • 100 emplacements • 300 personnes
Installations sanitaires modernes : Lavabos individuels et en cabines W.C.
Bacs à laver le linge et la vaisselle, équipés d'eau chaude
Douches chaudes gratuites • Tables de repassage • Branchements électriques
Terrain de volley-ball • Tennis de table • Aire de jeux pour enfants.

SERVICES
Le ravitaillement se fait en ville à 1 km, mais certains commerces ambulants sont
à disposition sur le camp pour les produits de première nécessité.
Vente permanente de produits fermiers.

ENVIRONNEMENT
À 500 mètres du camp:
Complexe sportif ultra-moderne avec Piscine ludique
Ferme Équestre • Centre Culturel • Centre Nautique

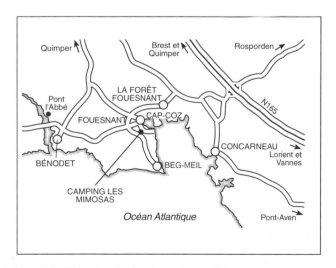

A2 You have been recommended the *Camping de Brallac'h* near Fouesnant in Brittany. Your partner has all the details. Ask him / her about the following points and make some notes when you get the information.

- Exact situation?
- Beach?
- Hot showers?
- Shops / food?
- Caravans for hire?
- Electricity points?
- What's nearby?
- Does it close at night?
- Opening date?

UN PEU DE GRAMMAIRE

Le passé composé avec 'être'	*The perfect tense with 'être'*

Here is the full list of verbs conjugated with **être**. Most of them go in pairs. Some of them have appeared already in Unit 5.

aller	*to go*
Je suis allé(e) au cinéma.	*I went to the cinema.*

venir	*to come*
Il n'est pas venu.	*He didn't come.*

arriver	*to arrive*
Ils ne sont pas encore arrivés.	*They have not arrived yet.*

partir	*to leave*
Ils sont partis à 8 heures.	*They left at 8 o'clock.*

entrer	*to enter, go in*
Elle n'est pas entrée.	*She didn't come in.*

sortir	*to go out*
Vous êtes sorti(es) hier soir?	*Did you go out last night?*

monter	*to go up(stairs)*
Nous sommes monté(e)s au premier.	*We went up to the first floor.*

descendre	*to go / come down(stairs) / to get off / out*
Il est descendu de bonne heure.	*He came down early.*
Je suis descendu(e) à 'Odéon'.	*I got off at 'Odéon' station.*

rester	*to stay*
On est resté(e)s à la maison.	*We stayed at home.*

tomber	*to fall*
Elle est tombée de vélo.	*She fell off her bicycle.*

naître	*to be born*
Prévert est né en 1900.	*Prévert was born in 1900.*

mourir	*to die*
Il est mort en 1977.	*He died in 1977.*

retourner	*to go back*
Tu es retourné(e) en Corse?	*Did you go back to Corsica?*

passer	*to go past / by / through / via*
Je suis passé(e) par Calais.	*I went via Calais.*

Remember that some of these verbs can be used with a direct object and often have a different meaning, in which case they are conjugated with **avoir**:

Il a monté la tente.	*He put the tent up.*
J'ai passé de bonnes vacances.	*I had a good holiday.* (lit. *spent*)

On	*We*

When **on** is used to make generalisations, its English equivalent is *one*, *they* or *you*. But it is also a familiar way of saying *we*.

On a couché à l'auberge de jeunesse.	*We spent the night at the youth hostel.*
On est allé(e)s à Bayeux.	*We went to Bayeux.*

Note that when **on** = **nous**, the verb is always singular but the past participle agrees with the subject in gender and number. (Adjectives and possessive pronouns agree in the same way.) For example: **On est parties contentes de notre visite**.

▶ **Grammaire** 5, 7, 8

EXERCICES

A   Reliez les questions et les réponses.

1   Vous êtes allé à la piscine?

2   Est-ce que Jacques Prévert est né au XIXième siècle?

3   Édith Piaf est morte en quelle année?

4   Pourquoi ne sont-ils pas venus?

5   À quelle heure êtes-vous partie?

6   Combien de personnes sont entrées?

7   Est-ce que vous êtes sortis samedi soir?

8   Tu es sorti hier matin?

9   Êtes-vous déjà monté à la tour Eiffel?

10   À quelle station êtes-vous descendu?

a   En 1963, je crois.

b   À sept heures, et je suis arrivée à neuf heures.

c   Je ne suis jamais allé à Paris!

d   Nous sommes allés au cinéma.

e   Je ne sais pas!

f   Non. Je suis resté au lit jusqu'à midi.

g   Non. Je ne sais pas nager!

h   Je n'ai pas pris le métro. J'ai pris un taxi.

i   Deux hommes et une femme.

j   Non. En 1900, à Neuilly-sur-Seine.

B   Complétez le dialogue. Utilisez **je** et **on**.

Collègue   Qu'est-ce que vous avez fait pendant le week-end?

Vous   (**1** *Say you went to Brittany with some friends. You arrived on Friday evening.*)

Collègue   Il a fait beau?

Vous   (**2** *Say that it rained all day on Saturday.*)

Collègue   Vous avez fait quelque chose d'intéressant?

Vous   (**3** *In the morning, you went to the swimming-pool and in the afternoon, you visited a castle.*)

Collègue   Vous êtes sortis le soir?

Vous   (**4** *No, you stayed in the hotel.*)

Collègue   Et dimanche?

Vous   (**5** *You did some sailing.*)

Collègue   Quand êtes-vous rentrés?

Vous   (**6** *You left at four pm and you arrived home at eight.*)

Collègue   C'était bien?

Vous   (**7** *It was great!*)

C Jean-Pierre Dupré téléphone à un copain pour lui raconter son périple. Aidez-le!

. . . Oui, on (**1** revenir) . . . Oui, on (**2** passer) de très bonnes vacances . . . On (**3** camper) et on (**4** coucher) dans des auberges de jeunesse parce qu'il (**5** faire) un temps épouvantable . . . Oui, mais on (**6** devoir) louer des draps . . . Oui, on (**7** voir) les falaises d'Étretat où on (**8** rencontrer) des Anglais très sympa . . . On (**9** parler) par gestes! . . . Oui, on (**10** traverser) le pont de Tancarville . . . Non, on (**11** ne pas voir) le pont de Normandie. On (**12** visiter) Bayeux . . . Bien sûr, on (**13** voir) la tapisserie et plusieurs plages du débarquement . . . On (**14** aller) jusqu'au Mont-Saint-Michel . . . En tout, on (**15** partir) une semaine . . . On (**16** rentrer) à la maison avant-hier . . .

D Écrivez une lettre au propriétaire d'un terrain de camping où vous espérez séjourner, pour obtenir des renseignements. (Donnez les dates de la visite. Posez des questions sur les facilités du terrain. Demandez les tarifs et comment réserver.)

E Choisissez les bonnes solutions pour raconter l'histoire de Nicole et Daniel.

Par un beau matin ensoleillé / par un après-midi pluvieux, Nicole et Daniel sont partis en vacances / pour affaires. Après avoir dit au revoir à leur mère / leur chef, ils sont montés en voiture / à vélo. Dans le coffre / sur leur porte-bagages, il y avait une tente / une valise et un portefeuille / des sacs de couchage.

1

2

Tout à coup, il a commencé à neiger / pleuvoir. Alors ils ont décidé de descendre à l'hôtel / chercher une auberge de jeunesse. Une heure / un jour plus tard, ils sont arrivés à un rond-point / un croisement où ils ont dû décider quel chemin prendre.

Ils sont enfin arrivés au centre-ville / dans la banlieue, où ils ont passé la nuit / la journée. Le lendemain matin, ils ont acheté des provisions / des piles pour le dictaphone. Ils sont repartis vers onze heures du matin / à sept heures du soir et ils ont pris la direction du camping municipal / du centre des affaires.

3

4

En arrivant, ils ont demandé au gardien / à la réceptionniste s'il y avait un emplacement / des chambres pour deux nuits / pour une tente. Ensuite ils sont descendus à la plage / à la salle de conférence où ils ont rencontré des amis / des collègues.

Plus tard, Daniel a monté la tente / est allé à un séminaire tandis que Nicole a pris un bain de soleil / une douche. Puis il a fait cuire des brochettes et des saucisses / il a déjeuné avec des camarades.

5

6

Il a fait beau / mauvais toute la journée et Nicole a attrapé un coup de soleil / un rhume. Elle a mis de la crème calmante / a pris de l'aspirine et elle est allée au lit tôt / tard. Daniel a ri / a pleuré et il lui a dit 'C'est bien fait pour toi!' / 'Pauvre Nicole!'

jeu de rôles

Partenaire B

(Partenaire A: tournez à la page 110.)

(Partenaire A: tournez à la page 110.)

B1 You have been recommended the *Camping les Mimosas* near Fouesnant in Brittany. Your partner has all the details. Ask him / her about the following points and make some notes when you get the information.

- Nearest town?
- Nearest beach?
- Size of site?
- Hot showers?
- Washing and washing-up facilities?
- Shops / food?
- Electricity points?
- What there is for youngsters?
- Places of interest nearby?

B2 Now answer your partner's questions about the *Camping de Brallac'h*. Use the leaflet below.

Camping de Brallac'h
Mousterlin

Réouverture

Après travaux le 1er Mai
Nouveaux Gérants

- Camping situé à 300 m d'une plage de sable fin
- Face aux îles Glénan
- Bar, Alimentation, Poissons, Pain, Frites
- Douches chaudes gratuites
- Point d'eau chaude
- 2 Blocs Sanitaires
- Branchements électriques
- Location de Caravanes
- Camping surveillé et fermé de 22 h à 8 h.

CLEUT-ROUZ – MOUSTERLIN
FOUESNANT – Tél. 02 98 56 00 60

écoutez bien!

You are about to listen to Jacques Vauquer's radio programme. He is interviewing a famous actress, Marlène Marin, who describes her holiday in Corsica.

LEXIQUE			
flâner	*to stroll*	aménagé	*set up*
un édifice	*a building*	tirer à sa fin	*to draw to a close*
longer la côte	*to follow the coast*		

Listen to the description of the tour and link the things to do and see in the various places below.

Exemple: Ajaccio = 3

SECTION A
Ajaccio   Porto   Evisa   Calvi

1   Plage, visiter forteresse.

2   Pêche, alpinisme, promenades.

3   Flâner sur le port, visiter la vieille ville (cathédrale, maison Bonaparte, hôtel de ville et musée napoléonien).

4   Falaises.

SECTION B
Saint-Florent   Bastia   Asco   Cervione   Aléria

1   Sports d'hiver.

2   Voir ruines grecques et romaines, visiter musée (vieux fort).

3   Visiter cathédrale.

4   Visiter citadelle, vieux port, musées, églises.

5   Sports nautiques, excursions.

SECTION C
Porto-Vecchio   Bonifacio   Plateau de Cauria   Propriano

1   Voir mégalithes.

2   Plage, sports nautiques.

3   Visiter citadelle.

lecture

You are telling a friend about your plans to stay at the *La Pointe-Marin* camp site, near the village of Sainte Anne in Martinique. Explain the following:

1   Whereabouts in Martinique Sainte Anne is situated.

2   How many people the camp site can cater for.

3   What facilities it offers.

4   What sports activities can be enjoyed.

5   What local attractions can be visited.

6   What different types of camping are available.

Camping de
Sainte Anne

Saint Anne à la Martinique est synonyme de belles plages et de farniente : 22 kms de littoral.

C'est un sympathique village situé à 20 kms à l'extrème sud de l'île et à 40 kms de l'aéroport.

Le camping de la Pointe-Marin est situé à 20 mètres de l'une des plus belles plages de la Martinique.

C'est un camping très ombragé. Sa capacité est de 150 places. L'accueil est très chaleureux et l'ambiance "bon enfant".

De nombreuses prestations sont offertes sur place : douches chaudes, restaurants "Les Pieds dans l'Eau", jeux d'enfants, locations de tentes et de matériels de camping, locations V.T.T.

La proximité de la plage permet de s'adonner dans de très bonnes conditions aux sports nautiques tels : planches à voiles, plongées subaquatiques, jet-ski, hobby-cat.

De juin à septembre, de nombreuses animations sont organisées sur le camping et permettent de découvrir les curiosités locales : ruines, distilleries, savane des pétrifications, îlets . . .

A noter que la fête patronale de Saint Anne se déroule du 26 juillet au 15

août, avec comme attraction un départ et une arrivée des courses de Yoles Rondes.

Vous pourrez jouer au tennis, au volley-ball, à la pétanque ou simplement vous allonger sur le sable blond après avoir dégusté un cocktail du fameux "Ti-Punch".

▶ EMPLACEMENT NU

Location de l'emplacement seul.

▶ EMPLACEMENT AVEC TENTE

Location de l'emplacement et d'une tente : de votre choix (2 à 8 places).

- La tente est livrée sans équipement.

▶ TENTE ÉQUIPÉE

Location de l'emplacement et d'une tente équipée de votre choix (2 à 8 places) avec table, chaises, couverts, réchaud, couchages, glacière . . .)

▶ CARAVANE

▶ FORMULE WEEK-END

Location de tente équipée du vendredi 16h00 au dimanche 13h00.

À noter que "Vivre et Camper à Saint Anne" vous offre la possibilité de location de petit matériel de camping et de plage (chaises longues, tapis de sol . . .)

Le Camping de la Pointe-Marin est recommandé par le GUIDE du ROUTARD.

RENSEIGNEZ-VOUS au 05.96.76.72.79 ou au 05.96.76.95.52   Fax: 05.96.76.97.82

Faites le point! unités 4–6

1 Find the odd one out.

a
> le lapin chasseur
> le poulet rôti
> la sole meunière
> le gigot d'agneau
> l'escalope de veau

d
> des conserves
> des produits surgelés
> l'emballage
> des plats cuisinés
> des produits laitiers

b
> la pharmacie
> la papeterie
> la charcuterie
> la librairie
> la bibliothèque

e
> des rillettes
> de la chair à saucisse
> de la lessive
> du saucisson
> des côtelettes

c
> un télégramme
> du dentifrice
> une fiche
> un colis
> un timbre

f
> le rayon confiserie
> le rayon produits d'entretien
> le rayon électro-ménager
> le rayon ameublement
> le rayon sport

2 Link the French sentences to their English equivalents and correct the mistakes which have cropped up in the latter.

1 J'ai réservé une table pour trois par téléphone.

a *To start with, I'll have the asparagus soup.*

2 Vous avez choisi, messieurs-dames?

b *They are vegetarians.*

3 Qu'est-ce que vous recommandez?

c *Are you ready to order, gentlemen?*

4 Avec quoi le servez-vous?

d *The flan is really appetising!*

5 Je prendrai le menu à seize euros.

e *I am allergic to fish.*

6 Je suis allergique aux crustacés.

f *What do you serve them with?*

7 Pour commencer, je prendrai la soupe de poissons.

g *I reserved a table for two by telephone.*

8 Nous sommes végétariens.

h *What does he recommend?*

9 Le gâteau est bien appétissant!

i *We'll have the sixteen-euro menu.*

3   Complete the following conversation in a bank, using the cues given.

Employé   Qu'y a-t-il pour votre service?

Vous   (**a** *Say you'd like some information on foreign currency.*)

Employé   Où allez-vous?

Vous   (**b** *To England. You want to change some money.*)

Employé   Très bien. Vous pouvez utiliser des chèques de voyage.

Vous   (**c** *Ask if one can use French credit cards.*)

Employé   Qu'est-ce que vous avez comme carte?

Vous   (**d** *Say you have a Carte Bleue.*)

Employé   Vous pouvez l'utiliser dans les grandes surfaces, à la station-service, dans les hôtels, . . .

Vous   (**e** *Say fine. Cash dispensers are very convenient / practical.*)

Employé   Mais certainement, M . . .

4   Choose the right verb.

Quand elle est allée / est allé / sont allés en Normandie, elle a fait / a essayé / a découvert du camping. Elle a monté / est monté / est montée sa tente toute seule. Elle a dû / a eu / a pu de la chance, car il a plu / a été / a fait très beau. Elle est rentrée / est repartie / est arrivée début juin, et elle est devenue / est revenue / est restée trois semaines. Elle a passé / est passé / est passée de très bonnes vacances, et elle a plu / a pleuré / a voulu quand elle est reparti / est rentrée / a quitté chez elle.

5   A friend is asking you about your holiday. Answer him / her using the cues given.

Ami(e)   Où êtes-vous allé(e) en vacances cette année?

Vous   (**a** *Say that you went to France.*)

Ami(e)   Avec qui êtes-vous parti(e)?

Vous   (**b** *Say that you went there on your own.*)

Ami(e)   Vous êtes allé(e) au bord de la mer?

Vous   (**c** *Say no. You went near Tours.*)

Ami(e)   Vous avez fait du camping?

Vous   (**d** *No, you stayed in a hotel.*)

Ami(e)   Combien de temps êtes-vous resté(e) là-bas?

Vous   (**e** *You stayed one week there, and then spent two days in Paris.*)

Ami(e)   Qu'est-ce que vous avez fait dans la journée?

Vous   (**f** *You visited a lot of castles and you played golf.*)

Ami(e)   Et le soir, vous êtes sorti(e)?

Vous   (**g** *Of course. You went to the cinema, to concerts and to the restaurant.*)

Ami(e)   Vous voulez y retourner?

Vous   (**h** *Say you had a good holiday but you'd like to visit another region.*)

6   You work in a tourist office and have been asked to choose suitable camp sites for the following families. Look at the brochure and justify your choice for each family.

    a 'Nous cherchons un terrain pour les grandes vacances. Nous avons trois enfants, de treize, quinze, et dix-sept ans . . .'

    b 'Nous avons deux enfants, de huit et dix ans. Toute la famille adore faire de la voile . . .'

    c 'Nous sommes à la retraite. Nous détestons faire la cuisine et nous détestons les chiens . . .'

    d 'Nous préférons un petit terrain de camping à l'ambiance familiale, et nous avons un chien . . .'

LA MARÉE Accès direct à la mer, sanitaires chauffés hors saison, eau chaude gratuite. Juillet et août plats cuisinés, libre service, tabacs, journaux, bar, télévision, jeux, piscine, animation, chiens en laisse tolérés. 600 emplacements, dont 380 avec branchement électrique. Pas de réservation. 28 mars au 30 septembre

LA MOTTE Municipal. En bordure de mer, demi-ombragé, douches chaudes, rampe d'accès à la mer pour bateaux, laverie automatique, location de fer à repasser, aire de jeux et de sports. 800 emplacements dont 200 avec branchement électrique. Réservations pour juillet, août. Vacances de Pâques au 30 septembre

LES PINS Boisé, douches chaudes. Pêche à pied. Chiens en laisse tolérés. 40 emplacements dont 30 avec prises de courant. Assurance camping délivrée sur place. 1er mai au 30 octobre

LE CLAIR DE LUNE Municipal. Site exceptionnel aux ¾ entouré de mer, proximité port. Plats cuisinés. 100 emplacements. Chiens non admis. Pas de réservations. Vacances de Pâques au 30 octobre

un coup de fil

Anne passe un coup de fil à son amie Michelle.

Anne	Allô, Michelle. C'est Anne. Tu ne t'ennuies pas trop toute seule?
Michelle	Non, non, ça va. Je viens de regarder un feuilleton que je n'ai pas pu regarder hier et que j'ai enregistré.
Anne	Lequel?
Michelle	«Sous le soleil».
Anne	C'est sur quelle chaîne?
Michelle	Sur TF1. Ça se passe à Saint-Tropez. C'est super!
Anne	Moi, tu sais, en général je préfère les séries. Comme ça, on n'est pas obligé de rester cloué devant la télé chaque jour. Mais maintenant que je ne sors plus avec Jean-Paul . . .
Michelle	Ah oui, j'ai reçu ton e-mail. Écoute, si tu as envie de venir chez moi ce soir, on peut mettre un plat préparé au micro-ondes et regarder un DVD?
Anne	C'est que je ne voudrais pas rater «Vidéo gag», c'est mon émission humoristique préférée.
Michelle	J'en ai entendu parler, mais je ne l'ai jamais vue. C'est à quelle heure?
Anne	C'est à 18 heures 30 sur TF1. C'est vraiment marrant!
Michelle	Eh bien, viens tout de suite, si tu veux. On va rire ensemble!

QU'EST-CE QUE ÇA VEUT DIRE?

un coup de fil	*a phone call / a ring*
un feuilleton	*a serial*
enregistrer	*to record*
une chaîne	*a (TV) channel*
une série	*a series*
cloué devant la télé	*glued to the TV (lit. nailed)*
rater	*to miss*
une émission	*a (TV) programme*
J'en ai entendu parler	*I've heard about it*
rire	*to laugh*

avez-vous compris?

Choisissez les bons mots pour compléter le texte.

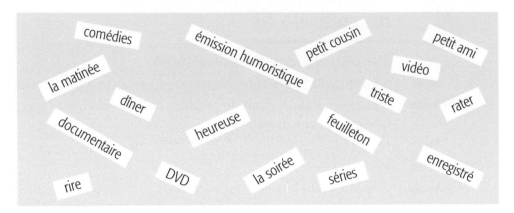

comédies

émission humoristique

petit cousin

petit ami

vidéo

la matinée

triste

dîner

rater

documentaire

heureuse

feuilleton

rire

DVD

la soirée

séries

enregistré

Anne est (**1**) _____ parce qu'elle ne sort plus avec son (**2**) _____ . Michelle l'invite passer (**3**) _____ chez elle. Michelle a regardé un (**4**) _____ qu'elle a (**5**) _____ la veille et qui s'appelle «Sous le soleil». À 18 heures 30, elles vont regarder une (**6**) _____ que Michelle n'a jamais vue. Anne ne veut pas la (**7**) _____ parce que ça la fait toujours beaucoup (**8**) _____ . Après ça, elles vont (**9**) _____ ensemble puis regarder un (**10**) _____ .

à vous!

Regardez les programmes de TV. Reliez le titre de chaque émission à sa description.

1 Dessins animés

2 Au Marché

3 Jeu. *Qui veut gagner des Millions?*

4 Bon appétit!

5 Rapportage. Planète web

6 Nos amis les animaux

7 Journal des malentendants

8 | Venez donc avec moi! |

9 | Concert |

10 | Documentaire de la Civilisation |

11 | Variétés. Dansez maintenant |

12 | *Thalassa.* Magazine vertes marées |

a Les nouveaux sites pour les internautes. Cette semaine L'internet médical. Les e-docteurs sous surveillance.

b Grande-Bretagne 2001. Le secret des Incas. La perte d'une civilisation.

c La recette d'un grand cuisinier. Aujourd'hui le canard farci à la limousine. Invité spécial, Lionel Poilâne.

d La jeune pianiste Isabelle Leclair interprète Ravel et Debussy.

e Pour les jeunes téléspectateurs, un choix des personnages favoris de Walt Disney.

f L'été, sur les côtes bretonnes, les algues souillent les plages et font fuir les touristes. La principale responsable de ce fléau s'appelle Ulva armoricana, une salade de mer qui a toujours existé en Bretagne et qui a mené une existence paisible.

g Émission spéciale pour les sourds-muets. Langage par gestes et sous-titres.

h Présenté par Jean-Pierre Foucault. Le jeu d'origine anglaise qui a connu un vif succès l'été dernier, revient sur TF1.

i Présentation Dave Em. L'infatigable Dave reçoit des chanteurs et des chanteuses de talent, avec qui il interprète quelques titres en duo.

j L'importance des animaux familiers. Comment les choisir et comment les traiter.

k Le magazine hebdomadaire qui vous aide à faire vos courses.

l Une personnalité vous emmène en voyage. Cette semaine, Marlène Poincet vous fait visiter la Corse.

et vous?

- Qu'est-ce que vous aimez comme émissions?
- Préférez-vous les documentaires sur l'histoire / l'art / la politique / les animaux / la vie quotidienne / les sciences, etc?
- Quelles émissions regardez-vous le plus souvent? Les infos / la météo / les jeux / les séries / les feuilletons / le sport / les variétés etc?

un coup de fil (suite et fin)

Chantal appelle Laurent sur son portable.

Chantal	Allô, **Laurent**. C'est **Chantal**! Dis donc, tu es libre **ce soir**? Tu as envie de sortir?
Laurent	Oui, bonne idée! Où veux-tu aller?
Chantal	Si on allait au cinéma?
Laurent	Oui. Qu'est-ce qu'on joue en ce moment?
Chantal	**Le dernier film de Spielberg**. C'est en version originale **à l'UGC**.
Laurent	Ah oui, j'en ai entendu parler. Il paraît que c'est **très bien**.
Chantal	La séance est à **huit heures** et le film commence à **huit heures et quart**.
Laurent	Pas de problème. Où est-ce qu'on se retrouve?
Chantal	**Devant le cinéma**?
Laurent	D'accord. À quelle heure?
Chantal	À **huit heures moins le quart**, ça va?
Laurent	Parfait. Alors, à **ce soir**!

QU'EST-CE QUE ÇA VEUT DIRE?

un (téléphone) portable	*a mobile (phone)*
Tu as envie de sortir?	*Do you fancy going out?*
Si on allait au cinéma?	*What about going to the cinema?*
Qu'est-ce qu'on joue?	*What's on?*
le dernier film	*the latest film*
en version originale (v.o.)	*shown in the original language*
UGC	*a chain of cinemas*
la séance	*the programme*
Où est-ce qu'on se retrouve?	*Where shall we meet?*
D'accord	*OK*

avez-vous compris?

Reliez pour faire des phrases complètes.

1	La séance est . . .	**a**	en ce moment?
2	On se retrouve . . .	**b**	à huit heures et quart.
3	Tu as envie . . .	**c**	au cinéma?
4	Qu'est-ce qu'on joue . . .	**d**	à huit heures.
5	Le film commence . . .	**e**	de sortir ce soir?
6	Si on allait . . .	**f**	devant le cinéma?

à vous!

1 Travaillez avec un / une partenaire.

Relisez la conversation téléphonique entre Chantal et Laurent. Changez les mots et expressions en **caractères gras (bold type)** pour faire d'autres dialogues semblables.

Exemple: – Allô, **Christine**. C'est **Paul**! Dis donc, tu es libre **samedi**?

2 Maintenant, à tour de rôle, demandez à votre partenaire s'il / si elle veut sortir avec vous. Proposez la piscine, le restaurant, le marché, le centre commercial, le concert, l'opéra, la discothèque, un musée, un match sportif, le zoo, le bord de la mer, etc. Acceptez ou refusez, mais donnez aussi une raison valable. Utilisez vos idées ou les suggestions ci-dessous.

Je suis / Je ne suis pas libre.
Je n'ai rien d'autre à faire.
Je n'ai pas le temps.
Je ne sais pas nager.
J'adore / Je déteste . . .
Je n'ai pas d'argent.
. . . m'intéresse(nt) beaucoup /
   ne m'intéresse(nt) pas.
Il fait trop froid
Il fait très beau.

Il pleut.
J'ai besoin de . . . / Je n'ai besoin
   de rien.
Je suis fatigué(e).
J'aime / Je n'aime pas . . .
Il y a trop de monde.
C'est trop cher.
Je n'ai pas faim.
Je n'aime pas / Je préfère la cuisine
   chinoise / indienne / italienne.

Exemples:
– Si on allait à l'exposition Picasso?
– Bonne idée. J'adore Picasso!

– Si on allait à l'exposition Picasso?
– Désolé(e), je ne suis pas libre.

au cinéma

Chantal et Laurent se sont retrouvés devant le cinéma. Il y avait beaucoup de monde. Après avoir fait la queue, ils sont arrivés au guichet pour prendre leurs billets.

Laurent	Deux places pour le film de Spielberg, s'il vous plaît.
La caissière	Je suis désolée, monsieur. C'est complet!
Laurent	Ce n'est pas possible! Nous faisons la queue depuis . . .
La caissière	*Muguet et l'actrice* commence dans quelques minutes, salle deux. C'est un bon policier.
Laurent	Oui, mais ce n'est pas en anglais! Qu'est-ce que tu en penses, Chantal, on y va?
Chantal	Oui, allons-y, pourquoi pas! Les critiques sont bonnes, et puis moi, j'aime bien les thrillers.

QU'EST-CE QUE ÇA VEUT DIRE?

après avoir fait la queue	*after queuing*
une place	*a ticket* (lit. *a seat*)
complet	*full*
un (film) policier	*a detective film*
On y va?	*Shall we go?*
Allons-y!	*Let's go!*

avez-vous compris?

Répondez *vrai* ou *faux*, ou *on ne sait pas*.

1 Il n'y a plus de place pour le film de Spielberg.

2 Le film de Spielberg est un thriller.

3 Laurent veut voir le film de Spielberg parce que les critiques sont bonnes.

4 Chantal aime les films policiers.

5 *Muguet et l'actrice* passe salle deux.

6 Le film a déjà commencé.

à vous!

Travaillez avec un / une partenaire. Consultez *Un peu de grammaire* (Après avoir / être . . .) à la page 139 avant de commencer.

D'abord, demandez à Laurent ce qu'il a fait après avoir quitté son travail.

Laurent   Aujourd'hui, j'ai quitté le bureau à six heures.

Vous   **Qu'est-ce que vous avez fait après avoir quitté le bureau?**

Laurent   Je suis allé à la boulangerie pour acheter du pain.

Vous   **Qu'est-ce que vous avez fait après être allé à la boulangerie?**

Laurent   Je suis rentré à la maison.

Vous   (**1**) _____

Laurent   J'ai téléphoné à mes parents.

Vous   (**2**) _____

Laurent   Je suis allé à la station-service.

Vous   (**3**) _____

Laurent   J'ai garé la voiture dans une petite rue pas loin d'ici.

Maintenant, demandez à Chantal ce qu'elle a fait.

Chantal   Moi, j'ai quitté le magasin à sept heures et demie.

Vous   **Qu'est-ce que vous avez fait après avoir quitté le magasin?**

Chantal   Je suis allée à la banque pour retirer de l'argent.

Vous   **Qu'est-ce que vous avez fait après être allée à la banque?**

Chantal   J'ai rencontré une amie et j'ai bavardé avec elle.

Vous   (**4**) _____

Chantal   Je suis allée au supermarché.

Vous   (**5**) _____

Chantal   À la maison, j'ai pris une douche.

Vous   (**6**) _____

Chantal   J'ai lu les critiques des derniers films dans le journal.

et vous?

Voici une liste des différentes sortes de films que l'on peut voir. Quelles catégories de films préférez-vous? Citez des films que vous connaissez dans ces catégories.

Les comédies musicales.
Les dessins animés
Les documentaires.
Les films d'aventure.
Les films comiques.
Les films d'épouvante.
Les films érotiques.

Les films de guerre.
Les films historiques.
Les films policiers / Les thrillers.
Les films de science-fiction.
Les films à sujet politique.
Les histoires d'amour.
Les westerns.

Quel est le dernier film que vous avez vu? C'était quelle sorte de film? Ça vous a plu?

au cinéma (suite)

Les lumières se sont éteintes. Le film commence. Après le générique, la première image qui apparaît sur l'écran est un article de journal.

Paris-Soir

ACTRICE CÉLÈBRE – MYSTÈRE!

HOMICIDE OU SUICIDE?

On a trouvé le corps d'Anna Belle dans sa villa 'Bella Vista' hier soir. Selon son mari elle s'est réveillée tôt et comme d'habitude, elle s'est levée tout de suite, elle a mis son maillot de bain et est allée faire sa séance de natation quotidienne. Une heure plus tard son mari Jean s'est inquiété. Il s'est levé à son tour et s'est rendu en toute hâte à la piscine. Mais l'actrice était déjà morte.

«Evidemment, elle a plongé» a-t-il dit.

«Elle s'est évanouie, puis elle s'est noyée. Elle a dû prendre trop de somnifères hier soir». Mais Jean n'a pas pu expliquer les marques autour du cou de sa femme. Ses sentiments devant la tragédie?

«Je suis bouleversé!» a-t-il dit. C'est le commissaire Muguet de la police judiciaire qui est chargé de l'enquête.

QU'EST-CE QUE ÇA VEUT DIRE?

éteindre / s'éteindre	*to switch off / to go out (lights)*
le générique	*the credits*
l'écran (m.)	*the screen*
selon	*according to*
comme d'habitude	*as usual*
quotidien(ne)	*daily*
s'inquiéter	*to worry / to be worried*
se rendre (à)	*to go / make one's way (to)*
en toute hâte	*hurriedly*
plonger	*to dive*
s'évanouir	*to faint*
se noyer	*to drown*
un somnifère	*a sleeping pill*
bouleversé	*devastated*

avez-vous compris?

Voici la liste des activités de l'actrice Anna Belle, selon son mari. Mettez-les dans l'ordre chronologique.

1 Elle a mis son maillot de bain.

2 Elle s'est évanouie.

3 Elle s'est levée tout de suite.

4 Elle s'est rendue à la piscine.

5 Elle a pris des somnifères.

6 Elle s'est noyée.

7 Elle s'est réveillée tôt.

8 Elle a plongé.

à vous!

Cette jeune fille a de la chance. Dites ce qu'elle a fait ce matin.

au cinéma (suite)

Le commissaire Muguet interroge Véronique, la femme de chambre d'Anna Belle.

Le commissaire Muguet   Votre patronne s'est couchée à quelle heure?

Véronique   Elle s'est disputée avec son mari, alors elle s'est couchée de bonne heure.

Le commissaire Muguet   Et vous?

Véronique   J'ai regardé un film à la télé. Je me suis couchée vers onze heures.

Le commissaire Muguet   Et Jean?

Véronique   Il est sorti. J'ai entendu la voiture.

Le commissaire Muguet   Il est rentré à quelle heure?

Véronique   Je ne sais pas. Demandez à Guy, le jardinier.

Le commissaire Muguet   Et le jour de l'accident?

Véronique   Je me suis levée à six heures, comme d'habitude. J'ai préparé le petit déjeuner pour huit heures, pour Anna, mais elle n'est pas venue. Je ne me suis pas inquiétée parce qu'elle n'est pas très ponctuelle.

Le commissaire Muguet   Qui a découvert l'accident?

Véronique   Vous êtes sûr que c'est un accident? Demandez à Monsieur Jean. C'est lui qui l'a trouvée.

QU'EST-CE QUE ÇA VEUT DIRE?

une femme de chambre	*a chambermaid*
un patron / une patronne	*a boss*
se disputer	*to argue*
se coucher	*to go to bed*
un jardinier	*a gardener*
trouver	*to find*

avez-vous compris?

Un jeune inspecteur a pris des notes pendant l'interrogatoire, mais il a fait quelques erreurs. Corrigez-les.

1 Anna Belle s'est disputée avec sa femme de chambre.

2 Anna s'est couchée tôt.

3 Véronique s'est couchée après avoir regardé la télévision.

4 Elle a entendu la voiture de Jean quand il est rentré.

5 Le jour de l'accident, elle s'est levée à six heures.

6 Anna n'a pas pris de petit déjeuner.

7 C'est Guy, le jardinier, qui a découvert l'accident.

au cinéma (suite)

Le commissaire Muguet interroge Jean, le mari de l'actrice.

Muguet   Vous souvenez-vous à quelle heure vous vous êtes couchés la veille de l'accident?

Jean   Moi, je me suis couché vers minuit.

Muguet   Et votre femme?

Jean   Anna était fatiguée et elle s'est couchée à dix heures.

Muguet   Qu'a-t-elle fait avant de s'endormir?

Jean   Elle a pris des somnifères comme tous les soirs.

Muguet   Néanmoins, elle s'est réveillée tôt?

Jean	Comme d'habitude. Elle s'est levée tout de suite et puis elle est descendue se baigner. Elle fait vingt longueurs tous les matins avant le petit déjeuner.
Muguet	Pourquoi vous êtes-vous disputés avant de vous coucher?
Jean	Nous ne nous sommes pas disputés!
Muguet	Inutile de le nier, j'ai un témoin.
Jean	La femme de chambre, je parie. Elle m'a toujours détesté!

QU'EST-CE QUE ÇA VEUT DIRE?

se souvenir	to remember
la veille	the day before
néanmoins	nevertheless
avant de s'endormir	before going to sleep
se baigner	to have a swim
une longueur	a length
avant de vous coucher	before going / you went to bed
nier	to deny
je parie	I bet

avez-vous compris?

Choisissez la bonne réponse.

1 Anna s'est couchée vers minuit / à dix heures.

2 Avant de s'endormir, elle a pris des somnifères / le petit déjeuner.

3 Elle s'est réveillée tôt comme tous les soirs / d'habitude.

4 Elle a fait le petit déjeuner / vingt longueurs.

5 Jean et Anna se sont disputés avant de se coucher / après s'être couchés.

6 Jean nie / déteste la dispute avec sa femme.

à vous!

Travaillez avec un / une partenaire. Consultez *Un peu de grammaire* (Avant de / d' + inf.) à la page 139 avant de commencer.

D'abord, demandez à Laurent ce qu'il a fait avant de sortir.

Vous	**Qu'est-ce que vous avez fait avant de sortir?**
Laurent	Je me suis changé.
Vous	(1) _____
Laurent	J'ai téléphoné à mes parents.
Vous	(2) _____
Laurent	J'ai bu un café.
Vous	(3) _____
Laurent	J'ai ouvert mes lettres.

Maintenant vous interrogez Chantal.

Chantal	Moi, j'ai lu les critiques des derniers films dans le journal.
Vous	**Qu'est-ce que vous avez fait avant de lire le journal?**
Chantal	J'ai pris une douche.
Vous	(4) _____
Chantal	Je me suis reposée.
Vous	(5) _____
Chantal	J'ai mangé une pomme.
Vous	(6) _____
Chantal	J'ai enlevé mon manteau et mes chaussures.

et vous?

Demandez à votre partenaire ce qu'il / elle a fait avant de venir au cours de français. Posez trois ou quatre questions chacun(e).

Exemple: Qu'est-ce que vous avez fait avant de venir au cours de français?
Et avant de / d' . . .?

au cinéma (suite)

Maintenant le commissaire interroge Guy, le jardinier.

Muguet	Qu'est-ce que vos patrons ont fait la veille de l'accident?
Guy	Ils se sont disputés.

Muguet	Vous savez pourquoi?
Guy	Monsieur Jean était très jaloux.
Muguet	Qu'est-ce qui s'est passé après la dispute?
Guy	Anna s'est couchée et Monsieur Jean est sorti.
Muguet	À quelle heure est-il rentré?
Guy	Vers six heures, le lendemain matin. Il n'est pas rentré dans la maison, mais il s'est dirigé vers la piscine.
Muguet	Il s'est baigné?
Guy	Je ne pense pas.
Muguet	Il est resté longtemps dehors?
Guy	Je ne sais pas. Je ne l'ai pas vu rentrer.
Muguet	Je vous remercie. C'est tout pour l'instant.

QU'EST-CE QUE ÇA VEUT DIRE?

se diriger vers	*to take the direction of, to go towards*
le lendemain matin	*the following morning*

au cinéma (suite et fin)

Le commissaire Muguet continue l'interrogatoire de Jean.

Muguet	Vous connaissez votre femme depuis longtemps?
Jean	Nous nous sommes rencontrés il y a six mois. Je suis tout de suite tombé amoureux d'elle et nous nous sommes mariés peu de temps après, le 18 mai exactement.
Muguet	Votre femme était jeune et belle, n'est-ce pas?
Jean	Oui. Trop jeune et trop belle!
Muguet	Vous voulez dire qu'elle avait des amants?
Jean	Un amant.
Muguet	Comment le savez-vous?
Jean	Un matin, je me suis levé tôt, moi aussi. J'ai suivi Anna et je me suis caché derrière un arbre. Il est arrivé à la piscine quelques minutes plus tard . . . C'était Guy!
Muguet	Alors, qu'est-ce que vous avez fait?

Jean	Rien, mais l'autre soir, j'en ai parlé à Anna.
Muguet	Et vous vous êtes disputés?
Jean	J'étais en colère, mais je ne l'ai pas tuée! Demandez plutôt à la femme de Guy. C'est elle qui était jalouse!
Muguet	Guy est marié?
Jean	Bien sûr! Avec Véronique, la femme de chambre.

QU'EST-CE QUE ÇA VEUT DIRE?

se rencontrer	*to meet*
se marier	*to get married*
un amant	*a lover*
suivre	*to follow*
(se) cacher	*to hide*
être en colère	*to be angry*
j'en ai parlé	*I mentioned it*
tuer	*to kill*
Demandez plutôt . . .	*You'd better ask . . .*

avez-vous compris?

Qui a dit quoi exactement? Jean, Véronique ou Guy? Relisez tous les interrogatoires.

Exemple: Ils se sont disputés = **Guy**

1 Elle s'est disputée avec son mari.

2 Demandez à la femme de Guy.

3 Demandez à Guy.

4 Anna s'est couchée et Monsieur Jean est sorti.

5 Elle s'est couchée à dix heures.

6 Je me suis couchée vers onze heures.

7 Je me suis levée à six heures, comme d'habitude.

8 Elle s'est levée tout de suite.

9 Je me suis caché derrière un arbre.

10 Il s'est dirigé vers la piscine.

11   Je ne me suis pas inquiétée.

12   Nous nous sommes rencontrés il y a six mois.

13   J'ai entendu la voiture.

14   Je ne l'ai pas vu rentrer.

15   Nous nous sommes mariés le 18 mai exactement.

à vous!

Aidez le commissaire Muguet à faire son rapport. Complétez le texte avec les mots ci-dessous.

rencontrés   levée   couché   rentré   couchée   dirigé

disputés   sorti   venue   tué

trouvé   inquiétée   préparé   mariés   entendu

Jean et Anna Belle se sont (**1**) _____ il y a six mois. Ils se sont (**2**) _____ le 18 mai. La veille du crime, ils se sont (**3**) _____ . Anna s'est (**4**) _____ de bonne heure et Jean est (**5**) _____ . Véronique a (**6**) _____ la voiture. Jean dit qu'il s'est (**7**) _____ à minuit, mais Guy dit qu'il est (**8**) _____ vers six heures le lendemain matin et qu'il s'est (**9**) _____ vers la piscine. Véronique s'est (**10**) _____ à six heures et a (**11**) _____ le petit déjeuner. Anna n'est pas (**12**) _____ mais la femme de chambre ne s'est pas (**13**) _____ . C'est Jean qui a (**14**) _____ sa femme. Qui a (**15**) _____ Anna Belle?

et vous?

Maintenant, imaginez que c'est vous que le commissaire Muguet interroge sur vos activités de la veille. Répondez à ses questions et donnez le plus de détails possible.

- À quelle heure vous êtes-vous réveillé(e) hier?
- Vous êtes-vous levé(e) immédiatement?
- Ensuite vous êtes-vous lavé(e) ou avez-vous pris votre petit déjeuner?
- Qui a préparé le petit déjeuner?
- Qu'est-ce que vous avez mangé et bu?

- Qu'est-ce que vous avez fait après?
- Où avez-vous déjeuné?
- Qu'avez-vous fait l'après-midi?
- Vous êtes-vous disputé(e) avec quelqu'un?
- Le soir, êtes-vous sorti(e) ou êtes-vous resté(e) chez vous?
- Vous êtes-vous inquiété(e)?
- Vous êtes-vous couché(e) tard? Pourquoi?
- Qu'avez-vous fait juste avant de vous coucher?

UN PEU DE GRAMMAIRE

The perfect tense of reflexive verbs

When a verb is used reflexively, it is conjugated with **être**, and the past participle agrees with the subject.

Elle s'est couchée tôt.	*She went to bed early.*
Ils se sont disputés.	*They had an argument.*

Note that if the verb has a direct object, the past participle does not agree with the subject.

Les enfants se sont lavé les mains.	*The children washed their hands.*

Note that in a negative sentence, the reflexive pronoun remains with the auxiliary verb.

Je **ne** me suis **pas** inquiété(e).	*I did not worry.*

Avant de / d' + *infinitive*

Avant de partir	*Before leaving*
Avant de partir, elle a téléphoné.	*Before leaving, she telephoned.*
Nous avons mangé avant de partir.	*We ate before leaving.*

Note that **avant de** is always followed by the infinitive in French, when the subject is common to both verbs (i.e. partir / téléphoner and manger / partir).

Après avoir / être . . .

When the subject is the same throughout the sentence, **après** is followed by the perfect infinitive, that is to say **avoir** or **être** in the infinitive + the past participle of the verb.

| Après avoir fait la queue, j'ai acheté les billets. | *After queuing I bought the tickets.* |
| Après être allés au cinéma, nous avons mangé au restaurant. | *After going to the cinema, we ate in a restaurant.* |

▶ **Grammaire** 6, 7, 11

EXERCICES

A   Complétez le dialogue. Utilisez **vous**.

Ami(e)   Si on allait au cinéma?

Vous   (**1** *Ask what's on.*)

Ami(e)   Le dernier film de Tom Hanks.

Vous   (**2** *Say you've heard about it. Ask if it's in English.*)

Ami(e)   Oui, c'est en v.o.

Vous   (**3** *Ask what time it is on.*)

Ami(e)   La séance est à huit heures et le film commence à huit heures et quart.

Vous   (**4** *Ask where you should meet.*)

Ami(e)   Devant le cinéma. À huit heures moins le quart, ça va?

Vous   (**5** *Agree and say you'll see him / her tonight.*)

B   Répondez aux questions ci-dessous en utilisant le vocabulaire dans les bulles. Utilisez **je** ou **nous**. Utilisez chaque mot ou expression une fois seulement.

le 25 exactement

parce que c'était ennuyeux!

vers minuit

dans la piscine de l'hôtel

à cause des enfants

derrière un arbre

il y a six mois, en Espagne

à midi

1 Vous vous êtes couché(e) à quelle heure?

2 Pourquoi vous êtes-vous disputés?

3 Pourquoi vous êtes-vous endormi(e)?

4 Où vous êtes-vous cachés, les enfants?

5 Où vous êtes-vous baignés?

6 Vous vous êtes mariés au mois de juin?

7 Est-ce que vous vous êtes levé(e) de bonne heure?

8 Quand vous êtes-vous rencontrés?

C

Complétez le dialogue.

Collègue Vous avez fait quelque chose d'intéressant samedi dernier?

Vous (**1** *You did some shopping*.)

Collègue Vous vous êtes levé(e) de bonne heure?

Vous (**2** *You woke up at seven and got up immediately, as usual*.)

Collègue Où êtes-vous allé(e)?

Vous (**3** *You went to town*.)

Collègue Vous y êtes allé(e) en voiture?

Vous (**4** *No, you took the train*.)

Collègue Vous avez fait les courses seul(e)?

Vous (**5** *No, with some friends. You met at the station*.)

Collègue Vous avez passé une bonne journée?

Vous (**6** *Yes, but you got home late and you were tired*.)

Collègue Qu'est-ce que vous avez fait le soir?

Vous (**7** *You fell asleep in front of the television*.)

Lecture

Cinéma high tech pour émotions fortes!

Images géantes, monde en relief, des techniques spectaculaires explosent en marge du cinéma.

Ecrans hémisphériques ou à 360°, fauteuils mobiles, effets en 3D, cette explosion de nouvelles techniques accouche d'un autre cinéma qui cherche, avant tout, à susciter émotions et sensations physiques chez le spectateur. Ces nouvelles images, ludiques, spectaculaires, quasi réelles, distribuées dans une centaine de salles à travers le monde, ne remplaceront jamais le cinéma traditionnel. Ces films aux formats très spéciaux exigent caméras et projecteurs très complexes. On atteint donc rapidement des coûts de production énormes, la durée d'amortissement d'un film se calculant sur vingt ou trente ans. Les salles de projection demandent, elles aussi, une

architecture spécifique, donc très chère, qui s'élève en moyenne à 10 millions d'euros.

Pour l'heure, les scénarios sont peu élaborés pour ce genre de films qui privilégient le côté sensationnel des procédés. Libérés des contraintes de l'intrigue, les réaliseurs se concentrent sur les effets

visuels: accélérations dans les airs, courses poursuites en mer, plongeons verticaux dans les grands canyons ou du haut d'un building. Ce catalogue, finalement peu étoffé, satisfait pourtant le public avide de grand spectacle qui se déplace pour vivre une expérience vraiment hors du commun.

1 What type of cinemas are mentioned in the article?

2 How many of them are there in the world?

3 Are they likely to replace the traditional cinema? Why?

4 Why is the production of these special films so costly?

5 Over how many years is the cost usually spread?

6 Name some visual effects the film producers concentrate on.

BIENVENUE AU PARC EUROPÉEN DE L'IMAGE

LE 360°: L'IMAGE GLOBALE: Un film magnifique sur l'Andalousie réalisé par le Futuroscope pour l'exposition universelle de Séville.

LE MONDE DES ENFANTS: Deux hectares de jeux de plein air et de découverte sur le son et les images (8 jeux à péages parmi 80).

LE CINÉAUTOMATE: Le cinéma interactif. Choisissez votre scénario.

PAYSAGES D'EUROPE: Partez à la découverte de l'Europe au fil de l'eau.

LE TAPIS MAGIQUE: 2 écrans de 700 m^2, l'un devant vous, l'autre au sol.

LE CINÉMA DYNAMIQUE: Votre siège bouge au rythme de l'image.

LE PAVILLON DU FUTUROSCOPE: Un voyage fantastique de l'infiniment petit à l'infiniment grand en compagnie de Christophe Colomb.

LA GYROTOUR: Une vue d'ensemble inoubliable à 45 m de hauteur.

LE KINÉMAX: Un écran haut comme un immeuble de 7 étages.

LE PAVILLON DE LA COMMUNICATION: 2 spectacles: le show laser et toute l'histoire de la communication sur 10 écrans.

LE SHOWSCAN: 60 images par seconde: l'image parfaite.

LE SOLIDO: L'image hémisphérique en relief.

LE CINÉMA EN RELIEF: L'image en trois dimensions.

L'OMNIMAX: Un film projeté sur une gigantesque voûte.

LE PAVILLON DE LA VIENNE: Un nouveau simulateur et un mur d'images de 850 écrans.

L'AQUASCOPE: Testez votre connaissance sur l'eau grâce à notre quizz géant.

LE THÉÂTRE ET SON LAC: Spectacle de jeux d'eau, tous les jours à partir de 10h. Nocturnes: Du 3 juillet au 4 septembre et tous les samedis du 2 avril au 29 septembre.

A "**Le Cristal**": cuisine gastronomique – Carte et menus

B "**L'Entracte**": Cuisine familiale – Menus

C **Les Cafétérias**: Self-service

D "**L'Europe**": Cuisine traditionelle – Menus et carte

E "**Le Resto' vite**": Restauration rapide; hamburgers, frites

F "**La Vienne**": restaurant des groupes. En juillet et en août, express pour adultes et enfants

G **Restaurant du Futuroscope**

Ouverture des restaurants dès 11h30. Nous vous conseillons de vous présenter le plus tôt possible.

Nous demandons à nos visiteurs de conserver une tenue décente à l'intérieur du Parc et en particulier dans les salles. Ne pas boire, manger ou fumer dans les salles de spectacles.

You are organising a tour of **Le parc du futuroscope** for the following groups of people whose time is limited. Look carefully at the leaflet and select some activities which you think would interest them most. Several of the cinemas would appeal to everyone, but the simulator, for instance, would probably not be suitable for elderly people. Also choose a restaurant for each group.

1 A family with children between the ages of six and ten, wanting a reasonably priced meal.

2 A young couple interested in the latest film technology, who enjoy traditional food.

3 A group of older people, who like European culture, wanting a rather special meal.

4 Teenagers who want excitement and participation in the events, and like fast food.

5 A family with children in their mid-teens, wanting something for everyone, a mixture of culture and stimulating activities.

6 Now choose something for yourself.

écoutez bien!

Hier soir, Jean-Pierre est resté chez lui. Qu'est-ce qu'il a fait?

The sequence of events has been jumbled up. Luckily you have the soundtrack to help you put it back in chronological order. Number each activity as you hear it. The first one has been done for you.

[1] Jean-Pierre est monté au premier.

[_] Il a allumé la télé.

[_] Il s'est disputé avec la personne qui lui a téléphoné et il a raccroché, en colère.

[_] Il a répondu.

[_] Il s'est déshabillé et il a pris une douche.

[_] Il s'est servi un whisky «on ze rocks».

[_] Jean-Pierre est descendu au rez-de-chaussée.

[_] Il s'est brossé les dents.

[_] Il s'est assis dans un fauteuil confortable . . . et il s'est endormi.

[_] Tout à coup, le téléphone a sonné.

[_] Il a ouvert la porte de la salle de bains, il a allumé puis il a refermé la porte.

[_] Il a chanté.

le monde du travail

Jeanne bavarde avec Mademoiselle Jonas, un nouveau professeur
qui travaille au collège de Luçon depuis la rentrée.

Jeanne   Bonjour, Mademoiselle Jonas.

Mlle Jonas   Bonjour, Mademoiselle Chouan.

Jeanne   Est-ce que vous vous plaisez dans notre collège?

Mlle Jonas   Non, pas du tout. Le travail est épuisant, mal payé. Les élèves sont paresseux, grossiers. Ils trouvent tout ennuyeux. Il n'y a que la télévision et les jeux vidéo qui les intéressent!

Jeanne   Il ne faut pas généraliser! Il y en a qui sont très sympathiques, intelligents, qui travaillent dur . . .

Mlle Jonas   Moi, je déteste les ados. Et les parents qui viennent se plaindre . . .

Jeanne   Ça n'arrive pas très souvent. Et puis, on s'habitue, vous savez.

Mlle Jonas   Vous enseignez ici depuis longtemps?

Jeanne   J'ai commencé il y a deux ans.

Mlle Jonas   Et moi, j'ai commencé il y a seulement deux mois, mais j'attends les grandes vacances avec impatience.

Jeanne   Vous avez déjà des projets?

Mlle Jonas   Il y a trois ans, je suis allée en Grèce. Je voudrais bien y retourner.

Jeanne   C'est un pays intéressant, surtout pour un professeur d'histoire et de géographie.

Mlle Jonas   Oui, mais malheureusement, j'ai trouvé qu'il y faisait trop chaud l'été et en attendant, il faut travailler et habiter ici!

Jeanne   Vous n'aimez pas cette ville?

Mlle Jonas   Je n'aime pas cette ville, je n'aime pas mon appartement. Il y a seulement trois semaines que j'y suis, et la concierge me déteste.

Jeanne   Vous en êtes sûre?

Mlle Jonas   Certaine. D'ailleurs, je déteste la province.

Jeanne   Alors, il faut obtenir un poste à Paris.

Mlle Jonas   C'est difficile. Et puis, tout est si cher à Paris. J'y suis allée pour le week-end, il y a environ un mois, je suis restée chez des amis, des snobs et . . .

Jeanne   Excusez-moi, Mademoiselle Jonas, mais mon cours commence dans cinq minutes. Au revoir!

Mlle Jonas   Et je déteste mes nouveaux collègues!

QU'EST-CE QUE ÇA VEUT DIRE?

la rentrée (des classes)	*the beginning of term*
(se) plaire	*to like*
épuisant(e)	*exhausting*
grossier(-ère)	*rude*
dur(e)	*hard*
les ados	*teenagers*
s'habituer	*to get used to*
enseigner	*to teach*
les grandes vacances	*the summer holidays*
un projet	*a plan*
en attendant	*meanwhile*
d'ailleurs	*besides*
un cours	*a lesson*

avez-vous compris?

1 Est-ce que Mademoiselle Jonas se plaît au collège?

2 Comment trouve-t-elle le métier de professeur?

3 Que dit-elle des élèves?

4 Jeanne travaille dans ce collège depuis combien de temps?

5 Et Mademoiselle Jonas?

6 Quelles matières enseigne-t-elle?

7 Qu'est-ce qu'elle attend avec impatience?

8 Où pense-t-elle aller?

9 Connaît-elle déjà ce pays?

10 Quel est l'inconvénient de la Grèce l'été?

11 Est-ce que Mademoiselle Jonas aime habiter à Luçon?

12 Qu'est-ce que Jeanne lui suggère?

13 Quelles sont les objections de Mademoiselle Jonas?

14 Comment sont, à son avis, ses amis parisiens?

15 Quelle excuse Jeanne donne-t-elle pour quitter sa collègue?

16 Est-ce que Mademoiselle Jonas trouve ses nouveaux collègues sympathiques?

à vous!

Complétez avec **depuis** ou **il y a**. Consultez *Un peu de grammaire* à la page 156 avant de commencer.

1 Je travaille pour la Société Lachance et Fils _____ cinq ans.

2 Je suis secrétaire à Eurofret _____ un an.

3 Je suis arrivé à Londres _____ six mois.

4 J'habite en Angleterre _____ le mois d'avril.

5 Elle est allée en Grèce _____ trois ans.

6 Je suis au bureau _____ huit heures ce matin.

7 Laurent et Chantal sont allés au cinéma _____ deux semaines.

8 Elle a téléphoné _____ environ une heure.

9 Il a un magasin à Luçon _____ février 2001.

10 J'ai changé de travail _____ trois mois.

11 Nous sommes mariés _____ vingt-cinq ans.

12 Nous nous sommes mariés _____ dix ans.

13 J'ai pris ma retraite _____ deux ans.

14 Je suis au chômage _____ le début de l'année.

15 Je porte des lunettes _____ l'âge de quatre ans.

Maintenant, donnez quelques détails similaires à propos de votre propre situation.

le monde du travail (suite)

Jeanne parle de son métier avec son amie Solange.

Solange   À ton avis, quelles sont les qualités nécessaires pour être professeur?

Jeanne   Il faut être enthousiaste, dynamique, mais je crois qu'avant tout, il faut être patient. Et il faut aussi être en bonne santé, car c'est un métier très fatigant!

Solange   Comment sont les jeunes de ton collège?

Jeanne	En général, ils sont gentils, surtout les sixièmes. Mais dans certaines classes, il y a quelques éléments indésirables. Et puis, l'adolescence est un âge difficile!
Solange	Il y a combien d'élèves par classe?
Jeanne	Une trentaine.
Solange	Les cours commencent et finissent à quelle heure?
Jeanne	Ils commencent à huit heures et finissent à cinq ou six heures, sauf le mercredi et le samedi où l'on finit à l'heure du déjeuner.
Solange	Et toi, tu fais combien d'heures de cours par semaine?
Jeanne	Dix-huit heures, mais il y a beaucoup à faire en dehors de ça – corriger les copies, préparer les leçons, aller à des réunions, voir les parents d'élèves . . .
Solange	Heureusement que les vacances sont longues!
Jeanne	Ah, oui. À la fin de chaque trimestre, on en a bien besoin!

QU'EST-CE QUE ÇA VEUT DIRE?

surtout	*particularly, above all*
les sixièmes	*the year 7 pupils* (see note below)
une trentaine	*about thirty*
sauf	*except*
en dehors de ça	*besides, in addition*
corriger les copies	*to do the marking*
une réunion	*a meeting*
on en a bien besoin!	*we certainly need them!*

In France, children attend **l'école maternelle** (from age 2 or 3), then **l'école primaire** (6–11). Secondary education starts with **la sixième** which corresponds to *Year 7* (11–12 year olds), carries on with **la cinquième**, **la quatrième**, **la troisième**, **la seconde**, **la première** and finally **la terminale**, after which pupils take the **baccalauréat**, equivalent to 'A' levels.

avez-vous compris?

1 Selon Jeanne, quelle est la qualité la plus importante pour un professeur?

2 Pourquoi faut-il être en bonne santé?

3 Quels sont les élèves que Jeanne trouve les plus gentils?

4 Que dit-elle de l'adolescence?

5 Il y a beaucoup d'élèves par classe?

6 Quels sont les horaires d'une journée typique au collège?

7 En quoi consiste le métier de professeur?

8 De quoi les professeurs ont-ils besoin à la fin de chaque trimestre?

à vous!

Les phrases ci-dessous ont été divisées en deux et les moitiés se sont mélangées. Reliez-les correctement.

1 L'adolescence est . . .

2 Il y a combien d'élèves . . .

3 Dans certaines classes . . .

4 Quelles sont les qualités nécessaires pour . . .

5 À la fin de chaque trimestre . . .

6 Il faut aussi . . .

7 Tu fais combien d'heures de cours . . .

8 Il faut être en bonne santé car c'est . . .

a un métier très fatigant.

b par semaine?

c on en a bien besoin.

d être en bonne santé.

e il y a quelques éléments indésirables.

f être professeur?

g par classe?

h un âge difficile.

le monde du travail (suite)

Un journal de Bretagne a décidé de faire un reportage sur différents métiers exercés par des gens de la région. C'est la jeune journaliste Annie Le Dantec qui est chargée d'écrire cette série d'articles.

D'abord nous la retrouvons à Quimper, en train d'interviewer Yves.

Annie   Vous êtes marin-pêcheur. Aimez-vous votre métier?

Yves   C'est mon métier, j'y suis habitué, mais c'est loin d'être le métier idéal. Il y a des avantages et des inconvénients. Le travail est très dur.

Annie   C'est dangereux?

Yves   Ben, il y a des risques, surtout quand il fait mauvais temps.

Annie   Partez-vous pendant de longues périodes?

Yves   Certains pêcheurs, oui, mais nous, nous sortons tous les jours, sauf le samedi et le dimanche. Nous quittons le port à une heure du matin, et nous rentrons dans l'après-midi.

Annie   Quand vous rentrez au port, est-ce que votre travail est terminé?

Yves   Oh là là, non, il faut vendre la pêche, il faut s'occuper du bateau, réparer les filets . . .

Annie   Qu'est-ce qui vous plaît dans votre métier?

Yves   J'adore la mer, j'ai besoin de la mer. Et maintenant que je suis propriétaire de mon bateau, et que je travaille à mon compte, je gagne bien ma vie.

Annie   Vous avez de la chance.

Yves   Oui, je sais, surtout que je n'aime pas rester enfermé toute la journée. Et vous, vous aimez votre métier?

Annie   Oui, c'est très intéressant, très varié. L'inconvénient, c'est que ce n'est pas très bien payé!

QU'EST-CE QUE ÇA VEUT DIRE?

en train de	*in the process of*
la pêche	*the catch*
s'occuper de	*to look after*
le filet	*the net*
je travaille à mon compte	*I am self-employed*
je gagne bien ma vie	*I earn a good living*
surtout que . . .	*particularly as . . .*

avez-vous compris?

Répondez *vrai* ou *faux*.

1   Le métier de pêcheur n'est pas un métier idéal.

2   C'est un travail facile.

3   C'est un travail qui peut être dangereux.

4   Yves part pendant de longues périodes.

5   Le retour au port n'est pas la fin de la journée de travail.

6   Yves aime son métier parce qu'il est propriétaire de son bateau.

7   Tous les pêcheurs gagnent bien leur vie.

8   L'inconvénient du travail d'Yves, c'est que son travail est varié.

à vous!

Relisez l'interview et aidez Annie à écrire l'article pour son journal.

Yves est pêcheur. C'est (**1**) _____ qui est loin d'être idéal parce que le travail est très (**2**) _____ et quelquefois dangereux, mais Yves adore (**3**) _____ . Il travaille a son (**4**) _____ . Il est propriétaire de son bateau et il gagne bien sa (**5**) _____ . Il ne travaille pas le week-end mais après la pêche, son travail n'est pas terminé; (**6**) _____ vendre la pêche et (**7**) _____ du bateau.

le monde du travail (suite)

Annie se trouve maintenant dans un petit restaurant du port. Elle interviewe une des serveuses.

Annie Vous êtes serveuse à «La Sole Meunière», madame.
Pourquoi le restaurant porte-t-il ce nom?

Serveuse Parce que nous ne servons que des plats à base de poissons et de fruits de mer.

Annie Je suppose que votre journée de travail est assez longue?

Serveuse Je ne commence pas très tôt, à dix heures du matin, mais je finis tard le soir, vers minuit ou une heure du matin, ça dépend.

Annie Quel est le jour de fermeture de «La Sole Meunière»?

Serveuse Nous sommes fermés le lundi. J'ai aussi un autre jour de libre, mais il varie.

Annie Est-ce que vous aimez votre métier?

Serveuse Oui et non. D'abord, je ne suis pas souvent libre le week-end et c'est dommage pour la vie de famille. Je travaille un samedi sur deux. Et puis, c'est assez fatigant et il y a des clients désagréables qui vous traitent comme des inférieurs. Par contre, il y en a beaucoup qui sont très sympathiques et laissent de bons pourboires. Nous avons de la chance parce que le patron est gentil. L'ambiance est très agréable ici. Et moi j'aime bien le contact avec les gens.

Annie En quoi consiste le travail de serveuse exactement?

Serveuse Ça dépend, mais dans un petit restaurant comme «La Sole», il faut faire pas mal de choses. Il faut servir, naturellement, mais aussi mettre le couvert, préparer les apéritifs, faire les glaçons, les cafés, préparer les additions . . .

Annie Les premiers clients arrivent, alors je vous laisse. Bon courage!

QU'EST-CE QUE ÇA VEUT DIRE?

porter un nom	*to have a name*
un jour de libre	*a day off*
un samedi sur deux	*every other Saturday*
par contre	*on the other hand*
un pourboire	*a tip*
le patron / la patronne	*the boss, the owner*
pas mal de choses	*quite a few things / a number of things*
mettre le couvert	*to lay the table*
un glaçon	*an ice cube*

avez-vous compris?

Répondez *vrai* ou *faux*.

1 «La Sole Meunière» est un restaurant qui se spécialise dans les produits de la mer.

2 La serveuse commence son travail de bonne heure.

3 Elle finit tard le soir.

4 Elle a deux jours de libre par semaine.

5 Elle ne travaille jamais le week-end.

6 La plupart des clients sont sympathiques.

7 Elle n'aime pas son patron.

à vous!

1 Aidez Annie à finir son article.

Être serveuse de restaurant présente des avantages et des (**a**) _____ . C'est idéal pour les personnes qui aiment (**b**) _____ avec les gens. Mais le travail le soir et pendant les week-ends rend (**c**) _____ difficile. C'est un travail (**d**) _____ et de temps en temps, il y a des clients désagréables.

2 Travaillez avec un / une partenaire. Imaginez que vous êtes, à tour de rôle, Jeanne, Yves, ou la serveuse, et répondez aux questions suivantes.

a Quel est votre métier?

b À quelle heure commencez-vous votre travail?

c À quelle heure finissez-vous?

d En quoi consiste votre travail exactement?

e Quand êtes-vous libre?

f Quels sont les inconvénients de votre métier?

g Qu'est-ce qui vous plaît?

jeu de rôles

Partenaire A

(Partenaire B: tournez à la page 156.)

A1 Imagine that you work in a Tourist Office. You work from 9 to 12.30 and 1 to 5.30. You also work every other Saturday. You like your job although it's not very well paid. Answer your partner's questions about it.

A2 Now, ask your partner:

- What his / her job is.
- What time he / she starts and finishes work.
- What days he / she is free.
- If it's well paid.
- What the disadvantages are.
- What he / she likes about the job.

Now try this rôle-play again, using a different job of your choice.

le monde du travail (suite et fin)

La radio locale s'intéresse aussi aux métiers. Toutes les semaines dans *Métier-Hebdo* un ou une invité(e) nous parle de sa profession. Écoutez!

Présentateur De plus en plus de carrières traditionnellement masculines s'ouvrent maintenant aux femmes. Comme chaque semaine dans *Métier-Hebdo*, nous recevons une femme qui exerce un de ces métiers. Aujourd'hui, Sophie Sélet vient nous parler des femmes gendarmes. Bonjour, Sophie.

Sophie Bonjour.

Présentateur Pouvez-vous nous expliquer quelles sont vos fonctions.

Sophie Eh bien d'abord, il y a un travail de surveillance générale, des contrôles routiers, des contrôles d'identité, nous vérifions des véhicules, nous faisons passer des alcootests . . .

Présentateur Y a-t-il des tâches que vous n'aimez pas?

Sophie Je n'aime pas beaucoup le côté administratif. Par contre, j'aime bien utiliser l'ordinateur.

Présentateur Êtes-vous de service tous les jours à la même heure?

Sophie Non, tous les dix jours, je suis de permanence une journée et une nuit car la gendarmerie est ouverte 24 heures sur 24.

Présentateur Être de permanence, en quoi est-ce que cela consiste?

Sophie	Eh bien, par exemple, quand on nous prévient d'un accident, je note tous les renseignements et je préviens mon chef qui envoie des gendarmes sur place. Malheureusement, moi, je dois rester à la gendarmerie.
Présentateur	Travaillez-vous seule?
Sophie	Non, en général, nous travaillons par équipe de deux.
Présentateur	Qu'est-ce que vous aimez particulièrement dans votre métier?
Sophie	J'adore l'action sur le terrain, et j'aime beaucoup le contact avec le public. J'ai aussi le droit d'enquêter, d'auditionner des témoins. Mon travail préféré, ce sont les enquêtes sur les vols, les accidents de voiture . . .
Présentateur	Avez-vous déjà eu de grosses satisfactions?
Sophie	Oui, récemment, nous avons arrêté des trafiquants de drogue.
Présentateur	Eh bien, félicitations!
	Si le métier de Sophie vous intéresse, et si vous voulez lui poser vous-même des questions, appelez dès maintenant le 03.84.25.32.10, pendant notre petit intermède musical.

QU'EST-CE QUE ÇA VEUT DIRE?

la carrière	*career*	mon chef	*my boss*
exercer un métier	*to follow a profession*	sur place	*on site*
une femme gendarme	*a woman police officer*	une équipe	*a team*
une fonction	*a duty*	sur le terrain	*in the field*
fouiller	*to search*	j'ai le droit	*I have the right / am allowed*
un ordinateur	*a computer*	auditionner un témoin	*to interview a witness*
être de permanence	*to be on duty*	un vol	*a theft*
prévenir (⚠)	*to warn, to tell*		

avez-vous compris?

Sophie décrit les nombreuses fonctions d'un gendarme. Faites deux listes en anglais pour expliquer à un(e) ami(e) qui ne parle pas français en quoi consiste le travail d'un gendarme. Faites une liste pour le travail fait à l'extérieur et une autre pour le travail fait à la gendarmerie.

Outside	At the police station

à vous!

Reliez les verbes et les noms ci-dessous pour obtenir une liste des différentes fonctions d'un gendarme.

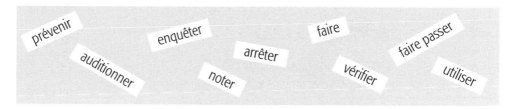

prévenir   enquêter   faire   faire passer

auditionner   arrêter   vérifier   utiliser

noter

des alcootests   des témoins   l'ordinateur
des renseignements   son chef   sur les vols
des trafiquants de drogue   des contrôles d'identité des véhicules

et vous?

Travaillez-vous? Si oui, regardez **Si vous travaillez . . .** Si non, regardez soit **Si vous faites des études . . .** soit **Si vous êtes mère au foyer, au chômage ou à la retraite . . .**

Si vous travaillez . . .
Où et depuis quand? Aimez-vous votre travail? Y a-t-il des choses qui ne vous plaisent pas?
Vous entendez-vous bien avec votre patron(ne), vos collègues, etc?
Travaillez-vous loin de chez vous?
Comment allez-vous travailler? Combien de temps vous faut-il?
Vous commencez à quelle heure? Vous finissez à quelle heure?
Qu'est-ce que vous faites à l'heure du déjeuner?
Quels sont les avantages et les inconvénients de votre métier?

Si vous êtes mère au foyer, au chômage ou à la retraite . . .
Depuis combien de temps?
Décrivez une journée typique.
Avez-vous beaucoup de passe-temps? Étudiez-vous autre chose que le français?

Si vous faites des études . . .
Allez-vous à l'école ou au collège? Qu'est-ce que vous étudiez? Quelles matières préférez-vous? Y a-t-il des matières que vous détestez?
Aimez-vous vos professeurs? Les trouvez-vous sympathiques, trop sévères, etc?
Combien de cours avez-vous en moyenne par jour?
À quelle heure rentrez-vous chez vous?
Quand faites-vous vos devoirs? Préparez-vous des examens?

jeu de rôles

Partenaire B

(Partenaire A: tournez à la page 153.)

B1 First, ask your partner:

    Where he / she works.

    At what time he / she starts work.

    At what time he / she finishes.

    How long he / she has for lunch.

    If he / she works at weekends.

    If he / she earns a good living.

    What the job consists of exactly.

    If he / she likes the job and why.

B2 Now imagine that you are a waiter / waitress in a café. You work from 10 am till 3 pm and start again at 8 pm and finish at midnight. You don't work Sundays or Mondays. The work is tiring but you earn a good living with the tips. Answer your partner's questions.

Now try this rôle-play again, this time using a different job of your choice.

UN PEU DE GRAMMAIRE

depuis	***for, since***
J'y habite depuis trois semaines.	*I've been living there for three weeks.*
Je travaille ici depuis 1999.	*I've been working here since 1999.*

Note that if something is still going on, still current at the time it is expressed, the **present tense** must be used.

il y a	***ago***
J'ai commencé il y a deux ans.	*I started two years ago.*
Il y a trois ans, je suis allé(e) en Grèce.	*Three years ago, I went to Greece.*

▶ **Grammaire** 2

EXERCICES

 A   Choisissez le bon adjectif.

bien payé   mal payé   intéressant   ennuyeux   varié   épuisant   dangereux

1   Je travaille dans une usine. Je fais la même chose toute la journée. C'est _____ .

2   Mon travail est très varié et j'ai la chance de rencontrer toutes sortes de gens. C'est

_____ .

3   Je travaille de huit heures du matin à six heures du soir et je suis toujours debout. C'est

_____ .

4   Moi, je travaille dans un cirque avec des lions et des tigres. J'adore mon métier et j'adore les animaux, mais c'est _____ .

5   Je travaille comme représentant. Je voyage beaucoup et je ne suis pas toujours à la maison pour le week-end, mais je gagne bien ma vie. Pour moi, le principal avantage c'est que c'est _____ .

6   Je fais toutes sortes de choses. Au bureau, je réponds au téléphone. Il y a aussi le travail sur le terrain. Ça me plaît parce que c'est très _____ .

7   J'aime bien mon travail parce que j'ai beaucoup de liberté et que je suis en contact avec la nature. Heureusement que je suis célibataire parce que je ne gagne pas beaucoup d'argent. C'est un travail qui est _____ .

B   Complétez avec les verbes ci-dessous, puis traduisez en anglais.

avons   sommes   habitez   porte   jouez   ai   apprends   est

1   Je _____ des lunettes depuis l'année dernière.

2   J' _____ le français depuis trois ans.

3   Nous _____ une maison de campagne depuis l'an 2000.

4 Vous _____ ici depuis longtemps?

5 Elle _____ en vacances depuis une semaine.

6 Nous _____ à la retraite depuis cinq ans.

7 J' _____ un chien depuis six mois.

8 Vous _____ au golf depuis combien de temps?

C

Racontez les mésaventures de M. Morne en vacances.

1 Five years ago, went skiing in the Alps; broke a leg.

2 Four years ago, had a car accident in France.

3 Three years ago, children ill in Greece.

4 Two years ago, got sunburned in the South of France.

5 Last year, in Italy, someone stole his money and passport.

6 This year, hasn't any holiday plans!

D

Charlotte Martin cherche du travail en France. Aidez-la à préparer son curriculum vitae.

Born 16 September 1973.

Single.

Ten years ago, went to France on holiday but stayed there two years. Worked in a hotel.

Came back to England seven years ago and worked in a factory.

Six years ago, worked as a cashier in a supermarket.

Five years ago, found a job in an office.

Three years ago, did a training course in Germany for a year.

Has been working in a clothes shop in London since her return from Germany.

Speaks French and German.

Likes contact with people.

E

Complétez l'interview et devinez le métier dont on parle.

Interviewer   Aimez-vous votre métier?

Vous   (**1** *Say yes, but there are advantages and disadvantages.*)

Interviewer   Quels sont les avantages?

Vous   (**2** *Say it's varied and interesting and you like contact with people.*)

Interviewer	Et quels sont les inconvénients?
Vous	(**3** *Say it is tiring because the day's work is long.*)
Interviewer	Vous commencez et vous finissez à quelle heure?
Vous	(**4** *Say it depends and you are not always free at the weekend.*)
Interviewer	Vous gagnez bien votre vie?
Vous	(**5** *Say it's not very well paid.*)
Interviewer	Comment sont vos malades?
Vous	(**6** *Say that they are generally friendly, but there are some unpleasant ones from time to time.*)
Interviewer	Quels sont ceux que vous préférez?
Vous	(**7** *Say you particularly like the children.*)

F Écrivez un petit texte à propos d'un métier que vous connaissez bien.

écoutez bien

Listen to some young people saying what they like and don't like and suggest the most appropriate job(s) for each one from the list below.

agriculteur(-trice)	hôtesse de l'air, steward	médecin
architecte	infirmier(-ière)	plombier
bibliothécaire	ingénieur	représentant(e)
chauffeur de taxi	jardinier(-ière) paysagiste	vétérinaire
garagiste	mécanicien(ne)	

lecture

Read the following job advertisements. For each one, find out:

1 what job is being advertised.

2 the qualifications and / or experience required.

3 the ideal age and / or personality of the candidates.

4 what the companies offer in terms of salaries, opportunities, etc.

5 how the candidates are advised to apply.

A

Sociéte CITRONET *, experte dans distribution de fruits et légumes*
recherche dans le cadre de son expansion

VENDEUR (EUSE)

basé à Cavaillon

Vous devrez suivre la clientèle existante et prospecter.

Votre connaissance des supermarchés et libres service vous aidera dans votre tâche.

Vous maîtrisez bien la relation de vente au téléphone et vous connaissez déjà les produits frais ou les fruits et légumes.

Nous vous offrons un salaire de départ de 30 000 € / an + frais + véhicule.

Si cette proposition vous intéresse, veuillez transmettre, pour un premier contact, lettre manuscrite, C.V. et photo, sous réf. 8520 à:

Pubemploi   55 rue de la Liberté   13006 Marseille

B

Société en expansion en Amérique recherche

JEUNE SECRETAIRE

– excellente sténo-dactylographe –
– parlant et écrivant parfaitement l'anglais –
– connaissances informatique indispensables –
– libre de suite –

Poste stable et d'avenir
Salaire première année 42 000 €

Écrire avec C.V. et photo sous réf. 4729 à
Jobagence, B.P. 125
75040 Paris, qui transmettra.

C

Importante société

FOMATO

recrute

REPRESENTANT(E)S

dynamiques et ambitieux: débutants acceptés: libres immédiatement
Parfaite présentation, âge indifférent, voiture souhaitée, pour vente articles de grande consommation

– Commissions très importantes –
– Promotion CADRE possible rapidement –
– Formation indispensable et continue par nos soins –

Nombreux postes à pourvoir.

Ne pas écrire, ne pas téléphoner, SE PRESENTER
le lundi 10 et mardi 11 février
de 9 h à 12 h et de 14 h à 18 h
GRAND HOTEL St Laurent du Var   Demander Société FOMATO

Neuvième unité

à l'agence de voyages

L'été approche. Quelques-uns de nos amis font des projets de vacances. N'ayant pas d'idées précises, Chantal et Laurent vont dans une agence de voyages pour obtenir des renseignements.

Employé	Bonjour, messieurs-dames. Vous désirez?
Laurent	C'est difficile car nous ne savons pas exactement où aller en vacances cet été.
Employé	Préférez-vous rester en France ou aller à l'étranger?
Chantal	Nous voulons rester en France.
Employé	Voulez-vous aller au bord de la mer?
Chantal	Nous aimons beaucoup la mer mais il y a toujours trop de monde l'été, malheureusement!
Employé	Alors, vous pouvez aller en Auvergne ou en Alsace par exemple.
Chantal	Bonne idée!
Laurent	En Auvergne, il y a des stations thermales, et en Alsace, il y a du bon vin . . . Hmm, l'Alsace me semble une excellente idée!
Chantal	Toi, alors!
Laurent	Pouvez-vous nous donner quelques dépliants?
Employé	Mais bien sûr! Voilà, monsieur.
Laurent	Merci.
Employé	De rien, monsieur.
Chantal	Au revoir.
Employé	Au revoir, messieurs-dames.

QU'EST-CE QUE ÇA VEUT DIRE?

n'ayant pas	*not having*
une station thermale	*a spa*
me semble (sembler)	*seems to me (to seem)*
un dépliant	*a leaflet*

avez-vous compris?

Répondez en français.

1 Pourquoi Chantal et Laurent vont-ils dans une agence de voyages?

2 Préfèrent-ils rester en France ou aller à l'étranger?

3 Pourquoi ne veulent-ils pas aller au bord de la mer?

4 Laurent préfère l'Alsace à l'Auvergne. Pourquoi?

5 Qu'est-ce que l'employé leur donne?

à vous!

Travaillez avec un / une partenaire. Imaginez que vous êtes dans une agence de voyages. Répondez à l'employé(e).

Employé(e) Bonjour messieurs-dames. Vous désirez?

Vous (**1** *Say hello, and tell him / her you don't know where to go on holiday this summer.*)

Employé(e) Préférez-vous rester en France ou aller à l'étranger?

Vous (**2** *Tell him / her you want to go abroad.*)

Employé(e) Quel pays?

Vous (**3** *Tell him / her you want to go to the seaside, and where there is good wine.*)

Employé(e) Alors, en Italie peut-être?

Vous (**4** *Italy seems an excellent idea. Ask for some leaflets.*)

Employé(e) Voilà, messieurs-dames.

Vous (**5** *Thank him / her, and say goodbye.*)

Maintenant changez les réponses pour faire un deuxième dialogue.

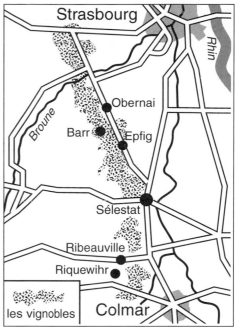

VENEZ EN ALSACE!

❖

C'est le paradis des amateurs d'art et des passionnés de folklore.

C'est le paradis des gourmets, grâce à ses vins renommés et à ses spécialités gastronomiques.

C'est le paradis des sportifs et des amoureux de la nature, grâce à la beauté de son paysage.

projets de vacances

Laurent et Chantal font des projets en regardant les dépliants sur l'Alsace.

Laurent   Il vaudra mieux voyager en train. Qu'en penses-tu?

Chantal   Oui, c'est loin et tu sais bien que je n'aime pas les longs voyages en voiture.

Laurent   Nous irons d'abord à Strasbourg.

Chantal   Oh regarde, il y a toutes sortes de choses à voir. La cathédrale gothique et son horloge astronomique . . .

Laurent   J'espère que nous pourrons visiter une brasserie!

Chantal   Nous verrons de vieilles maisons, le palais Rohan . . .

Laurent   Et de là, nous louerons une voiture et nous pourrons suivre la route des vins en descendant jusqu'à Colmar.

Chantal   Excellente idée. Il y a beaucoup de maisons médiévales et de vieilles églises à Colmar. C'est vraiment typique.

Laurent   Oui, et n'oublie pas que c'est la capitale du vignoble alsacien. Si nous y allons au mois d'août, nous assisterons à la foire régionale des vins d'Alsace.

Chantal   Tu ne penses qu'au vin!

Laurent   Non, nous boirons aussi de la bière et nous mangerons de la choucroute, bien sûr.

Chantal   Si nous passons notre temps à manger et à boire nous devrons prendre un peu d'exercice, sinon quand nous reviendrons nous ne serons pas du tout en forme!

Laurent   Ne t'inquiète pas. Nous ferons des promenades en montagne et en forêt. Nous pourrons même faire des randonnées en VTT. Là, tu es contente?

Chantal   Oh oui! Et le paysage semble magnifique. Je prendrai beaucoup de photos.

Laurent   Oui, pendant que je pêcherai la truite dans les rivières et les étangs.

Chantal   Comme nous avons des goûts différents, je crois que l'Alsace sera l'endroit idéal pour nos vacances.

QU'EST-CE QUE ÇA VEUT DIRE?

en regardant	*while looking at*
il vaudra mieux (valoir)	*it will be better (to be worth)*
nous prendrons (prendre)	*we shall take*
nous irons (aller)	*we shall go*
nous pourrons (pouvoir)	*we shall be able*
une brasserie	*a brewery* (here)
nous verrons (voir)	*we shall see*
nous louerons (louer)	*we shall hire*
en descendant	*while going down*
assister à	*to attend / to be at*
nous boirons (boire)	*we shall drink*
nous devrons (devoir)	*we shall have to*
nous reviendrons (revenir)	*we shall return*
nous ferons (faire)	*we shall make / do*
un VTT (vélo tout terrain)	*a mountain bike*
un étang	*a small lake*
il sera (être)	*it will be*

avez-vous compris?

Relisez le texte, et choisissez les bons mots pour compléter la lettre de Chantal.

Chère Anne,

C'est décidé! Cet été Laurent et moi nous passerons nos vacances ensemble en
(**1**) _____ . Nous prendrons le (**2**) _____ , car je n'aime pas les longs
voyages en voiture. Nous irons d'abord à (**3**) _____ , où nous verrons la
cathédrale gothique et son horloge astronomique. De là, nous louerons une (**4**)
_____ , et nous pourrons suivre la route des vins, en descendant jusqu'à (**5**)
_____ . Si nous y allons au mois d'août, nous assisterons à la (**6**) _____
régionale des vins d'Alsace. Nous boirons aussi de la (**7**) _____ et nous
mangerons de la (**8**) _____ bien sûr! Si nous passons notre temps à boire et à
manger, nous devrons prendre un peu d' (**9**) _____ évidemment. Nous ferons
des promenades en montagne et en forêt, et nous pourrons même faire des
randonnées en (**10**) _____ . Et toi? Quels sont tes projets de vacances? Écris-
moi bientôt.

Amicalement,

Chantal

à vous!

Imaginez que vous êtes Laurent ou Chantal, et répondez aux questions de vos amis.

Comment irez-vous en Alsace?
1 Nous . . .

Où irez-vous d'abord?
2 Nous . . .

Qu'est-ce que vous verrez à Strasbourg?
3 Nous . . .

Qu'est-ce que vous visiterez d'autre?
4 Nous . . .

Comment voyagerez-vous de Strasbourg à Colmar?
5 Nous . . .

Que boirez-vous?
6 Nous . . .

Que mangerez-vous?
7 Nous . . .

Que ferez-vous en montagne et en forêt?
8 Nous . . .

Que feras-tu d'autre, Laurent / Chantal?
9 Je . . .

jeu de rôles

Partenaire A

(Partenaire B: tournez à la page 170.)

(Partenaire B: tournez à la page 170.)

A1 Vous êtes à l'Office du Tourisme de Limoges, dans le Limousin. Demandez des renseignements sur la ville et ses environs: châteaux / musées / autres visites / situation / heures d'ouverture, etc.

A2 Vous travaillez à l'Office du Tourisme de Saumur, dans le Val de Loire. Répondez aux questions du touriste / de la touriste, en utilisant les renseignements suivants.

Château-musée: musée d'Arts décoratifs, musée du cheval (Centre-ville)

Du 1er octobre au 31 mars: 10h – 12h; 14h – 17h. Tous les jours sauf le mardi, le 25 décembre et le 1er janvier.

Du 1er avril au 14 juin et du 16 au 30 septembre: 9 h – 12h; 14h – 18h. Tous les jours.

Du 15 juin au 15 septembre: 9 h – 19h. Tous les jours.

Le musée du champignon: habitation troglodyte et culture en cave

Visite tous les jours 15 février au 15 novembre: 10h – 19h.

(Rive gauche de la Loire – À 3 km de Saumur.)

L'École Nationale d'Équitation

Du 1er avril au 30 septembre.

Ouverture du 1er avril au 31 mai et du 1er au 30 septembre: du lundi après-midi au samedi matin inclus, du 1er juin au 31 août: du lundi après-midi au samedi après-midi inclus. Fermé dimanches et jours fériés.

Visites guidées des installations.

Horaire: Départs des visites entre 9h30 et 10h30, et entre 14h30 et 16h00.

(Rue de Marson, St-Hilaire / St-Florent à l'ouest du centre-ville.)

Caves à vin: Visites guidées des caves et dégustation gratuite.

De mars à octobre: ouvert tous les jours y compris jours fériés 9h – 11h30, 14h – 17h30.

De novembre à février: 10h – 11h45, 15h – 17h15.

(Route de Chinon à la sortie de Saumur.)

Abbaye Royale de Fontevraud: L'une des plus vastes cités monastiques d'occident, Nécropole des Plantagenêts, Henri deux, Richard Cœur de Lion, Aliénor d'Aquitaine.

Ouvert toute l'année (sauf 1er janvier, 1er et 11 novembre, 25 décembre) 1er juin – 3e dimanche de septembre: 9h – 19h. Le reste de l'année 9h30 – 12h30, 14h – 18h.

(À 15 km au sud-est de Saumur.)

projets de vacances (suite et fin)

M. Déveine et M. Lachance, deux amis, parlent de leurs prochaines vacances.

Déveine   Alors Lachance, où irez-vous cette fois, aux Antilles, au Maroc, à Madagascar?

Lachance   Moi, j'aimerais aller à la Martinique, mais ma femme supporte mal la chaleur, surtout au mois d'août. Non, cet été nous passerons nos vacances en Alsace. Vous connaissez, bien sûr!

Déveine   Un peu.

Lachance   Nous irons d'abord à Sélestat, où nous assisterons au corso fleuri. Figurez-vous qu'on décore les chars et les rues avec un demi-million de dahlias multicolores . . .

Déveine   Oui, je sais.

Lachance   Puis la prochaine étape sera Colmar, avec ses maisons médiévales en grès rose . . .

Déveine   Mais vous connaissez déjà bien l'Alsace!

Lachance   J'ai de la famille là-bas. J'adore cette région. Je crois qu'elle est encore plus belle que la nôtre!

Déveine   Plus belle que la Bourgogne! Impossible! Aussi belle que la Bourgogne, peut-être!

Lachance   Ensuite, nous irons à Mulhouse.

Déveine   C'est une ville manufacturière, n'est-ce pas?

Lachance   Oui. Il y a pas mal de choses à visiter, je crois. S'il pleut, nous visiterons le musée du chemin de fer, ou le Musée National de l'Automobile . . . Excusez-moi, Déveine, je parle, je parle. Mais vous, vous partirez en vacances cette année?

Déveine   Je ne sais pas encore. Nous irons peut-être dans le Val de Loire.

Lachance   C'est une belle région, certainement. Mais moi, personnellement, je trouve que le paysage est moins varié que le nôtre.

Déveine   Par contre, leurs châteaux sont plus beaux!

Lachance   Mais leur vin est moins bon!

Déveine   Cela va sans dire! Le nôtre est meilleur.

Lachance   Vous descendrez à l'hôtel?

Déveine   Ah non, ça coûte beaucoup trop cher! Nous emprunterons la caravane de ma belle-mère . . .

Lachance   Elle ira avec vous?

Déveine   J'espère bien que non!

QU'EST-CE QUE ÇA VEUT DIRE?

prochain(e)	*next*
j'aimerais	*I would like*
elle supporte mal la chaleur	*the heat disagrees with her*
figurez-vous	*can you imagine? / would you believe it?*
le corso fleuri	*floral procession of floats*
un char	*a cart / float*
une étape	*a stop / stage*
le grès	*sandstone*
le chemin de fer	*the railway*
plus / moins . . . que	*more / less . . . than*
aussi . . . que	*as . . . as*
le / la nôtre	*ours*
les nôtres	*ours* (pl.)
Cela va sans dire	*needless to say*
meilleur	*better*

avez-vous compris?

Mme Lachance parle à une amie. Corrigez les erreurs.

"Non, nous n'irons pas à l'étranger . . . Mon mari supporte mal la chaleur . . . Oui, nous irons d'abord à Strasbourg . . . Nous verrons des maisons modernes en grès rose à Colmar . . . Oui, mon mari pense que l'Alsace est moins belle que la Bourgogne . . . S'il fait beau, nous visiterons le musée du cheval, ou le musée de l'avion à Mulhouse . . . Mon mari trouve que le paysage du Val de Loire est plus varié que celui de la Bourgogne. Et il dit que leur vin est meilleur que le nôtre!"

à vous!

Qu'en pensez-vous?
Cochez les réponses selon vos opinions et vos goûts!

La France est plus grande que l'Angleterre. Le climat est plus / moins / aussi agréable en France qu'en Angleterre. La France a un paysage plus / moins / aussi varié. Ses plages sont plus / moins / aussi belles. Ses châteaux sont plus / moins / aussi anciens. Les monuments historiques sont ennuyeux / intéressants à visiter. L'histoire de la France est moins / plus /

aussi compliquée que celle de la Grande Bretagne. Les bons hôtels sont plus / moins / aussi nombreux en France. Le camping coûte plus / moins / aussi cher que l'hôtel. Les repas au restaurant coûtent moins / plus / aussi cher en France qu'en Angleterre. Le vin de Bourgogne est plus / moins / aussi prestigieux que le vin d'Alsace. Les hypermarchés en Angleterre sont meilleurs / moins bons / aussi bons qu'en France. La nourriture est plus / moins / aussi importante en France qu'en Angleterre. Les Français sont plus / moins / aussi accueillants que les Anglais avec les visiteurs étrangers. Les touristes anglais sont plus / moins / aussi polis que les touristes français. Les vacances passées en France sont moins bonnes / aussi bonnes / meilleures que celles passées en Angleterre!

jeu de rôles

Partenaire B

(Partenaire A: tournez à la page 167.)

B1 Vous travaillez à l'Office du Tourisme de Limoges, dans le Limousin. Répondez aux questions du touriste / de la touriste, en utilisant les renseignements suivants.

La Cité: (cœur historique de notre ville)

Place Haute-Cité: immeubles à arcades gothiques et colombages.

Cathédrale Saint-Étienne: Gothique 13e – 16e siècles.

Ancien palais épiscopal: 18e siècle, musée municipal.

Jardins de l'Évêché: étagés sur les bords de la Vienne.

Le pavillon de la porcelaine, musée Havilland: (ancienne Route de Toulouse, Face au golf – Sortie Limoges Sud)

Exposition-démonstration vidéo projection. Entrée libre. Vente directe d'usines, ouvert tous les jours.

Lac de Vassivière: (à l'est de Limoges)

Paradis du pêcheur et de l'amateur de tous les plaisirs offerts par l'eau. Villages de vacances et bases nautiques. Sur l'île: Centre d'Art contemporain, parc aux sculptures. Autour du lac: 300 km de sentiers – randonnées à pied, à moto verte, à cheval, en VTT.

Rochechouart: (à l'ouest de Limoges)

Château des 13e et 15e siècles. Cour intérieure Renaissance. Salle des travaux d'Hercule (fresques murales). Musée départemental d'art contemporain. Juillet et août, de 10h à 12h, et de 14h à 18h. Hors saison de 14h à 18h. Fermé le lundi et le mardi.

B2 Vous êtes à l'Office du Tourisme de Saumur, dans le Val de Loire. Demandez des renseignements sur la ville et ses environs: châteaux / musées / autres activités / situation / heures d'ouverture, etc.

UN PEU DE GRAMMAIRE

Le futur	***The future tense***

Regular verbs

Add the endings: **-ai**, **-as**, **-a**, **-ons**, **-ez**, **-ont** to the infinitive. For **re** verbs, drop the final **e** first.

je visiterai	*I shall / will visit. I'll visit*
tu visiteras	*you will visit, you'll visit*
il / elle / on visitera	*he / she / one will visit, he'll /she'll visit*
vous visiterez	*you will visit, you'll visit*
ils / elles visiteront	*they will visit, they'll visit*
je vendrai . . . (etc.)	*I shall / will sell, I'll sell . . .*
je finirai . . . (etc.)	*I shall / will finish, I'll finish . . .*

The future tense of some irregular verbs

The stem changes. The endings remain the same as for regular verbs.

j'irai	*I shall / will go, I'll go*
je pourrai	*I shall / will be able to, I'll be able to*
je verrai	*I shall / will see, I'll see*
je boirai	*I shall / will drink, I'll drink*
je devrai	*I shall / will have to, I'll have to*
je reviendrai	*I shall / will return, I'll return*
je serai	*I shall / will be, I'll be*
je ferai	*I shall / will make /do, I'll make / do*

For other irregular verbs, please see the verb tables at the back of the book.

Le participe présent	**The present participle**
The present participle ends in **-ant** in French, and is often used when two actions are happening simultaneously.	
ayant / étant / voyant	*having / being / seeing*
en regardant la télévision . . .	*while watching the television . . .*

Les comparaisons	**Making simple comparisons**
plus . . . que	*more . . . than*
moins . . . que	*less . . . than*
aussi . . . que	*as . . . as*
Le château de Chinon est plus vieux que le château de Chenonceau.	*The château of Chinon is older than the château of Chenonceau.*
La Tour Eiffel est moins vieille que la Tour de Londres.	*The Eiffel Tower isn't as old as the Tower of London.* (lit. *is less old than*)
La Martinique est aussi belle que la Guadeloupe.	*Martinique is as beautiful as Guadeloupe.*

▶ **Grammaire** 12, 17(a)(b)

EXERCICES

A   Vous êtes dans une agence de voyages. Complétez le dialogue ci-dessous.

Employé(e)   Bonjour, M. . . . Vous désirez?

Vous   (**1** *Greet him / her, and say you don't know where to go on holiday at Easter.*)

Employé(e)   Préférez-vous rester en France ou aller à l'étranger?

Vous   (**2** *You want to stay in France.*)

Employé(e)   Vous voulez aller aux sports d'hiver?

Vous   (**3** *Say you aren't very sporty, and you hate the cold.*)

Employé(e)	Pour avoir chaud, il faut aller dans le Midi.
Vous	(**4** *Say it's too crowded.*)
Employé(e)	Pas à Pâques. Et il y a des choses intéressantes à visiter.
Vous	(**5** *Ask if he / she can give you some leaflets.*)
Employé(e)	Mais bien sûr. Voilà!

B

Interviewez Chantal et Laurent à propos de leurs prochaines vacances.

Vous	Où (**1** aller)-vous cet été?
Laurent	Nous (**2** aller) en Alsace.
Vous	Pourquoi L'Alsace?
Laurent	Je (**3** pouvoir) boire beaucoup de vin et je (**4** visiter) une brasserie.
Chantal	Je (**5** voir) beaucoup d'endroits historiques.
Vous	(**6** Faire)-vous du camping?
Chantal	Non, nous (**7** descendre) à l'hôtel.
Vous	Comment (**8** voyager)-vous?
Laurent	Nous (**9** prendre) le train jusqu'à Strasbourg, puis nous (**10** louer) une voiture.
Vous	Que (**11** voir)-vous en Alsace?
Laurent	Nous (**12** voir) des vignobles.
Chantal	Nous (**13** voir) aussi des maisons médiévales, de vieilles églises, des fêtes folkloriques . . .
Vous	Que (**14** faire)-vous?
Laurent	Je (**15** boire) du vin et de la bière, je (**16** manger) de la choucroute et j'(**17** aller) aussi à la pêche à la truite.
Chantal	Et moi, je (**18** faire) de longues promenades et je (**19** prendre) beaucoup de photos.
Vous	Eh bien merci, et bonnes vacances!

C

Un / une ami(e) français(e) vous demande ce que vous ferez en vacances. Utilisez **on**.

Ami(e)	Partirez-vous en vacances cet été?
Vous	(**1** *Say yes; you and your friend Paul are going to stay in England.*)
Ami(e)	Vous n'irez pas donc à l'étranger?
Vous	(**2** *Say no; you want to visit the towns of Salisbury and Winchester.*)

Ami(e)   Que verrez-vous dans ces deux villes?

Vous   (**3** *Say you will see the beautiful cathedrals and some old houses, and go for long walks.*)

Ami(e)   Vous descendrez à l'hôtel?

Vous   (**4** *Say no; hotels cost too much, you will borrow a friend's caravan.*)

Ami(e)   Et vous ferez autre chose?

Vous   (**5** *Say yes; afterwards you'll go to the seaside.*)

Ami(e)   Et que ferez-vous là bas?

Vous   (**6** *Say if the weather's fine you'll swim and rest on the beach.*)

D   Vous partez en vacances. Votre mère s'inquiète. Rassurez-la!

Exemple: Je vérifierai . . .

1   vérifier le passeport
2   acheter des chèques de voyage
3   réserver une place dans le train
4   faire la valise
5   emporter un imperméable
6   descendre dans un bon hôtel
7   réserver une chambre
8   louer une voiture
9   visiter les endroits historiques
10   ne pas perdre de temps sur la plage
11   ne pas aller au casino
12   téléphoner ou écrire une carte postale

E   Mettez les phrases dans le bon ordre pour raconter l'histoire d'un cambriolage.

1   Entendant un bruit anormal, Madame Laval a réveillé son mari.

2   Sortant un revolver de sa poche, le cambrioleur leur a dit de lever les bras.

3   Portant un bas sur la tête, le cambrioleur est entré dans la maison.

4   Sachant qu'ils n'avaient pas le choix, les Laval ont obéi.

5   Ayant pris tous les bijoux de Madame Laval, le cambrioleur est parti à toute vitesse.

6   Tenant chacun une brosse à cheveux à la main, le couple est descendu au rez-de-chaussée.

F   Vous venez d'arriver à votre destination de vacances. Écrivez une carte postale à un(e) ami(e) pour lui raconter ce que vous ferez.

écoutez bien!

Various people are saying what they will do. Try to guess what they're saying, then listen to the tape to check your answers.

1 Dimanche, je _____ le journal et je _____ dans le jardin.

2 Ce soir, je _____ un repas chez nous.

3 Pour fêter notre anniversaire de mariage, nous _____ au bord de la mer et nous _____ dans un hôtel de luxe.

4 Nous _____ du ski à Noël. Nous _____ un chalet dans les Pyrénées.

5 Samedi matin, je _____ la lessive et je _____ l'aspirateur.

6 Comme nous _____ à l'étranger cette année, nous _____ l'avion.

7 Cet après-midi, je _____ de la couture et j'_____ de la musique.

8 Lundi matin, je _____ chez moi jusqu'à onze heures. Après ça, j'_____ faire les courses.

lecture

A La bicyclette gourmande

You want to go to France for a short break with some friends. You have found this advertisement about a special break in Alsace. Explain to your friends what it is all about.

ALSACE
GOURMETS EN SELLE

Le nom est alléchant ; l'idée, originale. La Bicyclette gourmande est une balade. Pas n'importe laquelle. Une balade qui flirte avec l'air du bon vieux temps pour partir à la découverte du vignoble alsacien et de sa gastronomie. Vous trouverez le réconfort auprès d'un dîner gastronomique et d'une dégustation de vin, avant de rejoindre le confort douillet d'un hôtel ***. On s'occupe des bagages! Formule à la carte incluant également la location des bicyclettes et l'accompagnement d'un guide. À partir de 280 € par personne pour deux jours et demi sur la base de quatre personnes.

Renseignements : 53, rue de Pfaffenhein, 68420 Gueberschwihr. Tél.: 03 89 49 28 67.

B L'Hôtel l'Anse Colas

You have decided to go on a relaxing holiday to the island of Martinique. Tell a friend why you think this hotel is ideal.

☎ 0596.61.28.18   HOTEL   Fax: 0596.61.04.78

L'ANSE COLAS

L'Hôtel-Restaurant "L'Anse Colas" est situé à 5 minutes du centre de Fort-de-France. Une équipe accueillante et dynamique vous fera passer un séjour agréable dans un lieu paradisiaque. Une grande piscine au centre d'un jardin tropical aménagé favorisera la détente, tout comme les 43 chambres climatisées dotées du téléphone, de la télévision et d'une grande terrasse, avec une vue imprenable sur la mer et la piscine. L'ambiance du bar fera aussi la joie des visiteurs. Les fines bouches pourront apprécier la cuisine créole et française du chef, avec notamment les cailles farcies de langouste, le boudin brioché et l'andouillette de daurade à la moutarde et au bois d'inde. L'Anse Colas dispose d'un bateau de 18 mètres pour les croisières d'une journée.

OUVERT TOUS LES JOURS
SERVICE RESTAURANT

12h30 à 14h00 et de 19h30 à 22h00

Route du Petit Tamarin – 97233 Schœlcher

Faites le point! unités 7–9

1 Somebody is describing their daily routine. Help them say what happened yesterday.

'D'habitude, je me réveille à sept heures et je me lève cinq minutes plus tard. Je prends mon petit déjeuner, puis je me lave et je m'habille. Je vais au travail en bus. Le midi, je mange un sandwich au café du coin avec des collègues. Je quitte le bureau à six heures, mais je ne rentre pas directement à la maison. Je vais au supermarché et j'achète à manger pour le dîner. Le soir, je ne sors pas, je reste à la maison. Après avoir fait la vaisselle, je lis le journal et je regarde la télévision. Je me couche vers onze heures. Je prends un bain avant de me coucher.'

Exemple: Hier, je me suis réveillé(e) à sept heures . . .

2 Put the verbs in brackets in the correct tense.

Dimanche dernier, Paul et Paulette (**aller**) au bord de la mer. Ils (**se réveiller**) de bonne heure et (**se lever**) tout de suite. Ils (**monter**) dans le train à 8 heures. Pendant le voyage, Paulette (**lire**) un magazine et Paul (**s'endormir**). Il (**se réveiller**) cinq minutes avant d'arriver. Ils (**descendre**) du train et (**aller**) prendre un café au buffet de la gare. Tout à coup, il (**se mettre**) à pleuvoir. Finalement, ils (**reprendre**) le train et (**rentrer**) à la maison.

3 Read the following classified ads (Situations Wanted and Vacant) and give details of each job.

❀ PETITES ANNONCE ❀

Demandes d'emploi

a
Jardinier sérieux, cherche emploi (entretien jardins, taille arbres, création, remise en état, etc). Grasse ou environs.
Tél. 04.93.55.81.28 Grasse après 19h.

b
Jeune serveur, Anglais (19 ans, parlant français), cherche emploi dans un pub, bar, café, discothèque à Cannes ou environs, de mai à août.
J. Smith, 52 rue de Rennes, Paris.

c
Équipe de maçons libres cherchent emploi construction villa, piscine, clôture, carrelage, agrandissement, rénovation, peinture, papiers peints, etc.
Tél. 04.93.61.20.32, Nice.

f
Dame 60 ans, motorisée, demande emploi compagnie personne âgée, ménage, repassage, cuisine, etc.
Tél. 02.37.32.51.46.

e
Cherche cuisinier, bon saucier, connaissant pâtisserie, référence, sérieux, bon salaire.
Écrire Pubemploi Nice 66205.

4   Fifteen factual errors have cropped up in the narration of this picture story. Find them and correct them.

Par un beau matin ensoleillé, Paul et Angélique ont décidé d'aller faire un petit tour en voiture. Ils sont arrivés vers neuf heures du matin. Une heure plus tôt, la moto est tombée en panne. Paul a essayé de la casser. Tout à coup, il a commencé à neiger. Angélique était contente et ils se sont embrassés. Paul n'a pas voulu réparer la moto et finalement, ils ont refusé d'aller chercher de l'aide. Ils ont dansé longtemps à travers champs. Ils ont même pris une petite rivière. Enfin, ils sont arrivés dans une grande ville industrielle. Ils se sont tout de suite réveillés au garage où ils ont perdu un mécanicien très sympa. Ensuite, ils ont volé un croque-monsieur et ils ont vu une bière au café du village.

5   Complétez avec **depuis**, **il y a**, ou avec **un verbe**.

   a   Elle habite à Paris _____ cinq ans.

   b   Je _____ serveuse dans ce restaurant depuis un mois.

   c   Vous êtes arrivés au cinéma _____ combien de temps?

   d   J'_____ en Angleterre depuis le mois d'août.

   e   Nous _____ en vacances en Espagne il y a trois ans.

   f   Je suis à la maison _____ six heures.

   g   Il _____ un magasin depuis 1999.

   h   Elle a changé de travail _____ une semaine.

   i   Ils _____ mariés depuis deux ans.

   j   Je _____ chez le dentiste il y a deux jours.

6   Lucien Cousin's daughter, Annette, is being asked about her future. Her answers have been mixed up. Link them correctly to the questions.

   a   Qu'est-ce que tu veux faire plus tard?

   b   Est-ce que tu reviendras à la Martinique après tes études?

   c   As-tu l'intention de te marier?

   d   Tu veux avoir des enfants?

   e   Où est-ce que tu passeras tes vacances?

   (i)   Je ne sais pas encore, mais si j'en ai, je m'arrêterai de travailler.

   (ii)   Oui, il fait trop froid pour moi en France. J'habiterai à Fort-de-France.

   (iii)   Je veux voir le monde, alors tous les ans, j'irai dans un pays différent.

   (iv)   Quand je serai grande, j'irai à Paris pour étudier la médecine, comme mon père.

   (v)   Ou je me marierai avec un homme riche, ou je resterai célibataire.

7   Re-using exercise 1, help the person to say what he / she will do tomorrow.

   Exemple: Demain je me réveillerai à sept heures . . .

projets de vacances en Bretagne

Françoise Dupré téléphone à une amie. Elles parlent des projets de vacances de leurs enfants et de leurs petits-enfants.

VISITEZ LA BRETAGNE!

Pour sa côte:
• ses ports, ses plages, ses criques, ses baies.•

Pour ses distractions:
• la pêche, les régates, les sports nautiques, les randonnées pédestres et équestres.•

Pour ses spécialités gastronomiques:
• ses poissons, ses fruits de mer, ses crêpes.•

Pour ses fêtes folkloriques:
• les processions, la musique, les costumes.•

Pour son arrière-pays:
• ses rivières, ses collines et ses légendes. •

'Allô Suzanne? . . . C'est Françoise! . . . Oui, ça va très bien, et toi? . . . Toute la famille va bien. Claude et Liliane viennent enfin de décider où ils iront en vacances cet été . . . En Bretagne . . . Non. Ils ne loueront pas de villa parce qu'ils ne veulent pas rester au même endroit . . . À l'hôtel? Oh non, c'est trop cher! Ils feront du camping . . . Ils iront à la plage, ils se baigneront, ils prendront des bains de soleil . . . Les enfants joueront aux boules et au ballon sur la plage . . . Bien sûr qu'ils feront du sport! Les garçons feront de la voile . . . Non, Colette a peur, mais elle jouera au tennis et elle essaiera de faire du cheval . . . Oui, Claude ira à la pêche, il a déjà acheté tout le matériel! . . . Ils iront au restaurant, je crois qu'ils mangeront beaucoup de poissons et de crustacés . . . Ils iront aussi dans les crêperies, naturellement, les enfants adorent les crêpes . . . Claude goûtera sûrement au cidre breton mais je suis certaine qu'il préférera le nôtre! . . . Oui, ils verront probablement des calvaires, des dolmens et des menhirs, il y en a presque partout . . . Colette espère bien voir une fête folklorique, surtout pour les costumes et les coiffes de dentelles. Malheureusement Liliane a horreur du biniou! Les garçons iront peut-être à un concert d'Alan Stivell . . . Je pense qu'ils y resteront environ un mois . . . Comme ça, ils auront le temps de se reposer . . . Oui, les enfants nous manqueront mais j'espère bien qu'ils nous enverront beaucoup de cartes postales. Et toi? Quels sont les projets de ta fille? . . . '

QU'EST-CE QUE ÇA VEUT DIRE?

ils enverront (envoyer !)	*they will send*
elle essaiera	*she will try*
le calvaire	*wayside cross*
le dolmen	*dolmen, stone table*
le menhir	*menhir, standing stone*
la coiffe de dentelle	*lace headdress*
le biniou	*Breton bagpipes*
ils auront (avoir !)	*they will have*
se reposer	*to rest*
les enfants nous manqueront	*we will miss the children*

avez-vous compris?

Répondez *vrai* ou *faux*.

1 Les Dupré iront en Bretagne cette année.

2 Ils veulent rester au même endroit.

3 Les enfants joueront aux boules et au ballon sur la plage.

4 Colette fera de la voile.

5 Claude n'ira pas à la pêche.

6 Les Dupré mangeront beaucoup de poissons et de crustacés.

7 Claude goûtera au cidre breton.

8 Ils verront probablement des calvaires, des dolmens et des menhirs.

9 Ils resteront en Bretagne environ deux semaines.

à vous!

Travaillez avec un / une partenaire. Demandez à Françoise ce que ses enfants feront pendant les vacances.

Vous Où vos enfants (**1** aller)-ils en vacances cet été?

Françoise Toute la famille (**2** passer) les vacances en Bretagne.

Vous (**3** Descendre)-ils à l'hôtel?

Françoise Non c'est trop cher, ils (**4** faire) du camping.

Vous Qu'est-ce que les garçons (**5** faire)?

Françoise Ils (**6** jouer) aux boules et ils (**7** faire) de la voile.

Vous Et Colette?

Françoise Elle (**8** se baigner), elle (**9** jouer) au tennis et elle (**10** essayer) de faire du cheval.

Vous Et Claude et Liliane?

Françoise Liliane (**11** prendre) des bains de soleil et Claude (**12** aller) à la pêche. Ils (**13** se reposer)!

Vous Qu'est-ce qu'ils (**14** voir) de typique en Bretagne?

Françoise Ils (**15** voir) des mégalithes et des calvaires, et Colette (**16** admirer) les coiffes et les costumes régionaux.

Vous	(**17** Goûter)-ils aux spécialités gastronomiques de la région?
Françoise	Bien sûr! Ils (**18** manger) du poisson, des crustacés et des crêpes.
Vous	Claude (**19** boire)-t-il du cidre breton?
Françoise	Probablement!
Vous	Est-ce que les enfants vous (**20** manquer)?
Françoise	Beaucoup, mais j'espère bien qu'ils (**21** avoir) le temps d'écrire et qu'ils nous (**22** envoyer) des cartes postales.

Chantal va refaire les peintures

Anne et Michelle sont en train de parler de leur amie Chantal.

Anne	Dis-donc, tu as des nouvelles de Chantal, toi? Moi, ça fait bien longtemps que je ne l'ai pas vue.
Michelle	Je l'ai rencontrée mardi dernier. Mais tu sais, elle a décidé de refaire les peintures.
Anne	Ah oui, c'est vrai. Elle a déménagé il y a deux ou trois mois, n'est-ce pas? Tu as vu le nouvel appartement?
Michelle	Non, pas encore. J'irai quand il sera refait.
Anne	Laurent va l'aider, j'espère!
Michelle	Bien sûr! Elle compte sur lui! Il lui a déjà prêté son escabeau, et samedi il achètera tout ce qu'il faut – des pinceaux, un rouleau, de la colle . . .
Anne	De la peinture aussi?
Michelle	Chantal a déjà choisi la peinture et le papier peint. Du papier à rayures pour la salle de séjour, et du papier à fleurs pour sa chambre. Elle m'a montré des échantillons.
Anne	Et quand commenceront-ils?
Michelle	Samedi après-midi. Tu sais bien que c'est le week-end de la Pentecôte.
Anne	C'est vrai, c'est un long week-end. Ils auront plus de temps.
Michelle	D'abord, ils mettront des journaux par terre, pour protéger la moquette et ils laveront le plafond et les murs. Naturellement, ils peindront le plafond avant de coller le papier.
Anne	Je suppose qu'elle devra changer de rideaux aussi?
Michelle	Ah oui. Elle achètera du tissu pour faire des rideaux et des coussins assortis aux papiers peints.
Anne	Espérons que Chantal n'aura plus envie de déménager!
Michelle	Oh, si Chantal et Laurent décident de se marier, ils iront probablement dans une autre maison, où il faudra tout refaire, une fois de plus! C'est la vie!

QU'EST-CE QUE ÇA VEUT DIRE?

refaire les peintures	*to (re)decorate*
un escabeau	*a step-ladder*
un pinceau	*a paintbrush*
un rouleau	*a roller*
la colle	*glue, paste*
la peinture	*paint*
le papier peint	*wallpaper*
un échantillon	*a sample*
la Pentecôte	*Pentecost, Whitsun*
par terre	*on the ground / floor*
la moquette	*the fitted carpet*
le plafond	*the ceiling*
le mur	*the wall*
peindre	*to paint*
le rideau	*curtain*
assorti(e) à	*matching, going well with*
un coussin	*a cushion*

avez-vous compris?

Répondez en français.

1 Qu'a fait Chantal il y a quelques mois?

2 Va-t-elle refaire les peintures toute seule?

3 Qu'est-ce que Laurent achètera?

4 Quelle sorte de papier peint a-t-elle choisie pour le séjour / sa chambre?

5 Quand Laurent et Chantal commenceront-ils?

6 Que feront-ils d'abord?

7 Est-ce qu'ils peindront le plafond après avoir collé le papier peint?

8 Qu'est-ce que Chantal devra changer?

9 Que feront probablement Laurent et Chantal, s'ils décident de se marier?

à vous!

Qu'est-ce que c'est? Écrivez à quoi correspondent les numéros.

1 _____   3 _____   5 _____   7 _____   9 _____

2 _____   4 _____   6 _____   8 _____   10 _____

jeu de rôles

Travaillez avec un / une partenaire. D'abord remplissez votre agenda pour la semaine prochaine.

Puis demandez à votre partenaire ce qu'il / qu'elle fera pendant la semaine.

Exemple: Qu'est-ce que vous ferez après-demain? Sortirez-vous mardi soir?

Finalement, répondez aux questions de votre partenaire, et vice versa.

la météo

Voici le bulletin météorologique pour le week-end de la Pentecôte.

Météo – en France aujourd'hui

L'ensemble du pays restera sous l'influence d'un temps instable et frais, avec de nombreux passages nuageux accompagnés d'averses surtout dans la matinée.

Temps très variable avec vent de secteur ouest modéré sur le Nord du pays.

Très nuageux avec pluie en Bretagne.

Sur les autres régions, le temps restera capricieux, les éclaircies devenant belles l'après-midi sur la côte atlantique, mais le ciel restant couvert dans le Massif Central et dans l'Est du pays. Des Pyrénées aux Alpes, beau temps ensoleillé avec cependant quelques orages en Corse.

Il fera plutôt frais et les températures resteront inférieures aux moyennes saisonnières.

QU'EST-CE QUE ÇA VEUT DIRE?

nuageux	*cloudy*	un orage	*a storm*
une averse	*a shower*	couvert	*overcast*
une éclaircie	*a clear period*	la moyenne saisonnière	*the seasonal average*

avez-vous compris?

Répondez en français.

1   Quel temps fera-t-il en général le matin?

2   D'où soufflera le vent dans le Nord?

3   Dans quelle région pleuvra-t-il beaucoup?

4   Y aura-t-il beaucoup de nuages sur la côte atlantique l'après-midi?

5   Y aura-t-il des éclaircies dans le Massif Central et dans l'Est?

6   Où fera-t-il beau?

7   Fera-t-il le même temps dans toutes les régions du Sud?

8   Les températures seront-elles normales pour la saison?

à vous!

Utilisez les symboles pour indiquer le temps qu'il fera dans les différentes régions de France.

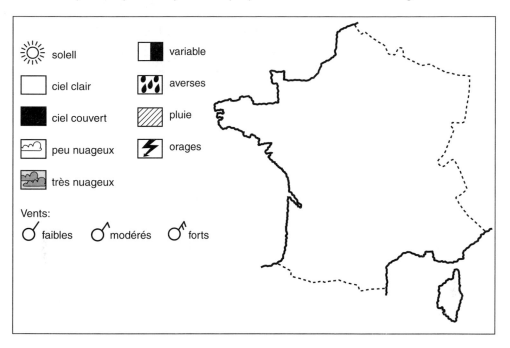

UN PEU DE GRAMMAIRE

Encore du futur	***More irregular verbs in the future***
j'aurai (avoir)	*I shall / will have, I'll have*
j'enverrai (envoyer)	*I shall / will send, I'll send*
Si et quand	***If* and *when***
Compare:	
S'il fait beau demain, je sortirai.	*If it is fine tomorrow, I'll go out*
Quand il fera beau, j'irai au bord de la mer.	*When it is fine, (lit. when it will be fine), I'll go to the seaside.*

▶ **Grammaire** 12

EXERCICES

 A Utilisez les verbes ci-dessous pour compléter la lettre de Monique.

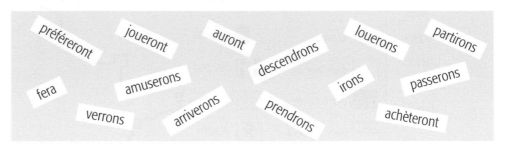

préféreront joueront auront descendrons louerons partirons

fera amuserons irons passerons

verrons arriverons prendrons achèteront

Poitiers, le 4 mai

Chère Marie-Claire,

Enfin, c'est décidé, et j'en suis bien contente! Nous [1] _____ au Maroc cette année! Nous ne [2] _____ pas l'avion cette fois, car Jean-Luc a peur, et en plus il a le mal de l'air. Les enfants [3] _____ aussi prendre le bateau.

Après avoir passé trois jours à bord du ferry, nous [4] _____ à Casablanca. Ensuite, nous [5] _____ une voiture, et nous [6] _____ pour Agadir. Nous [7] _____ à l'hôtel, et nous y [8] _____ une semaine pour nous détendre un peu. Jean-Luc [9] _____ de la voile, et les enfants [10] _____ au ballon et aux boules sur la plage. Naturellement nous nous [11] _____ bien! Pendant nos vacances nous [12] _____ plusieurs monuments historiques, surtout à Fès et à Marrakech. Je suis sûre que les filles [13] _____ envie d'aller dans les célèbres marchés, où elles [14] _____ sans doute toutes sortes de bracelets et de boucles d'oreilles en argent!

En espérant te lire prochainement.

Ton amie,

Monique

B Complétez la conversation entre deux voisins.

Georges Dites-donc, Brice, vous partez en week-end?

Brice (**1** *Say no, you'll be staying at home and redecorating.*)

Georges Vous n'avez pas de chance! Selon la météo il fera beau samedi! Vous avez besoin de quelque chose?

Brice (**2** *Say no, your wife will buy paint brushes, paste and a roller.*)

Georges Et la peinture? J'en ai dans le garage.

Brice (**3** *Thank him and say she has already chosen the paint and the wallpaper.*)

Georges   Alors, c'est sérieux! Les enfants vous aideront peut-être?

Brice   (**4** *Say no, unfortunately, Jacques and Patricia will be sailing, and Sylviane will be going out with her boyfriend.*)

Georges   Mais votre femme sera là. Vous pourrez compter sur elle!

Brices   (**5** *Say of course, she will wash the walls and the ceiling.*)

Georges   Vous avez de la chance! Et vous?

Brice   (**6** *Say you'll paint the ceiling and put up the wallpaper.*)

Georges   Et vous aurez fini à la fin du week-end?

Brice   (**7** *Say you hope so!*)

C   Relisez les renseignements sur les différentes régions de France mentionnées dans *Façon de Parler!* (La Normandie, la Bourgogne, l'Alsace, la Corse, etc.) Racontez à un amie / une amie ce qu'il / elle fera et verra s'il / si elle visite ces régions.

Exemple: Si vous allez en Bretagne, vous visiterez des endroits historiques, vous verrez des mégalithes et des calvaires, vous mangerez des fruits de mer et des crêpes . . ., etc.

D   Trouvez les activités idéales pour les personnes ci-dessous. Ajoutez vos propres idées.

Exemple: Marc fera de la voile, il fera aussi du jogging et il jouera au badminton.

Arlette: grand-mère, veuve, bavarde, 74 ans, souffre d'arthrite.
Marc: sportif, célibataire, 25 ans.
Jeanne: musicienne, mariée, élégante, 33 ans.
Julien: 10 ans, timide, souffre de crises d'asthme.
Jean-Paul: 51 ans, au régime, paresseux.

- jouer au squash / au badminton / au basket / au golf / au tennis / aux boules / aux cartes / aux échecs / d'un instrument de musique (du violon, du piano, de la clarinette, de la guitare, etc.)
- faire du yoga / du karaté / du jogging / de l'aérobic / de la natation / de la musculation / de l'équitation / de la voile / une promenade
- aller au concert / au théâtre / au stade / au cinéma / au restaurant
- faire les courses / le ménage / du jardinage
- lire / écouter de la musique / regarder la télévision / téléphoner à un(e) ami(e) / tricoter / faire de la couture / inviter des amis / sortir avec des copains et des copines

E   Écrivez à un ami / une amie en France pour lui raconter vos projets de vacances et lui demander les siens, **ou** invitez un(e) ami(e) / des amis à passer quelque temps chez vous pour la première fois. Proposez des excursions, des distractions, etc.

écoutez bien!

Première partie: la météo

1   Why are the holidaymakers unlucky?

2   Where will the heaviest showers take place?

3   Where might there be snow?

4   What will the weather be like in Normandy?

5   What direction is the wind coming from?

6   Why will holidaymakers be luckier towards the end of the week?

7   Where will the clear periods be?

8   What will the weather be like in the South of France?

9   What will the highest temperatures be in the northern half of the country?

10   What will they be in the southern half?

Deuxième partie: les vacances

First listen to a woman, then a young woman, and finally a man, and tick which person will be doing which activity during their holiday.

Activités	Femme	Jeune fille	Homme
1 se baignera			
2 lira le journal			
3 visitera les villes historiques			
4 fera de la voile			
5 fera de la plongée sous-marine			
6 ira au café			
7 bavardera avec des amis			
8 fera des randonnées à cheval			
9 verra les monuments et la tapisserie à Bayeux			
10 jouera aux cartes			

Now listen to the interviews again and give more details about each person's holiday.

lecture

Victor Hugo was one of the greatest literary figures in France during the nineteenth century. Read this biography, and give a brief summary in English. Then read the poem *Demain dès l'aube*, dedicated to the memory of his dead daughter.

Victor Hugo occupe une place exceptionnelle dans l'histoire de la littérature française et domine le dix-neuvième siècle par la durée de sa vie et la diversité de son œuvre: poésie, drame en vers et en prose, roman. Il est né en 1802 à Besançon mais, à part un séjour de deux ans à Naples et un voyage d'un an en Espagne, il a passé son enfance à Paris.

Après avoir étudié au lycée Louis-le-Grand, il a obtenu des succès scolaires et il a composé ses premiers poèmes. Avec ses frères il a fondé la revue *Le Conservateur littéraire*, et en 1822 il a publié son premier recueil de poèmes, les *Odes et ballades*. D'abord un poète classique et monarchiste, il a publié en 1827 un drame, *Cromwell*, dont la préface constitue un manifeste anticlassique et définit le romantisme. Après la réussite de son drame *Hernani*, il est devenu le chef du romantisme et l'idole de la jeune génération. En 1831, il a publié son grand roman historique *Notre-Dame de Paris* dont le héros est le célèbre personnage Quasimodo.

En 1843, la mort de sa fille aînée Léopoldine, qui s'est noyée dans la Seine à Villequier en Normandie avec son époux, l'a bouleversé. C'est à partir de cette date qu'il s'est lancé dans la politique. Nommé pair de France, il a parlé à la Chambre haute contre la peine de mort et l'injustice sociale. Dans le journal *l'Événement* il a dénoncé les ambitions de Louis-Napoléon et, risquant d'être arrêté, il a dû quitter Paris. Toujours conscient de sa mission, il avait déclaré que le poète «*doit marcher devant les peuples comme une lumière et leur montrer le chemin . . .*»

Hugo a passé presque vingt ans en exil, d'abord à Bruxelles, ensuite à Jersey et à Guernesey, où il a composé ses œuvres maîtresses, y compris son recueil de poèmes, les *Contemplations* et son roman *Les Misérables*. Dès le début de la guerre Franco-Prussienne de 1870, Hugo a songé à rentrer en France: il est arrivé à Bruxelles en août, et à Paris le lendemain de la proclamation de la Troisième République. Député à Paris à l'Assemblée Nationale, il a voté contre la paix. Pendant la Commune il a séjourné à Bruxelles puis au Luxembourg. De retour à Paris, il a échoué aux élections législatives, mais il est devenu sénateur inamovible en 1876. En 1882, la nation tout entière a célébré son 80e anniversaire. Il est mort à Paris en 1885 et la République lui a fait des funérailles grandioses.

Demain dès l'aube

Demain, dès l'aube*, à
   l'heure où blanchit la
   campagne,
Je partirai. Vois-tu, je sais
   que tu m'attends.
J'irai par la forêt, j'irai
   par la montagne.
Je ne puis demeurer loin
   de toi plus longtemps.

Je marcherai les yeux
   fixés sur mes pensées,
Sans rien voir au-dehors,
   sans entendre aucun
   bruit.
Seul, inconnu, le dos
   courbé, les mains
   croisées,
Triste, et le jour pour moi
   sera comme la nuit.

Je ne regarderai ni l'or du
   soir qui tombe,
Ni les voiles au loin
   descendant vers
   Harfleur,
Et quand j'arriverai, je
   mettrai sur ta tombe
Un bouquet de houx*
   vert et de bruyère* en
   fleur.

*l'aube = dawn
le houx = holly
la bruyère = heather

Onzième unité

deux hommes d'affaires se rencontrent

Monsieur Lachance, P-DG de CHECK, une société de systèmes de sécurité, rencontre son ami Monsieur Déveine.

Lachance Alors, mon cher Déveine, ça va?

Déveine Pas trop mal en ce moment. Vous savez que j'étais au chômage, mais je viens de retrouver du travail.

Lachance C'est une bonne nouvelle, ça!

Déveine Ah, oui. Ma femme est ravie et ma belle-mère me fiche la paix!

Lachance Qu'est-ce que vous faites maintenant?

Déveine Je suis représentant. C'est assez bien rémunéré avec les commissions.

Lachance Vous avez une voiture de service, alors?

Déveine Oui, mais c'est seulement une voiture d'occasion. Et j'ai cinq semaines de vacances par an.

Lachance Moi, je n'ai pas pris de vacances cette année. Ma femme est partie seule avec les enfants. Pour quelle sorte de société travaillez-vous maintenant?

Déveine Nous vendons des fournitures de bureau.

Lachance Il faudra venir nous voir! Nous sommes en train de moderniser nos bureaux de Boulogne.

Déveine Nous livrons rapidement et je pourrai vous faire une remise avantageuse si vous nous passez une commande importante.

Lachance Quand pouvez-vous venir me voir? Demain?

Déveine Je ne suis pas libre cette semaine, mais la semaine prochaine, je suis libre mardi matin.

Lachance Parfait! En attendant, envoyez-moi un catalogue.

Déveine Aucun problème. Et je vous apporterai des échantillons mardi.

QU'EST-CE QUE ÇA VEUT DIRE?

un P-DG (Président-Directeur Général)	*a managing director*
une société	*a company*
être au chômage	*to be unemployed*
ravi(e)	*delighted*
me fiche la paix	*leaves me in peace*
une voiture de service	*a company car*
d'occasion	*second-hand*
les fournitures (f.) de bureau	*office equipment*
il faudra	*you will have to*
être en train (de)	*to be in the process (of)*
livrer	*to deliver*
une remise	*a discount*
une commande	*an order*

avez-vous compris?

Répondez en français.

1 Pourquoi M. Déveine est-il content maintenant?

2 Quel est son métier?

3 Quels sont les avantages de ce nouvel emploi?

4 Pour quelle sorte de société travaille-t-il?

5 Est-ce que M. Lachance est parti en vacances avec sa femme cette année?

6 Pourquoi a-t-il besoin de nouvelles fournitures de bureau?

7 Quels seront les avantages pour sa société s'il passe une commande à son ami Déveine?

8 Quand les deux hommes vont-ils se revoir?

deux hommes d'affaires se rencontrent

(suite et fin)

Déveine   Alors, si je comprends bien, les affaires vont toujours aussi bien?

Lachance   De mieux en mieux. Avec l'augmentation du nombre de cambriolages, nous sommes vraiment populaires!

Déveine   Ah! Le malheur des uns fait le bonheur des autres!

Lachance   C'est vrai, mais le succès ne vient pas tout seul. Je travaille trop et ma femme n'arrête pas de me répéter que l'argent ne fait pas le bonheur.

Déveine   Vous vous absentez souvent?

Lachance   Je commence tôt le matin, je finis tard le soir et je suis souvent en déplacement.

Déveine   Ah oui, vous avez des succursales à l'étranger.

Lachance   Pour l'instant, en Grande-Bretagne et en Allemagne. Et nous avons des projets pour nous établir en Espagne.

Déveine   Vous parlez l'espagnol?

Lachance   Malheureusement, non. Je me débrouille en anglais et j'ai quelques notions d'allemand, mais je ne parle pas un mot d'espagnol. C'est d'ailleurs pourquoi nous essayons de recruter une autre secrétaire bilingue. Regardez, nous venons de passer une annonce dans le journal. Et tenez, voilà notre nouvel encart publicitaire. Qu'est-ce que vous en pensez?

QU'EST-CE QUE ÇA VEUT DIRE?

de mieux en mieux	*better and better*
un cambriolage	*a break-in*
être en déplacement	*to be away / on a business trip*
le malheur	*unhappiness, misfortune*
une succursale	*a branch*
s'établir	*to set up*
se débrouiller	*to manage*
des notions (f.)	*a smattering, some knowledge*
d'ailleurs	*in fact* (here)
tenez!	*here you are! / look!*
un encart publicitaire	*an advert in a paper or magazine*

avez-vous compris?

Qui est-ce? M. Lachance, M. Déveine ou les deux?

1 Il parle un peu l'allemand.

2 Il va souvent à l'étranger.

3 Il n'a pas une voiture neuve.

4 Il voyage beaucoup pour son travail.

5 Il cherche une autre secrétaire.

6 Ses affaires sont prospères.

7 Il a cinq semaines de vacances par an.

8 Sa société va s'établir en Espagne.

9 Sa femme n'est pas satisfaite.

10 Sa femme est très contente.

11 Il est homme d'affaires.

12 Il a rendez-vous mardi prochain.

13 Sa société livre rapidement.

14 Sa société a des succursales à l'étranger.

15 Il va envoyer un catalogue.

à vous!

Imaginez que vous travaillez dans une succursale britannique de CHECK. Vous avez reçu un dossier des employés de Boulogne-Billancourt. Expliquez qui est qui à vos collègues. Vous pouvez aussi décrire les personnes dont vous avez les photos.

1 Managing Director:

2 Personal Assistant:

3 Chief accountant:

4 Commercial Manager:

5 Advertising Manager:

6 Marketing Manager:

7 Sales Manager:

8 Purchasing Manager:

9 Personnel Manager:

10 Reps:

11 Secretaries:

12 Computer operator:

13 Receptionist:

14 Switchboard operator:

Mlle Abadi – Représentante
Mlle Amandin – Directrice de la Publicité
M. Balland – Directeur commercial
M. Blanchet – Chef Comptable
Mme Chevrinais – Chef du Personnel
Mlle Flon – Standardiste
Mme Jolivel – Chef des Achats

Mme Lacroix

Mlle Nicot

M. Lachance – P-DG
Mme Lacroix – Hôtesse d'accueil
Mme Manès – Secrétaire de direction
M. Masset – Chef des Ventes

Mlle Nicot – Opératrice informatique
Mlle Paynot – Secrétaire trilingue (français, allemand, anglais)
M. Pinot – Directeur du Marketing
Mme Rieux – Secrétaire
M. Stavalen – Représentant
Mme Viard – Secrétaire bilingue (français, anglais)

M. Stavalen

Mlle Abadi

Mme Chevrinais

au bureau

Mme Manès, la secrétaire de M. Lachance, téléphone à ELECSYS, une entreprise de systèmes électroniques.

La standardiste	Allô! ELECSYS, j'écoute.
Mme Manès	Allô! Je voudrais le poste 174, s'il vous plaît.
La standardiste	Oui, ne quittez pas, je vous prie.
Une femme	Allô!
Mme Manès	Bonjour madame, pouvez-vous me passer Monsieur Durant, s'il vous plaît?
La femme	C'est de la part de qui?

Mme Manès	Madame Manès. Je suis la secrétaire de direction de CHECK.
Femme	Ne quittez pas, je vous le passe.
M. Durant	Allô!
Mme Manès	Allô, Monsieur Durant, bonjour. C'est Madame Manès à l'appareil. Je vous téléphone de la part de Monsieur Lachance. Il voudrait prendre rendez-vous pour vous voir le plus tôt possible.
M. Durant	Au début de la semaine prochaine, ça ira?
Mme Manès	Oui, sauf mardi.
M. Durant	Moi, je suis libre mercredi.
Mme Manès	Pas de problème. À onze heures, ça vous convient?
M. Durant	Parfait. Comme ça, nous pourrons déjeuner ensemble.

QU'EST-CE QUE ÇA VEUT DIRE?

une entreprise	*a firm, business*
le poste 174	*extension 174*
Ne quittez pas!	*Hold the line!*
je vous prie	*please*
de la part (de)	*on behalf (of)*
C'est de la part de qui?	*Who is calling?*
Je vous le / la passe.	*I am putting you through (to him / her).*
C'est M . . . à l'appareil	*It's M . . . speaking*
prendre rendez-vous	*to make an appointment*
Ça ira?	*Will that be OK?*
Ça vous convient?	*Does that suit you?*

avez-vous compris?

Complétez.

Madame Manès est la (**1**) _____ de CHECK. Elle téléphone à une (**2**) _____ de systèmes électroniques qui (**3**) _____ ELECSYS. Elle demande le (**4**) _____. Elle veut parler à (**5**) _____ pour prendre (**6**) _____ pour son patron qui veut voir Monsieur Durant (**7**) _____. La (**8**) _____ prochaine, Monsieur Lachance n'est pas (**9**) _____ le mardi. Madame Manès et Monsieur Durant se mettent d'accord sur (**10**) _____ à (**11**) _____. Ça (**12**) _____ parfaitement à Monsieur Durant.

au bureau (suite)

Monsieur Déveine, le représentant, a moins de chance avec ses coups de téléphone.

La standardiste	Allô! Société Dubreuil!
M. Déveine	Allô! Pourrais-je parler à Mlle Janet, s'il vous plaît?
La standardiste	Dans quel service travaille-t-elle?
M. Déveine	Au service de la comptabilité.
La standardiste	C'est de la part de qui?
M. Déveine	Monsieur Déveine. Je suis le représentant de BUROTIK 21.
La standardiste	Ne quittez pas . . . Allô, je suis désolée, monsieur, la ligne est occupée. Voulez-vous attendre?
M. Déveine	Non, Je rappellerai un peu plus tard ou je lui enverrai un e-mail. Pourriez-vous me donner son numéro?
La standardiste	Bien sûr. C'est janet, arrobas, dubreuil, point, F, R.

au bureau (suite)

M. Déveine essaie de rappeler Mlle Janet.

La standardiste	Allô! Société Dubreuil!
M. Déveine	Allô! Pourrais-je parler à mademoiselle Janet, s'il vous plaît?
La standardiste	C'est de la part de qui?
M. Déveine	Monsieur Déveine, le représentant de BUROTIK 21.
La standardiste	Ne quittez pas, je vous prie.
Un homme	Allô, Monsieur Leroy à l'appareil!
M. Déveine	Je voudrais parler à mademoiselle Janet.
M. Leroy	Je regrette, mais elle est en réunion. Est-ce que je peux vous aider?
M. Déveine	Non. Je dois lui parler en personne. Mais c'est très urgent. Pouvez-vous lui demander de me rappeler le plus tôt possible?
M. Leroy	Bien sûr! Pouvez-vous me donner vos coordonnées, monsieur?
M. Déveine	Oui. Je suis Monsieur Déveine.
M. Leroy	Ça s'écrit comment?
M. Déveine	D-E accent aigu -V-E-I-N-E.
M. Leroy	N-E. Pouvez-vous me donner votre numéro de téléphone?
M. Déveine	C'est le 03.80.39.72.14.

M. Leroy	Oui. Et quel est le nom de votre entreprise?
M. Déveine	BUROTIK 21.
M. Leroy	Pouvez-vous épeler, s'il vous plaît?
M. Déveine	B-U-R-O-T-I-K, 21, comme notre siècle!
M. Leroy	Très bien. Je lui ferai la commission.
M. Déveine	Merci beaucoup. Au revoir, monsieur.
M. Leroy	Je vous en prie. Au revoir.

QU'EST-CE QUE ÇA VEUT DIRE?

arobase	@
le service (de la comptabilité)	the (accounts) department
la ligne est occupée	the line is engaged
je rappellerai	I'll call back
une réunion	a meeting
les coordonnées (f.)	details (i.e. name, address and phone number)
le siècle	the century
Je lui ferai la commission	I'll give him / her the message

avez-vous compris?

Répondez *vrai* ou *faux*.

1 L'entreprise de M. Déveine s'appelle BUROTIK 21.

2 Mlle Janet travaille à la Société Dubreuil.

3 Elle travaille au service de la publicité.

4 La première fois que M. Déveine téléphone à Mlle Janet, la ligne n'est pas libre.

5 M. Déveine dit qu'il va la rappeler.

6 La deuxième fois que M. Déveine appelle, la ligne est occupée.

7 M. Leroy n'est pas en réunion avec Mlle Janet.

8 M. Déveine dit qu'il est désolé.

9 M. Déveine veut parler d'urgence à Mlle Janet.

10 M. Déveine laisse un message pour Mlle Janet.

11 La standardiste va faire la commission à Mlle Janet.

12 M. Leroy demande à M. Déveine de lui donner ses coordonnées.

à vous!

Mlle White téléphone à la Maison Lacouture. Mettez la conversation dans le bon ordre.

1 – Bien sûr. Pouvez-vous me donner votre nom?

2 – Oui. Et votre numéro de téléphone?

3 – Je vous remercie. Au revoir.

4 – Je suis désolé. M. Tisserand est en réunion.

5 – C'est le 207.919.52.08. J'appelle de Londres en Angleterre.

6 – Allô! Maison Lacouture, j'écoute.

7 – Très bien. Je lui ferai la commission.

8 – Pouvez-vous lui demander de me rappeler le plus tôt possible? C'est urgent.

9 – Mlle White, de BRITRAGS.

10 – Pourrais-je parler à M. Tisserand, s'il vous plaît?

au bureau (suite)

Voici l'encart publicitaire dont M. Lachance a parlé à M. Déveine.

QU'EST-CE QUE ÇA VEUT DIRE?

faire confiance	*to trust*
un robinet	*a tap*
fermer à clef	*to lock*
l'esprit tranquille	*with your mind at peace, with peace of mind*
une tentative	*an attempt*
une fuite	*a leak*
un incendie	*a fire*
une inondation	*a flood*
déclencher l'alerte	*to set off the alarm*
la télécopie / le fax	*fax*

avez-vous compris?

Répondez en français.

1 Que fait-on en général avant de sortir?

2 Que peut détecter le système d'alarme CHECK?

3 À votre avis, le service offert par CHECK est-il un service de qualité? Pourquoi?

à vous!

Reliez les titres ci-dessous avec les extraits des différents articles du journal.

Météo – Des Inondations en Normandie

Sans-abri après le terrible incendie

FUITE DE GAZ FATALE

VOISIN COURAGEUX ÉVITE CAMBRIOLAGE

1 . . . est à l'origine de la terrible explosion qui a complètement détruit un immeuble de douze étages dans la banlieue de la ville. La plupart des locataires étaient heureusement au travail ou à l'école . . .

2 . . . Quand il a entendu du bruit, Monsieur Haret, qui savait que toute la famille était en vacances, a pris son portable et le rouleau à pâtisserie de sa femme . . .

3 . . . Il pleut sans arrêt depuis une semaine dans la région de Planville. Les équipes de secours se déplacent en bateau. Les habitants se sont réfugiés au premier étage . . .

4 . . . Les pompiers ont réussi à sauver tous les membres de la famille, mais les parents souffrent de brûlures assez graves. La maison a été totalement détruite . . .

au bureau (suite)

Voici la petite annonce passée par M. Lachance dans les **Offres d'emploi** en vue de recruter un(e) secrétaire comptable bilingue.

Société en pleine expansion recherche

Secrétaire comptable

Bilingue espagnol (anglais un atout)

❖

25 à 45 ans • Connaissances TTX et tableurs • Excellente présentation exigée.

❖

Merci d'envoyer lettre manuscrite + CV et photo à:

Mme Chevrinais, Chef du Personnel

B.P. 274–193 avenue Jean Jaurès. 75019 PARIS Cedex.

QU'EST-CE QUE ÇA VEUT DIRE?

un atout	*an advantage* (lit. *a trump*)
les connaissances (f.)	*knowledge*
TTX (le traitement de texte)	*word-processing*
un tableur	*a spreadsheet*
BP (Boîte Postale) (f.)	*PO Box*
Cedex (Courier d'Entreprise à distribution exceptionelle)	acronym added to postal code (an accelerated postal service for bulk users)

avez-vous compris?

Un ami / Une amie anglais(e) vous demande de décrire le / la candidat(e) idéal(e) pour la société de M. Lachance.

à vous!

Préparez une annonce d'offre d'emploi pour votre société.

Your company is looking for an English-French bilingual secretary (German an advantage), with knowledge of word-processing and spreadsheets. Mention other requirements such as age, particular qualities, etc. Alternatively, you might like to devise your own ad describing a particular job.

au bureau (suite et fin)

Une candidate a répondu à l'annonce de CHECK.

Dijon, le 30 novembre

Madame,

Suite à votre annonce passée dans le Figaro du 24 novembre, j'ai l'honneur de poser ma candidature au poste de secrétaire comptable bilingue.

Je m'appelle Anne-Laure Brunet, je suis âgée de 28 ans et je suis célibataire. J'ai suivi les cours de l'École de Commerce de Dijon. J'ai travaillé pendant sept ans comme secrétaire comptable pour Eurocar, une société multinationale, période durant laquelle j'ai eu l'occasion de faire un stage de six mois à Madrid. Je maîtrise bien l'espagnol et j'ai des notions d'anglais.

Je cherche maintenant du travail dans la région parisienne. J'aimerais un emploi avec plus de responsabilités et mieux rémunéré. J'aimerais aussi utiliser mon espagnol.

Veuillez trouver ci-joint les copies de mes diplômes et mon CV.

Dans l'espoir de votre réponse, et sollicitant un entretien, je vous prie d'agréer, Madame, l'expression de mes sentiments respectueux.

A. L. Brunet

P.J.

QU'EST-CE QUE ÇA VEUT DIRE?

poser sa candidature	*to apply*
maîtriser	*to master*
un diplôme	*a qualification*
un entretien	*an interview*
Je vous prie d'agréer l'expression de mes sentiments respectueux	*Yours faithfully*

There are many formal endings in French expressing various degrees of respect and politeness. Choose **sentiments respectueux** when writing to a woman or a superior. Otherwise, use **sentiments distingués.**

avez-vous compris?

Complétez le CV d'Anne-Laure Brunet. Ajoutez tous les détails possibles.

Nom	_____
Prénom	_____
Date de naissance	10 juillet _____
Situation de famille	_____
Adresse	35 rue de Mulhouse Dijon
Diplômes	Bac G3 BTS Commerce
Langues étrangères	_____ _____
Expérience professionnelle	_____ Stage à Madrid, Espagne, pendant six mois

Bac = Baccalauréat (French equivalent of 'A' levels)
BTS = Brevet de Technicien Supérieur

à vous!

Travaillez à tour de rôle avec un / une partenaire.

Imaginez que vous êtes à un entretien avec le chef du personnel d'une société pour laquelle vous voulez travailler. Répondez à ses questions.

- Bonjour, M . . .
- Quel âge avez-vous?
- Quelle est votre situation de famille?
- Vous parlez combien de langues étrangères?
- Que faites-vous en ce moment?
- Depuis combien de temps?
- Pourquoi voulez-vous travailler pour nous?
- Êtes-vous prêt(e) à voyager à l'étranger?

EXERCICES

A Écrivez une lettre à un ami / une amie pour lui dire que vous venez de changer de travail.

Include the following points:

- Say how long you have been working there, whether you are happy and why (type of firm, salary, car, etc).
- Explain what the work involves.
- Explain where you work, how you get there and how long it takes.
- Compare your place of work with the previous one and talk about your colleagues.
- Say what your boss is like.

B Complétez la conversation téléphonique.

Standardiste   Entreprise Bertrand, j'écoute!

Vous   (**1** *Say you'd like extension 218.*)

Standardiste   Ne quittez pas.

Homme   Allô, service des ventes.

Vous   (**2** *Say you'd like to talk to Mrs Monnet.*)

Homme   Je suis désolé, Madame Monnet est en réunion. Est-ce que je peux vous aider?

Vous	(**3** *Say you have not received their catalogue and samples.*)
Homme	Pas de problème, je vais vous en envoyer d'autres. Donnez-moi vos coordonnées.
Vous	(**4** *Give your name.*)
Homme	Et votre adresse?
Vous	(**5** *Do as requested.*)
Homme	Je vous envoie ça tout de suite.
Vous	(**6** *Ask if they do discounts on big orders.*)
Homme	Nous offrons des conditions avantageuses à nos bons clients.
Vous	(**7** *Ask if they deliver quickly.*)
Homme	Nos délais de livraisons sont en moyenne d'une semaine.
Vous	(**8** *Thank him and say goodbye.*)

C   **CHECK** s'intéresse à la candidature de Mademoiselle Brunet. Complétez la lettre qui l'invite à un entretien, avec le vocabulaire suivant.

sentiments distingués   poste   reconnaissants   curriculum vitae   entretien   rendez-vous   reçu   heureux   bilingue   candidature

Mademoiselle,

Nous avons bien (**1**) _____ votre lettre de (**2**) _____ pour le (**3**) _____ de secrétaire comptable (**4**) _____ (espagnol). Nous sommes (**5**) _____ de vous annoncer que votre (**6**) _____ a retenu notre attention et que nous aimerions avoir un (**7**) _____ avec vous, si possible avant le 24 décembre.

Nous vous serions donc (**8**) _____ de bien vouloir nous contacter dans les plus brefs délais afin de convenir d'un (**9**) _____.

Dans l'attente du plaisir de vous recevoir, veuillez agréer, Mademoiselle, l'expression de nos (**10**) _____.

M. Chevrinais,
Chef du Personnel

D   Améliorez l'article de journal en incorporant les mots et expressions suivants.

immédiatement	sans perdre de temps	en arrivant
sans attendre	ce matin-là	sans délai
peu de temps après	totalement	environ deux heures plus tard
en fait	sur-le-champ	à sa grande surprise
tout de suite	de bonne heure	grièvement

GIGANTESQUE EXPLOSION ÉVITÉE DE JUSTESSE GRÂCE À UN CHEF DES VENTES ATTENTIF

Paul Mercier, chef des ventes d'une petite entreprise de banlieue, est arrivé au bureau pour finir un rapport urgent pour un client important. Il a retiré sa veste et il s'est mis au travail.

Il a senti une drôle d'odeur. Il a levé la tête et a regardé par la fenêtre. Il a vu de la fumée noire sortir de l'usine de produits chimiques, en face de son bureau.

Il a téléphoné aux sapeurs-pompiers. Il a expliqué que l'incendie était particulièrement dangereux, à cause du risque d'explosion.

Les pompiers ont quitté la caserne. Il y avait beaucoup de circulation et leur voiture a avancé assez lentement malgré la sirène.

Les pompiers ont évacué les locataires de l'immeuble voisin. Quand les gens ont vu qu'un homme était coincé au deuxième étage du bâtiment, l'un des pompiers est monté à l'échelle.

Il a calmé l'homme qui paniquait et il l'a aidé à descendre.

Les pompiers ont réussi à éteindre l'incendie. Il n'y a pas eu d'explosion et personne n'a été blessé ni brûlé.

L'homme, qui était le directeur de l'usine, a serré la main à Paul pour le remercier et lui exprimer sa reconnaissance. Il lui a dit: «Non seulement vous m'avez sauvé la vie et la vie de mes employés, mais grâce à vous, l'usine n'est pas détruite et les ouvriers ne seront pas au chômage.»

écoutez bien!

Listen to the four messages recorded on the answerphone in your absence. Take notes in English (who has rung, why, etc). Indicate also the time of each call.

Douzième unité

Douzième unité

une visite au parc zoologique

Après une visite au parc zoologique de Clères, Colette a écrit une rédaction pour l'école.

Sujet de rédaction: «Décrivez un endroit que vous avez visité récemment»

Dimanche dernier, je suis allée au parc de Clères avec mon amie Annie et sa famille. Il faisait très beau. Le soleil brillait, le ciel était bleu et il n'y avait pas un nuage.

Dans les jardins du château, des paons se promenaient majestueusement. Il y avait beaucoup d'oiseaux sur le lac. Des flamants roses, dont certains se tenaient sur une patte, des grues, des cygnes et plein de canards.

La plupart des visiteurs étaient fascinés par les singes qui étaient sur les îles du lac. Ils mangeaient des graines ou des fruits, ils sautaient de branche en branche, ils se grattaient, ils se disputaient ou ils jouaient. Ils étaient vraiment très drôles!

Dans les volières, à l'intérieur du château, il y avait des oiseaux exotiques plus délicats, comme les toucans, mais il faisait beaucoup trop chaud. À la fin de la visite, j'avais très soif et j'avais mal aux pieds!

QU'EST-CE QUE ÇA VEUT DIRE?

une rédaction	*an essay*
un paon	*a peacock*
un flamant rose	*a flamingo*
une patte	*a leg* (animal), *paw*
une grue	*a crane*
un cygne	*a swan*
une volière	*an aviary*
un singe	*a monkey*
se gratter	*to scratch*

avez-vous compris?

Répondez en français.

1 Où étaient Colette et Annie dimanche dernier?

2 Quel temps faisait-il?

3 Comment était le ciel?

4 Que faisaient certains flamants roses?

5 Y avait-il d'autres oiseaux sur le lac?

6 Que faisaient les paons?

7 Quels animaux attiraient le plus de visiteurs?

8 Que faisaient-ils?

9 Qu'est-ce qu'il y avait à l'intérieur du château?

10 Comment était Colette à la fin de la visite?

à vous!

Corrigez les erreurs.

1 L'éléphant nageait et jouait avec un ballon dans son bassin.

2 Les girafes n'arrêtaient pas de parler et d'imiter ce que disaient les visiteurs.

3 Les pingouins mangeaient des feuilles.

4 Le dauphin s'arrosait avec sa trompe.

5 Les singes plongeaient dans l'eau et attrapaient des poissons.

6 Les perroquets se reposaient à l'ombre et mangeaient de la viande crue.

7 Les lions et les tigres sautaient de branche en branche et se jetaient des bananes.

8 Les animaux regardaient les visiteurs avec curiosité.

souvenirs de jeunesse

Liliane Dupré, qui est originaire de la région de Grenoble, parle de son enfance avec son amie Marielle qui a toujours vécu en Normandie.

Marielle Alors, toi aussi tu habitais dans un petit village quand tu étais petite!

Liliane Oui, mais c'était un village de montagne et c'était très isolé l'hiver.

Marielle Mais tu pouvais faire du ski et de la luge. C'est rare d'avoir de la neige en Normandie et les sports d'hiver ne sont pas à la portée de toutes les bourses.

Liliane C'est vrai, ça me manque maintenent. Je faisais aussi du patin à glace. Il y a une belle patinoire à Grenoble. C'était formidable pour les jeunes. En fait, j'ai eu une jeunesse très agréable.

Marielle Tu as fait des études?

Liliane J'ai passé mon bac, c'est tout. Je voulais travailler tout de suite, pour gagner ma vie.

Marielle Moi aussi. Gagner de l'argent était synonyme de liberté!

Liliane Quand j'étais célibataire, je travaillais dans un bureau. Je m'achetais plein de vêtements, des disques, des livres. J'avais les moyens d'aller en vacances à l'étranger. Et je partageais un petit appartement à Grenoble avec des copines.

Marielle Tu t'entendais bien avec elles?

Liliane Oui, on s'amusait bien. C'était la belle vie. On sortait presque tous les soirs, on rentrait tard. Le dimanche, je restais au lit jusqu'à midi pour récupérer.

Marielle C'est mieux que de passer son temps devant la télé!

Liliane On ne regardait pas la télé. On n'avait même pas de téléviseur. Remarque que maintenant, je ne la regarde pas non plus. Je suis tellement épuisée, le soir, que je m'endors devant!

QU'EST-CE QUE ÇA VEUT DIRE?

vécu (vivre !)	*lived (to live)*	j'avais les moyens	*I could afford*
faire de la luge	*to sledge*	partager	*to share*
à la portée de toutes les bourses	*affordable for everyone*	s'entendre bien (avec)	*to get on well (with)*
faire du patin à glace	*to ice-skate*	récupérer	*to recover*
une patinoire	*an ice-rink*	un téléviseur	*a TV set*
passer un examen	*to take an exam*	épuisé(e)	*exhausted*

avez-vous compris?

Répondez en français.

1 Où habitait Liliane quand elle était petite?

2 Qu'est-ce qui est rare en Normandie et qui manque à Liliane?

3 Est-ce que Liliane a de bons souvenirs de sa jeunesse?

4 Est-ce qu'elle a fait des études supérieures?

5 Pourquoi voulait-elle travailler le plus tôt possible?

6 Quand elle travaillait à Grenoble, habitait-elle chez ses parents?

7 Comment dépensait-elle son argent?

8 Que faisaient-elle avec ses amies?

9 Est-ce qu'elle aimait regarder la télévision?

10 Et aujourd'hui, regarde-t-elle souvent la télévision? Pourquoi?

à vous!

Reliez. Choisissez la phrase qui, à votre avis, convient le mieux à chaque situation.

1 Quand j'étais petit(e) . . .

2 Quand j'étais étudiant(e) . . .

3 Quand j'habitais à la montagne . . .

4 Quand j'étais célibataire . . .

5 Quand je sortais le samedi soir . . .

6 Quand je travaillais . . .

7 Quand je gagnais bien ma vie . . .

8 Quand j'étais riche . . .

a je mangeais souvent du caviar et je buvais du champagne tous les jours.

b je faisais du ski, de la luge et du patin à glace.

c je n'avais pas beaucoup de temps pour les loisirs.

d j'allais en vacances au bord de la mer.

e j'achetais des vêtements élégants et des bijoux.

f je ne me levais jamais avant midi le dimanche.

g j'avais beaucoup d'amis.

h je voyageais beaucoup et je sortais souvent.

souvenirs de jeunesse (suite et fin)

Liliane et Marielle continuent à évoquer leurs souvenirs de jeunesse.

Liliane   Quand mon frère était jeune, il se rasait tout le temps pour que sa barbe pousse plus vite. Maintenant, il déteste se raser tous les jours!

Marielle   Et toi, tu étais pressée de vieillir?

Liliane   Non, pas particulièrement, mais j'aimais bien suivre la mode. Je me souviens quand je portais des mini-jupes et des chaussures à semelles compensées. Mes parents n'étaient pas très contents!

Marielle   Moi, je préférais les jupes longues, genre hippy, pour cacher mes jambes.

Liliane   J'aimais aussi porter des jeans.

Marielle   Moi, je ne mettais jamais de pantalon. Je portais toujours des robes ou des jupes.

Liliane   Et j'adorais les gros bijoux fantaisie, en particulier les boucles d'oreille. J'en avais une paire, en forme de cœur, qui étaient énormes.

Marielle   Je ne mettais ni bijoux ni maquillage, mes parents me l'interdisaient.

Liliane   Moi aussi, mais je me maquillais en cachette et je me démaquillais juste avant de rentrer à la maison! Je fumais aussi en cachette. Et pour embêter mes parents, je lisais *L'Humanité*. J'avais l'impression d'être très libérée, très adulte!

Marielle   Et si tes enfants faisaient la même chose?

Liliane   Ce qui m'inquiète vraiment, de nos jours, c'est la drogue et le Sida.

Marielle   Moi aussi. Tu as raison, un peu de rouge à lèvres et de mascara n'a jamais fait de mal à personne. Par contre, les cigarettes . . .

Liliane   Tu sais, ça fait des années que j'ai arrêté de fumer!

QU'EST-CE QUE ÇA VEUT DIRE?

se raser	*to shave*
pousser	*to grow* (here)
suivre	*to follow*
la mode	*fashion*
des chaussures (f.) à semelles compensées	*platform shoes*
des bijoux (m.) fantaisie	*costume jewellery*
ni . . . ni . . .	*neither . . . nor . . .*
interdire	*to forbid*
le maquillage	*make-up*
en cachette	*secretly, behind someone's back*
embêter	*to annoy*
L'Humanité	(a communist newspaper)
de nos jours	*nowadays*
le Sida	*Aids*
tu as raison	*you are right*
par contre	*on the other hand*

avez-vous compris?

Qui est-ce? Liliane, Marielle ou les deux?

1 Elle s'habillait à la mode.

2 Elle aimait porter des jeans et des mini-jupes.

3 Elle avait plutôt le style hippy.

4 Elle ne portait jamais de pantalon.

5 Elle voulait cacher ses jambes.

6 Ses parents lui interdisaient de se maquiller.

7 Elle portait de grosses boucles d'oreille en forme de cœur.

8 Elle ne portait jamais de bijoux.

9 Elle fumait en cachette et elle lisait *L'Humanité*.

10 Elle pense que, de nos jours, les jeunes sont menacés par la drogue et le Sida.

11 Elle est contre le tabac.

12 Elle ne fume plus.

à vous!

Travaillez avec un / une partenaire. Répondez à tour de rôle aux questions de la police qui enquête sur un cambriolage.

- Où étiez-vous hier soir entre huit heures et minuit?
- Avec qui étiez-vous?
- Que faisiez-vous?
- Comment étiez-vous habillé(e)?
- Est-ce que vous portiez des bijoux?

et vous?

Évoquez quelques souvenirs de votre enfance / jeunesse.

Commencez: **Quand j'étais petit(e) / jeune . . .**

à la gare de Lyon à Paris

Une dame d'un certain âge, très élégante et couverte de bijoux, arrête un passant.

La dame	Pardon, monsieur, où se trouve le bureau de renseignements, s'il vous plaît?
Un monsieur	Il est là, à droite, à côté de la salle d'attente.
La dame	Ah oui, je vois la pancarte maintenant. Je ne suis pas habituée aux gares, je voyage toujours en voiture, mais mon chauffeur est malade en ce moment. On ne peut faire confiance à personne de nos jours! Merci bien, cher monsieur.
Le monsieur	Je vous en prie, chère madame.

QU'EST-CE QUE ÇA VEUT DIRE?

d'un certain âge	*middle-aged*
la salle d'attente	*the waiting-room*
la pancarte	*the sign*

avez-vous compris?

Répondez en français.

1 Où est la dame?

2 Que cherche-t-elle?

3 Où est-il situé?

4 La dame prend-elle souvent le train?

5 Pourquoi ne peut-elle pas voyager en voiture?

à la gare de Lyon (suite)

Au bureau de renseignements.

Un employé	Vous désirez, madame?
La dame	À quelle heure part le TGV pour Nice ce soir?
Un employé	Voyons . . . Le TGV de nuit part à 23 heures 02.
La dame	C'est bien tard! Il part de quel quai?
Un employé	Ah ça, je ne sais pas encore.
La dame	Le contraire m'aurait étonnée! Et à quelle heure arrive-t-il?
Un employé	À sept heures demain matin.
La dame	C'est un peu tôt! Combien coûte le billet?
Un employé	Aller simple ou aller et retour?
La dame	Aller et retour, naturellement, je ne vais pas passer la fin de mes jours à Nice. Il y a trop de retraités là-bas.
Un employé	Dans ce cas, l'aller simple en deuxième classe fait . . .
La dame	Est-ce que vous vous moquez de moi, jeune homme? Est-ce que j'ai une tête à voyager en deuxième classe?

QU'EST-CE QUE ÇA VEUT DIRE?

un TGV (Train à Grande Vitesse)	*a high-speed train*
le quai	*platform*
un billet	*a ticket*
un aller simple	*a single ticket*
un aller et retour	*a return ticket*
un(e) retraité(e)	*a retired person, old-age pensioner*
Est-ce que j'ai une tête à . . . ?	*Do I look as if . . . ?*

avez-vous compris?

1 Où la dame désire-t-elle aller?

2 Quelle sorte de train va-t-elle utiliser?

3 Veut-elle voyager de jour ou de nuit?

4 Est-elle satisfaite des horaires du train?

5 L'employé peut-il lui dire le numéro du quai?

6 Veut-elle un aller simple ou un aller et retour?

7 Que dit-elle à propos de Nice?

8 A-t-elle l'intention de voyager en première classe?

à vous!

Travaillez avec un / une partenaire.

Vous êtes à la gare en France

Vous	(**1** *Ask where the information desk is.*)
Employé(e)	Vous y êtes!
Vous	(**2** *Ask at what time the train for Paris leaves.*)
Employé(e)	Le prochain train pour Paris part à dix heures.
Vous	(**3** *Ask what time it gets there.*)
Employé(e)	Il arrive à midi.
Vous	(**4** *Ask how much the ticket costs.*)
Employé(e)	Aller simple?
Vous	(**5** *No, tell him / her you want a return ticket.*)
Employé(e)	Première ou deuxième classe?
Vous	(**6** *Tell him / her you want second class.*)
Employé(e)	Le billet coûte 30 euros.

Maintenant vous êtes à la gare en Angleterre

Client(e)	Pardon, M . . . Vous parlez français?
Vous	(**1** *Answer him / her.*)
Client(e)	Alors vous pouvez m'aider! Le prochain train pour Londres est à quelle heure?
Vous	(**2** *Tell him / her it leaves at 2.30 pm. Use the 24-hour clock.*)
Client(e)	Parfait! Et il arrive à quelle heure?
Vous	(**3** *Say it gets to London at 3.45.*)
Client(e)	Le billet coûte combien?
Vous	(**4** *Ask if he / she wants single or return.*)
Client(e)	Aller simple.
Vous	(**5** *Say it's £15.*)
Client(e)	Le train part de quel quai?
Vous	(**6** *Say it's platform number one.*)
Client(e)	Merci beaucoup, M . . . Au revoir.
Vous	(**7** *Respond accordingly.*)

à la gare de Lyon (suite et fin)

Au bureau de réservation.

Un employé	Madame?
La dame	Je voudrais louer une couchette dans le TGV de 23 heures 02 ce soir pour Nice.
L'employé	Je suis désolé, madame, les couchettes sont déjà toutes réservées.
La dame	Même en première?
L'employé	Même en première. Mais il y a encore des places assises en première.
La dame	Je n'ai pas le choix, je suppose. Réservez-moi une place près de la fenêtre et dans le sens de la marche, sinon je suis malade. Je déteste voyager en train!
L'employée	Alors, une place de première, près de la fenêtre, dans le sens de la marche. Voilà madame, voiture sept, place numéro trente-deux. Puis-je avoir votre billet, s'il vous plaît?
La dame	Mais je n'ai pas encore mon billet!
L'employé	Il faut acheter votre billet avant de faire la réservation.
La dame	Vous ne vendez pas les billets?
L'employé	Non, il faut aller au guichet qui est là, juste en face, ou à la billetterie automatique.

La dame	Mais vous ne voyez donc pas qu'il y a la queue!
L'employé	Oui, je sais, les gens partent en vacances en ce moment.
La dame	Je vais à Nice pour affaires, moi, monsieur!
L'employé	N'oubliez pas de faire une réservation, c'est obligatoire à bord des TGV.
La dame	Ah là là, quel pays!

QU'EST-CE QUE ÇA VEUT DIRE?

louer	to book, to hire
même	even
une place assise	a seat
dans le sens de la marche	facing the engine, i.e. facing forwards
une voiture	a carriage (here)

avez-vous compris?

Relisez le dialogue et complétez le texte ci-dessous.

La dame va à (**1**) _____. Elle veut voyager en (**2**) _____. Le train part de la Gare de Lyon à (**3**) _____. La dame voudrait louer une (**4**) _____ mais elles sont toutes (**5**) _____. Mais elle peut réserver une (**6**) _____ en (**7**) _____ classe. Elle choisit une place près de la (**8**) _____ et dans le (**9**) _____. Mais avant, elle doit acheter son (**10**) _____ au (**11**) _____ ou à la (**12**) _____. Malheureusement, il y a la (**13**) _____ parce qu'il y a beaucoup de vacanciers. La dame est en colère parce qu'elle va à Nice pour (**14**) _____.

à vous!

Travaillez avec un / une partenaire. Vous êtes au bureau de réservation.

Vous	(**1** *Say that you'd like to reserve a couchette in the ten o'clock train for Paris.*)
Employé	Je suis désolé, les couchettes sont toutes réservées.
Vous	(**2** *Ask if you can reserve a seat in a second-class carriage.*)
Employé	Oui. Coin-couloir ou coin-fenêtre?
Vous	(**3** *Near the window and facing the engine.*)
Employé	Voilà. Voiture deux, place numéro dix-huit. Votre billet, s'il vous plaît.
Vous	(**4** *Hand him your ticket.*)

le rapporteur

Le soir, l'employé de la SNCF raconte sa journée à sa femme.

L'employé Bonjour mon chou, bonne journée?

Sa femme Comme ci, comme ça, et toi, mon gros lapin?

L'employé J'ai eu une cliente difficile cet après-midi.

Sa femme Encore! Raconte-moi ça.

L'employé Elle voulait louer une couchette dans le TGV de Nice, ce soir même. Je lui ai dit que toutes les couchettes étaient déjà réservées mais qu'elle pouvait louer une place assise. Elle m'a dit qu'elle voulait voyager en première classe, près d'une fenêtre et dans le sens de la marche, et que sinon elle était malade.

Sa femme Je la comprends!

L'employé Attends! J'ai préparé sa réservation et je lui ai demandé son billet. Elle m'a répondu qu'elle ne l'avait pas encore acheté!

Sa femme Quelle idiote!

L'employé Oui! Je lui ai expliqué qu'elle devait acheter son billet avant de faire la réservation. Elle m'a répondu qu'il y avait la queue. Je lui ai dit que les gens partaient en vacances. Elle était très en colère. Elle m'a dit qu'elle allait à Nice pour affaires, que d'habitude elle voyageait en voiture, mais que, malheureusement, son chauffeur était malade!

Sa femme Oh, la pauvre chérie!

L'employé J'espère qu'elle n'a pas oublié de composter son billet et surtout, qu'elle n'a pas manqué son train. Je n'ai pas envie de la revoir demain!

QU'EST-CE QUE ÇA VEUT DIRE?

un rapporteur	*a telltale*
composter	*to stamp, to punch* (ticket, etc.)
Je n'ai pas envie (de) . . .	*I don't fancy . . .*

avez-vous compris?

1 Comment l'employé et sa femme s'appellent-ils dans l'intimité?

2 Est-ce que sa femme a passé une bonne journée?

3 Que répond l'employé quand sa femme lui pose la même question?

4 Que voulait la cliente difficile?

5 Pourquoi l'employé lui a-t-il suggéré de louer une place assise?

6 Quelle sorte de place assise voulait la cliente? Pourquoi?

7 De quoi la cliente avait-elle besoin pour faire sa réservation?

8 Pourquoi ne l'avait-elle pas acheté?

9 Pourquoi était-elle en colère?

10 Pourquoi ne voyageait-elle pas en voiture, comme d'habitude?

11 Que faut-il faire en France avant de monter dans le train?

12 Pourquoi l'employé dit-il qu'il espère que la dame n'a pas manqué son train?

à vous!

Le lendemain l'employé raconte l'histoire de la cliente difficile à un collègue. Aidez-le.

Hier, une cliente qui voulait (**1**) _____ à Nice par le (**2**) _____ de nuit est venue au bureau de (**3**) _____ pour louer une (**4**) _____. Comme elles étaient déjà toutes (**5**) _____, je lui ai dit qu'elle pouvait réserver une (**6**) _____. Elle voulait voyager en première (**7**) _____, près d'une (**8**) _____ et dans (**9**) _____ mais elle n'avait pas encore acheté son (**10**) _____ parce qu'il y avait la queue. Je lui ai expliqué que les gens partaient en (**11**) _____. Elle était très en (**12**) _____ car elle allait à Nice pour ses (**13**) _____. J'espère qu'elle n'a pas oublié de (**14**) _____ son billet et qu'elle n'a pas (**15**) _____ son train!

UN PEU DE GRAMMAIRE

L'imparfait	*The imperfect tense*

The imperfect tense is a past tense which is used:

■ for descriptions:

Il **faisait** beau.	*The weather was fine.*

■ to express an action in progress:

Ils **se disputaient.**	*They were arguing.*

■ to translate the idea of *'used to'*:

J'**habitais** dans un petit village.	*I used to live in a small village.*

■ to express repetition / regularity:

Je **sortais** tous les soirs.	*I went out every evening.*

■ in reported speech:

Elle a dit: Je vais à Nice.	*She said, 'I am going to Nice.'*
Elle a dit qu'elle **allait** à Nice.	*She said she was going to Nice.*

How to form the imperfect tense

Stem: Use the **nous** form of the present tense and drop the **-ons**:
e.g. **lire** (*to read*) → **nous lisons** (*we read*) → **lis**

Endings:

Je lis**ais**	nous lis**ions**
tu lis**ais**	vous lis**iez**
il / elle / on lis**ait**	ils / elles lis**aient**

▶ **Grammaire** 15

EXERCICES

A   Lisez l'article de journal ci-dessous et répondez aux questions en anglais.

20 Mars

Paris-Matin

Neuf mois plus tard . . . . . les résultats!

Après une panne d'électricité à Paris qui a eu lieu le 12 juin dernier, et qui a duré 4 heures, de 20h à 24h, les maternités viennent d'annoncer une augmentation de 15% du taux de natalité. Un porte-parole du ministère de la Santé a dit que ce soir-là, naturellement, les télés ne marchaient pas. Il semble évident d'après les statistiques que les téléspectateurs n'ont pas perdu leur temps!

1   When did the power-cut take place?

2   How long did it last?

3   What happened to the birth rate nine months later?

4   To what did a spokesman from the Ministry of Health attribute this?

Nos amis touristes étaient en vacances à Paris pendant la panne d'électricité. Que faisaient-ils à ce moment-là?

1 Guillaume 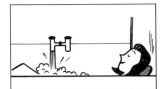   **2** Sylvie

3 Jeanne    **4** Claire

5 Henri

6 Antoine et Dominique

7 Lucien et Josée

8 Yves et Annick

9 François

10 Marie

B Anne-Laure Brunet, une des candidates au poste de secrétaire comptable de CHECK, parle de son stage à Madrid. Aidez-la.

Quand j' (**1**) _____ en stage à Madrid, je (**2**) _____ pour une société dont les bureaux se (**3**) _____ en plein centre des affaires. Le travail (**4**) _____ intéressant et j' (**5**) _____ des collègues très sympathiques, mais je (**6**) _____ espagnol toute la journée et c' (**7**) _____ épuisant.

J' (**8**) _____ dans un petit studio situé dans un vieil immeuble pittoresque. Le soir, quelquefois, je (**9**) _____ à la maison, mais en général, je (**10**) _____ avec des amis. Nous (**11**) _____ dans des bars de tapas et quelquefois nous (**12**) _____ au restaurant.

Pendant les week-ends, je (**13**) _____ des musées – j'adore le Prado, des galeries de peinture ou d'autres monuments historiques célèbres. Je (**14**) _____ aussi un peu de shopping. Malheureusement, je ne (**15**) _____ pas acheter grand-chose parce que je n' (**16**) _____ pas beaucoup d'argent.

C' (**17**) _____ une vie très agréable mais très différente de ma vie en France. Et puis, ma famille me (**18**) _____!

C   Imaginez que vous étiez en vacances ou en stage dans une ville ou une région de France. Racontez ce que vous faisiez dans la journée et le soir.

D   Lisez ce que Sylvie a dit à Dominique.

'Je ne suis pas née à Grasse mais j'y habite depuis quinze ans maintenant. J'aime beaucoup cette région. Je travaille dans une usine de parfum. Je commence à huit heures du matin. Le midi, les employés ont deux heures pour déjeuner et quand il fait beau, je vais à la piscine ou à la plage avec des collègues. Nous nous baignons et mangeons des sandwichs.

Le soir, je finis à six heures et demie. L'hiver, je rentre directement chez moi et je regarde la télévision, mais l'été je sors presque tous les soirs.'

Maintenant, aidez Dominique à répéter à son frère Antoine ce que Sylvie lui a dit.

Sylvie a dit qu'elle n'était pas née à Grasse mais qu'elle . . .

écoutez bien!

à la plage

Study the beach scene on the following page very carefully. When you are ready, listen to a description of the picture and say whether each statement is true or false.

1 _____	4 _____	7 _____	10 _____
2 _____	5 _____	8 _____	11 _____
3 _____	6 _____	9 _____	12 _____

lecture

A à la Martinique

La Martinique

Macouba
Grand-Rivière
Plantation de Leyritz
Marigot
Saint-Pierre
Sainte-Marie
Fonds-St. Denis
Jardin Botanique
Trinité
Ruines du Château Dubuc
Arboretum
Gros-Morne
Fort-de-France
Lamentin
Ducos
Trois-Îlets
Petit-Bourg
Diamant
Marin
Saine-Anne

Read the text below carefully, then answer the questions following it in English.

'Je suis allé à la Martinique pour mes vacances. Je suis descendu dans un hôtel très confortable à Sainte Anne, c'est-à-dire sur la Riviera martiniquaise, qui se trouve au sud de l'île. Tous les matins, je me levais de bonne heure et j'allais me baigner avant de prendre mon petit déjeuner. La plage était déserte et j'appréciais ma solitude. Tout était calme et j'aimais écouter le bruit de la mer. La plage était magnifique, de sable blanc, bordée de cocotiers dont les larges feuilles se balançaient doucement au moindre souffle de vent. Après avoir pris mon petit déjeuner, je retournais à la plage et je passais la matinée à me baigner et à me faire bronzer. Le ciel était d'un bleu indescriptible et il n'y avait presque jamais de nuages. Je rentrais déjeuner à l'hôtel et je choisissais presque toujours un plat de poissons ou de fruits de mer, qui sont les spécialités gastronomiques de l'île. Comme dessert, je prenais en général des fruits, le plus souvent de l'ananas que j'adore, et qui est une des principales richesses de la Martinique avec la canne à sucre, ou bien des bananes qui sont là-bas fondantes comme du miel.

L'après-midi, je visitais toujours une partie différente de l'île, en particulier celles qui offrent un panorama exceptionnel comme la vue sur l'île de la Dominique, du haut des falaises entre Macouba et Grand-Rivière sur la côte atlantique, ou comme la Montagne Pelée, volcan dont l'éruption en 1902 a détruit la ville de Saint Pierre et les localités voisines.

Ou bien j'allais visiter une des curiosités de l'île, comme par exemple le musée de la Pagerie, dédié à Joséphine, née aux Trois Îlets en 1763 et qui allait devenir impératrice des Français; ou encore la distillerie de rhum de Gros Morne; ou la capitale, Fort-de-France, et ses bâtiments historiques. D'autres fois, je passais l'après-midi dans un village de pêcheurs, avec mon chevalet et mes tubes de peinture et j'essayais de reproduire sur la toile son animation et ses couleurs vives.

Je crois que j'ai assez bien réussi, car j'ai vendu plusieurs tableaux qui ont remboursé ces vacances de rêve.'

1   Where in Martinique did the narrator spend his holiday?

2   What did he do every morning?

3   Why did he enjoy it so much?

4   Describe the beach.

5   What did he do after breakfast?

6   What was the sky like?

7   Where did he eat at lunchtime?

8   What sort of food did he choose?

9   What fruit did he eat, and why?

10   Did he go back to the beach in the afternoon?

11 What can be seen from the top of the cliffs between Macouba and Grand-Rivière?

12 What happened in Martinique in 1902?

13 Name three places of interest on the island.

14 How did the narrator spend his afternoons in some fishing villages?

15 Was he satisfied with the results?

B Le TGV

Read about the services on the TGVs. What information could you give:

- a physically handicapped person?
- a person who needs to contact someone urgently?
- a family with children going on a long journey?
- somebody travelling first class and who looks forward to a good meal?

Les services à bord

Le bar

Pour une restauration rapide, une pause-café, ou à l'heure du thé, un bar (non fumeur) est à votre disposition à bord de tous les TGV, entre les voitures de première et seconde classes.

Vous y trouverez un large choix de boissons chaudes ou froides, de sandwiches, plats chauds et salades. Vous pourrez également vous y procurer des télécartes, magazines …

Pour vous diriger vers le bar, suivez le logo présent dans toutes les voitures.

Restauration

Aux heures du déjeuner ou du petit déjeuner, un service de restauration « à la place » vous est proposé en Ière classe dans la plupart des TGV ayant un temps de parcours supérieur à une heure.

Le repas, régulièrement renouvelé, comprend hors d'œuvre, plat chaud ou froid, dessert, boisson et café.

Le téléphone

A n'importe quel moment du voyage, et sur la plupart des TGV, vous pouvez utiliser les cabines téléphoniques à votre disposition en première et seconde classes et appeler n'importe quelle partie du monde.

Ces téléphones fonctionnent avec une télécarte habituelle ou une carte « France Télécom ».

Voyageur à mobilité réduite

Vous vous déplacez en fauteuil roulant? Un espace a été spécialement aménagé en Ière classe:
- un siège à assise relevable vous permet de vous installer,
- les toilettes ont été adaptées pour vous être accessibles.

Renseignez-vous en gare et agence de voyage ou demandez le « Guide du voyageur à mobilité réduite ».

Un conseil:
Réservé à l'avance, votre petit déjeuner ou votre repas vous coûte moins cher et vous êtes sûr d'être servi.
Attention:
Le titre repas n'est valable que dans le train pour lequel vous avez effectué une réservation.

Faites le point! unités 10–12

1 Look at the map of France and alter tomorrow's weather forecast where necessary. There are ten mistakes. Do not change the names of towns or regions.

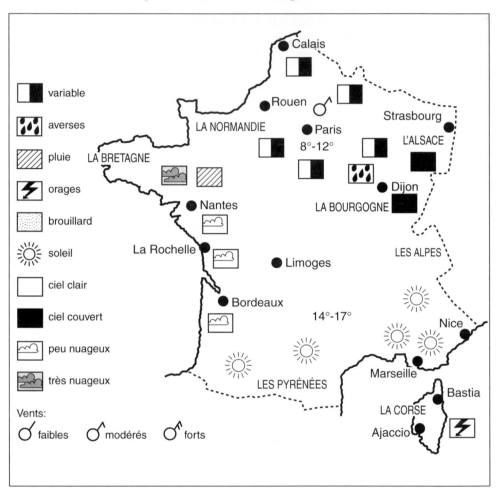

Temps très variable avec vent de secteur nord-ouest modéré sur le nord du pays. Très nuageux avec brouillard en Bretagne. Il y aura plusieurs orages en Bourgogne, aux environs de Dijon.

Sur les autres régions, le temps restera instable, les éclaircies devenant belles l'après-midi sur la côte pacifique, mais le ciel restera clair dans l'Est. Des Pyrénées aux Alpes, mauvais temps ensoleillé, avec quelques chutes de neige en Corse.

Les températures minimales seront comprises entre 8 et 13 degrés sur la moitié sud du pays. Les maximums atteindront 14 à 17 degrés sur la moitié nord.

2   M. and Mme Chevalier decided to redecorate their lounge. Put the sentences in the correct order to complete the story.

a 'Tu mettras le papier peint et Patricia et moi, nous repeindrons la porte et les fenêtres.'

b Après le déjeuner, leur fils Jean les a aidés à sortir les meubles.

c Vers huit heures du soir, il a commencé à le coller.

d Samedi matin de bonne heure, les Chevalier sont allés en ville pour faire les achats nécessaires.

e Puis leur fille Patricia a mis des journaux par terre pour protéger la moquette.

f Voyant qu'il était tard, Madame Chevalier lui a suggéré de s'arrêter.

g Madame Chevalier a lavé les murs avant de commencer à peindre le plafond.

h Ils ont acheté des pots de peinture, du papier peint, un rouleau, des pinceaux et de la colle.

i Pendant qu'elle peignait le plafond, Monsieur Chevalier mesurait et coupait le papier peint.

3   You call a French company. Complete the dialogue with the cues below.

Standardiste   Allô, Delarue et Fils, j'écoute!

Vous   (**a** *Say you'd like to talk to Mr Delarue.*)

Standardiste   Je regrette, Monsieur Delarue est en réunion. Est-ce que je peux vous aider?

Vous   (**b** *Say you'd like to make an appointment with him.*)

Standardiste   Cette semaine?

Vous   (**c** *You are not free this week.*)

Standardiste   La semaine prochaine, alors?

Vous   (**d** *Say yes, except Wednesday.*)

Standardiste   Mardi, ça va?

Vous   (**e** *Check that it is the 15th.*)

Standardiste   Oui, c'est ça.

Vous   (**f** *Say Tuesday morning is OK.*)

Standardiste   Dix heures, ça vous convient?

Vous   (**g** *Say it's fine.*)

Standardiste	Quel est votre nom, s'il vous plaît.
Vous	(**h** *Answer accordingly.*)

4   This time, you are the switchboard operator of Dupont Frères.

Vous	(**a** *Answer the telephone.*)
Madame Manès	Je voudrais parler à Monsieur Dupont, s'il vous plaît.
Vous	(**b** *Say you are sorry, the line is engaged. Ask if she wants to wait.*)
Madame Manès	Non, mais c'est urgent. Pouvez-vous lui demander de me rappeler le plus tôt possible?
Vous	(**c** *Of course you can. Ask for her details.*)
Madame Manès	Je suis Madame Manès, la secrétaire de direction de la société CHECK.
Vous	(**d** *Ask her to spell it.*)
Madame Manès	C-H-E-C-K.
Vous	(**e** *Thank her and ask for her telephone number.*)
Madame Manès	C'est le 01.48.91.35.10.
Vous	(**f** *Say that you'll give him the message.*)
Madame Manès	Je peux le contacter par e-mail?
Vous	(**g** *Say yes and give it to her: robert@dupont.com*)

5   Complete the story by filling in the missing verbs. You will need the following (some more than once):

aimer   habiter   jouer   passer
aller   être   avoir   s'appeler   faire

Quand j'(**a**) _____ jeune, je (**b**) _____ toujours en vacances en Vendée, sur la côte atlantique, avec mes cousins dont les parents (**c**) _____ une grande villa à La Tranche-sur-Mer. Nous (**d**) _____ pratiquement toute la journée sur la plage qui (**e**) _____ à deux pas de la maison. Il y (**f**) _____ des tas de choses à faire: nous nous baignions bien sûr, nous (**g**) _____ de la voile, nous (**h**) _____ au ballon et quelquefois nous (**i**) _____ des châteaux de sable pour amuser les plus petits. Mes cousins (**j**) _____ un chien très affectueux, qui (**k**) _____ Rollo, et qui (**l**) _____ notre compagnie. Il nous suivait partout.

Treizième unité

Treizième unité

à la radio

Comme chaque semaine, Henri Boivin écoute son jeu radiophonique favori, *Qui veut gagner des euros?*

Présentateur Mesdames, mesdemoiselles, messieurs, bonsoir! Je vous parle, comme chaque semaine, du studio 20 pour notre jeu radiophonique « Qui veut gagner des euros?». Aujourd'hui, questions de géographie, et pour essayer d'y répondre, notre candidate, Mademoiselle Persiaux . . . Que faites-vous dans la vie, mademoiselle?

Candidate Je suis bibliothécaire.

Présentateur Et d'où êtes-vous?

Candidate De Reims.

Présentateur Êtes-vous prête à défendre l'honneur rémois?

Candidate Je suis prête.

Présentateur Alors, top chronomètre! L'Afrique est-elle plus ou moins grande que l'Amérique?

Candidate Au hasard, plus grande.

Présentateur Bravo! . . . Quelle est la plus haute montagne du monde?

Candidate Je crois que c'est l'Everest.

Présentateur	C'est exact, avec 8 882 mètres d'altitude . . . Où se trouve la plus haute montagne française?
Candidate	Dans les Alpes, c'est le Mont Blanc.
Présentateur	Bien sûr . . . Et quel est l'océan le plus profond du monde?
Candidate	L'océan Atlantique.
Présentateur	Ah non, mademoiselle, c'est le Pacifique, avec une profondeur moyenne de 4 282 mètres! . . . La mer Méditerranée est-elle plus ou moins profonde que la mer du Nord?
Candidate	Elle est plus profonde.
Présentateur	Oui . . . Les chutes du Niagara sont-elles plus hautes que les chutes Victoria?
Candidate	Je ne pense pas, non.
Présentateur	Bien, les chutes américaines et canadiennes mesurent respectivement 57 et 59 mètres. Mais quelle est la hauteur des chutes Victoria?
Candidate	200 mètres peut-être?
Présentateur	Non, mademoiselle, 115 mètres . . . Mais retournons à la montagne. Le plus haut col des Alpes se trouve-t-il en Italie, en Suisse ou en France?
Candidate	Je dirais en Suisse.
Présentateur	Bravo . . . Le désert de Gobi est-il aussi grand que le désert du Sahara?
Candidate	Non.
Présentateur	Exact. Le désert du Sahara est le plus grand du monde. Et, d'après vous, où fait-il le plus chaud au mois d'août, à Paris ou à Londres?
Candidate	À Paris, bien sûr!
Présentateur	Eh bien non, il fait aussi chaud à Londres qu'à Paris, avec une température moyenne de 18 degrés . . . Vous avez répondu à sept questions sur dix. Bravo, mademoiselle. Vous avez bien défendu l'honneur de votre ville! Et maintenant un spot de publicité.

QU'EST-CE QUE ÇA VEUT DIRE?

rémois(e)	*from Rheims*
un(e) bibliothécaire	*a librarian*
un chronomètre	*a stop-watch*
au hasard	*at a guess, at random*
le monde	*the world*
profond(e)	*deep*
un col	*a mountain pass* (here)

avez-vous compris?

Répondez en français.

1 Quel est le nom de la candidate?

2 D'où est-elle?

3 Quel est son métier?

4 Quelle est la plus haute montagne du monde?

5 Où se trouve la plus haute montagne française?

6 Quel est l'océan le plus profond du monde?

7 Quelle est la différence de hauteur entre les chutes du Niagara canadiennes et les chutes Victoria?

8 Où se trouve le plus haut col des Alpes?

9 Quel est le plus grand désert du monde?

10 Quelle est la température moyenne à Londres en août?

à vous!

Complétez.

1 L'Afrique est _____ grande que l'Amérique.

2 La mer Méditerranée est _____ profonde que la mer du Nord.

3 L'océan Atlantique est _____ profond que l'océan Pacifique.

4 Les chutes du Niagara sont _____ hautes que les chutes Victoria.

5 Le désert de Gobi est _____ grand que le désert du Sahara.

6 Au mois d'août, il fait _____ chaud à Londres qu'à Paris.

à la radio (suite)

Un spot de publicité.

Eau, eau, eau, eau *Sidi*!

Si vous partez au Maroc, en Algérie, en Tunisie . . . Eau *Sidi* . . . L'eau pétillante naturelle, l'eau minérale subtile.

Eau *Sidi* . . . Vous la dégusterez à petites gorgées . . . Eau *Sidi* . . . Vous la trouverez meilleure que le champagne quand vous aurez vraiment soif.
Eau *Sidi* . . . Ne l'oubliez pas!

Vous voulez partir demain, mais votre voiture est en panne?
Alors contactez L-A-M, *Location-Auto-Minute*.
Vous pourrez traverser l'Europe au volant de la toute dernière Petita-turbo avec L-A-M.
Pour seulement 110 euros par jour.
L-A-M, toujours à votre service!

QU'EST-CE QUE ÇA VEUT DIRE?

déguster	*to taste, to savour*
une petite gorgée	*a sip*
la toute dernière	*the very latest* (f.)
être en panne	*to have broken down*
le volant	*steering-wheel*

avez-vous compris?

Les deux publicités ont été mélangées. Corrigez les phrases ci-dessous pour parler soit de l'eau *Sidi*, soit de *L-A-M*.

1   Contactez *L-A-M* quand vous aurez vraiment soif.

2   Vous la dégusterez pour seulement 110 euros par jour.

3   Eau *Sidi*, toujours à votre service!

4   Vous pourrez traverser l'Europe à petites gorgées.

à vous!

Complétez.

1   Si votre voiture est en _____, contactez *L-A-M*.

2   Vous pourrez partir au _____ d'une Petita-turbo.

3   La location coûte seulement 110 euros par _____.

4 Il faut déguster l'eau *Sidi* à petites _____.

5 C'est une eau minérale naturelle _____ qui est subtile.

6 Quand j'ai soif, je la trouve _____ que le champagne.

à la radio (suite et fin)

Après la publicité, le jeu continue.

Présentateur   Eh bien, mademoiselle, retournons en Europe pour l'instant.
Quel est le fleuve le plus long d'Europe?

Candidate   C'est le Danube?

Présentateur   Mais oui, mademoiselle, avec 2 839 kilomètres de long . . .
La Seine est-elle aussi longue que la Loire?

Candidate   Non.

Présentateur   Vous avez raison, la Loire est le fleuve le plus long de France . . . Mais quelle est la plus grande île française?

Candidate   Probablement la Corse.

Présentateur   Mais oui, mademoiselle! Restons dans les îles. Quelle est la ville la plus éloignée de Paris, Papeete à Tahiti, ou Nouméa en Nouvelle-Calédonie?

Candidate   À mon avis, c'est Nouméa.

Présentateur   Nouméa est à 18 713 kilomètres de Paris, mais Papeete, en Polynésie, est à 23 654 kilomètres . . . Et où se trouve le plus grand lac du monde?

Candidate   Mmm . . . Je ne sais pas!

Présentateur   C'est le lac Supérieur qui se trouve entre le Canada et les États-Unis . . . Mais quel est le pays le plus peuplé du monde?

Candidate   L'Inde.

Présentateur   Seulement après la Chine qui a plus d'un milliard d'habitants . . . Le Royaume-Uni est-il plus peuplé que la France?

Candidate   Je pense que oui.

Présentateur   Mais oui, la France est plus grande mais moins peuplée . . . Et voici votre dernière question: quelle est la langue parlée par le plus grand nombre de personnes?

Candidate   Je suppose que c'est l'anglais.

Présentateur   Non, mademoiselle, c'était une question piège! C'est le mandarin qui est parlé par plus de 800 millions de personnes. L'anglais est parlé par plus de 400 millions de personnes et le français par 100 millions seulement! . . . Eh bien, Mademoiselle Persiaux, vous avez fort brillamment répondu à onze questions. Voici donc les 440 euros que vous avez gagnés. Tous nos amis du studio 20 vous applaudissent bien fort . . .

QU'EST-CE QUE ÇA VEUT DIRE?

un fleuve	*a large river*
Vous avez raison	*You are right*
peuplé(e)	*populated*
un milliard	*1,000 million*
un(e) habitant(e)	*an inhabitant*
une question piège	*a trick question*
un piège	*a trap, a snare*
gagner	*to win*

avez-vous compris?

Répondez *vrai* ou *faux*.

1 Le Danube est le fleuve le plus long d'Europe.

2 La Corse est la plus grande île française.

3 Nouméa est plus loin de Paris que Papeete.

4 La Seine est aussi longue que la Loire.

5 Le lac Supérieur est situé entre les États-Unis et le Canada.

6 C'est le plus grand lac du monde.

7 L'Inde est le pays le plus peuplé du monde.

8 La France est plus peuplée que le Royaume-Uni.

9 Le mandarin est parlé par plus de gens que l'anglais.

10 Chaque bonne réponse rapporte 40 euros aux candidats de *Qui veut gagner des euros?*

à vous!

Comparez la taille et la population de plusieurs pays francophones.

Exemples: La Belgique est plus petite que la Suisse, mais elle a plus d'habitants.
La Suisse n'est pas aussi peuplée que la Belgique.

Utilisez les chiffres suivants.

	Superficie	**Population totale**
La France	54 690 km^2	56 millions d'habitants
La Belgique	30 500 km^2	9,9 millions d'habitants
La Suisse	41 272 km^2	6,6 millions d'habitants
Le Luxembourg	2 584 km^2	366 000 habitants
La Côte d'Ivoire	322 463 km^2	11,1 millions d'habitants
Le Québec	1 540 681 km^2	6,6 millions d'habitants

à la Martinique

Josée Cousin compare la vie en France et à la Martinique avec son amie Édith.

Josée   Ce qui m'a frappée, Édith, en arrivant à l'aéroport de Roissy, c'est que tout était sombre, gris, morne, que l'ensemble manquait de couleurs . . .

Édith   Tu veux dire que les couleurs là-bas étaient moins vives que les nôtres.

Josée   Beaucoup moins. Et cela se réflète même dans les toiles que nous avons vues au musée d'Orsay, par exemple.

Édith   Alors, tu préfères notre art et nos artistes. C'est bien!

Josée   Non, mais c'est très différent! En revanche, quand nous sommes allés faire un petit tour dans le Midi, tout était plus intense, il y avait plus de lumière, les gens me semblaient plus ouverts, plus bruyants, plus animés . . .

Édith   Comme chez nous, quoi! Mais votre séjour en France vous a plu quand même?

Josée   Ah oui, énormément, surtout nos visites aux monuments historiques, qui sont plus impressionnants et plus anciens que les nôtres. Et il y en a tellement!

Édith   Nous, nous en avons si peu! Et quel est le bâtiment que tu as trouvé le plus intéressant?

Josée   Le château de Versailles est magnifique, la basilique du Sacré-Cœur est imposante, et j'adore les vitraux de la cathédrale de Chartres. Mais ce que j'ai aimé le plus, c'était le château de Fontainebleau. À mon avis, c'est le plus beau.

Édith   Et à part les monuments, qu'est-ce que tu as trouvé de mieux en France? La cuisine est-elle vraiment la meilleure du monde?

Josée   Elle est excellente et très variée. Il y en a pour tous les goûts. Et le paysage est aussi plus varié que le nôtre. Tout est sur une plus grande échelle.

Édith   Tu espères retourner en France un jour?

Josée   Oui, j'aimerais bien y retourner, mais tu sais que j'ai horreur de voyager en avion. En attendant, les Muller vont venir nous rendre visite. Ils sont contents parce que notre climat est beaucoup plus agréable que le leur.

QU'EST-CE QUE ÇA VEUT DIRE?

frapper	*to strike*	tellement	*so (much / many)*
morne	*dull*	les vitraux (un vitrail)	*stained-glass windows*
une toile	*a canvas, a painting*	mieux (bien)	*better* (well)
le Midi	*the South of France*	meilleur (bon)	*better* (good)
plu (plaire 🔔)	*liked* (lit. *pleased me*)	le meilleur / la meilleure	*the best*
en revanche	*on the other hand*	sur une plus grande échelle	*on a larger scale*
la lumière	*the light*	le leur / la leur / les leurs	*theirs*

avez-vous compris?

Quels sont les adjectifs et expressions utilisés par Josée pour décrire:

1 son impression générale en arrivant à Paris?

2 la peinture française?

3 les gens du Midi?

4 les monuments historiques en France?

5 la cuisine française?

6 le paysage?

à vous!

Travaillez avec un / une partenaire. À tour de rôle, comparez les choses suivantes.

Exemple: un serpent est moins gros qu'un éléphant

1 un serpent, un éléphant, un crocodile

2 une pomme, un bonbon, un ananas

3 une glace, une carotte, un yaourt

4 une rivière, un fleuve, un canal

5 une voiture, un avion, un vélo

6 un téléphone, un téléviseur, un ordinateur

à la Martinique (suite)

Maintenant les deux amies parlent de musique.

Édith   Dis-moi, Josée, qu'est-ce que tu penses de la musique d'aujourd'hui?

Josée   Il y a des chansons qui me plaisent, mais moi, je préfère de beaucoup la chanson traditionnelle, les chansons de Barbara ou de Charles Aznavour, ou bien d'Édith Piaf et de Georges Brassens.

Édith   Oh Josée, tu ne vis pas avec ton temps! À mon avis, c'était un vieux qui chantait faux!

Josée   Au contraire, je trouve qu'il chantait bien. C'était un poète qui avait beaucoup d'humour. Et j'aime bien son côté iconoclaste; il donne à réfléchir.

Édith   Mais de toute façon, la politique c'est la politique, la poésie c'est la poésie, et la chanson c'est la chanson!

Josée   D'abord il est bon de pouvoir exprimer ses idées, et pourquoi pas en chanson? Et d'autre part, beaucoup de poèmes ont été mis en musique et sont devenus de grands succès.

Édith   Oui, c'est vrai, je suppose. *Le Déserteur* de Boris Vian, *Les Feuilles mortes* de Prévert . . .

Josée   Et les poèmes d'Aragon chantés par Léo Ferré. Ça démocratise la poésie, ça la met à la portée de tous et je pense que c'est une bonne chose.

Édith   Je dois avouer que moi, je ne suis pas fanatique de la chanson. J'ai horreur du rock et je ne peux pas supporter le heavy metal, tout ce que les jeunes écoutent à longueur de journée. Ils nous cassent les oreilles!

Josée   Je suis entièrement d'accord. Par contre, je déteste encore plus quand les enfants écoutent leur baladeur. Malheureusement, il paraît que c'est très dangereux.

Édith   Il n'y a plus beaucoup de jeunes qui s'intéressent à la musique classique.

Josée   Je dois dire que je n'aime pas ça non plus. Je trouve ça plutôt ennuyeux. Par contre, j'ai un faible pour le jazz. Et j'adore la musique de la Compagnie Créole!

Édith   Moi aussi, je suis accro. Quel rythme, quel rayon de soleil!

QU'EST-CE QUE ÇA VEUT DIRE?

donner à réfléchir	*to make you think*
démocratiser	*to make easily accessible to the ordinary person*
mettre à la portée de tous	*to bring within everyone's reach*
casser les oreilles (*fam.*)	*to deafen*
par contre	*but, on the other hand*
un baladeur	*a personal stereo*
avoir un faible pour	*to have a soft spot for / to be partial to*
je ne peux pas supporter	*I can't stand*
être accro (à)	*to be hooked (on)*

avez-vous compris?

Qui parle? Josée ou Édith?

1   J'ai un faible pour le jazz.

2   Il est bon de pouvoir exprimer ses idées.

3   C'était un poète qui avait beaucoup d'humour.

4   J'ai horreur du rock.

5   Je déteste quand les enfants écoutent leur baladeur.

6   Je préfère de beaucoup la chanson traditionnelle.

7   Il n'y a plus beaucoup de jeunes qui s'intéressent à la musique classique.

8   La politique c'est la politique, la poésie c'est la poésie, et la chanson c'est la chanson!

9   C'était un vieux qui chantait faux!

10   Ils nous cassent les oreilles!

11   Ça démocratise la poésie, et je pense que c'est une bonne chose.

12   Je ne suis pas fanatique de la chanson.

à vous!

1 Exprimez vos goûts à propos de la musique. Utilisez quelques-unes des expressions ci-
dessous.

j'aime bien . . .	je préfère . . .	j'adore . . .
j'ai horreur de . . .	je suis fanatique de . . .	je déteste . . .
j'ai un faible pour . . .	. . . me plaît / me plaisent	je n'aime pas du tout . . .
je ne peux pas supporter . . .	je suis accro (à) . . .	. . . ne me plaît / plaisent pas

je trouve que . . .	je pense que . . .	il est bon de . . .	je dois avouer que . . .
je dois dire que . . .	de toute façon . . .	à mon avis . . .	au contraire . . .
(mal)heureusement	je crois que . . .	par contre . . .	je (ne) suis (pas) d'accord . . .

2 Utilisez certaines des expressions pour donner votre avis en ce qui concerne les choses
suivantes.

la Loterie Nationale / le Loto	la poésie
les animaux familiers	les zoos
l'Union Européenne	les baladeurs
l'euro	les téléphones portables
les fastfoods	la cuisine chinoise
les jeux télévisés	les émissions sportives à la télé
les cartes de crédit	l'internet
les DVD	les CD

à la Martinique (suite)

Josée retrouve son sujet de conversation favori, ses enfants.

Édith Et les enfants, ça
marche à l'école?

Josée Oh, comme ci comme
ça, tu sais. Annette
travaille mieux que
son frère, elle est
plus studieuse, alors
elle a de meilleurs
résultats.

Édith   Ah bon, Simon travaille moins bien que sa sœur?

Josée   Il ne travaille pas autant que sa sœur. Il sort plus souvent maintenant qu'il est au collège, et surtout il fait beaucoup de sport.

Édith   Il se prépare aux jeux olympiques?

Josée   Pas encore, mais il est très bon en athlétisme. Au collège, c'est lui qui court le plus vite et qui saute le plus haut. Il est très rapide maintenant, mais il faut dire qu'il s'entraîne régulièrement.

Édith   Annette n'est pas très sportive, elle.

Josée   Si, mais elle n'aime pas la compétition. Elle préfère la danse et la gymnastique.

Édith   Et toi?

Josée   Moi, je compose mes menus pendant les cours de yoga. Je n'aime pas du tout les séances de méditation. C'est le pire pour moi, car on ne peut pas parler!

QU'EST-CE QUE ÇA VEUT DIRE?

autant	*as much*
sauter	*to jump*
(s')entraîner	*to train*
si	*yes* (after a negative statement or question)
une séance	*a session* (here)
pire	*worse*
le / la pire	*the worst*

avez-vous compris?

Répondez en français.

1 Qui travaille le mieux à l'école, Annette ou Simon?

2 Pourquoi?

3 Pourquoi Simon travaille-t-il moins que sa sœur?

4 Qu'est-ce qui prouve qu'il est bon en athlétisme?

5 Comment obtient-il ces résultats?

6 Que préfère Annette?

7 Pourquoi?

8 Josée est-elle très sportive?

9 Pourquoi Josée n'aime-t-elle pas méditer?

10 Que fait-elle pour passer le temps?

Maintenant répondez simplement par *oui*, *non* ou *si*. Consultez *Un peu de grammaire* à la page 249 avant de commencer.

11 Annette n'est pas plus studieuse que Simon.

12 Simon sort plus souvent maintenant.

13 Il ne fait pas beaucoup de sport.

14 Il ne s'entraîne pas régulièrement.

15 Annette aime la compétition.

16 Elle préfère la danse et la gymnastique.

17 Josée ne fait pas d'exercice.

18 Elle n'aime pas la méditation.

à vous!

Pour chaque catégorie ci-dessous, faites deux ou trois phrases en utilisant un superlatif.

Exemples: Les pommes de terrre coûtent le moins cher.
Le poisson est le plus riche en protéines.
Les oranges ont le plus de vitamine C.

le caviar	la crème fraîche	le soja
les pommes de terre	les oranges	le lait
le poisson	les carottes	le thé
le pain	l'alcool	

un pompier	un médecin	un professeur
un infirmier	un ouvrier	un acteur
un mécanicien	un cascadeur	un chirurgien

regarder la télévision	manger	jouer à quelque chose
dormir	faire du sport	jouer d'un instrument de
travailler	lire	musique
rire	écouter	bavarder

les araignées	les serpents	les tigres
les éléphants	les baleines	les dauphins
les chiens	les requins	les tortues
les renards	les chevaux	les rats

la voiture	le bus	le bateau
le train	le métro	le téléphérique
l'avion	le tramway	le cheval
le vélo	le taxi	la jeep
les skis		

à la Martinique (suite et fin)

Pendant que sa mère bavarde avec Édith, Annette bavarde avec son amie Emma.

Annette   Emma, regarde mon dessin! Il est joli, n'est-ce pas?

Emma   Oui, mais le mien est plus coloré. Le tien est un peu triste.

Annette   Qu'est-ce que c'est?

Emma   Je ne sais pas encore.

Annette   Ça ne fait rien, ce n'est pas mal. Tu n'as pas vu les dessins de Simon? Les siens sont vraiment horribles!

Emma   Tu es méchante avec ton frère!

Annette   Il n'est pas plus gentil avec moi! Dis-moi, tu aimes ma nouvelle robe?

Emma   Oui, mais je préfère celle de Michelle, la sienne a de la dentelle.

Annette   De la dentelle! Je n'aime pas ça. C'est démodé.

Emma   Moi, je préfère être en jean ou en short, c'est plus confortable.

Annette   Oui, mais toi, tu es un vrai garçon manqué!

QU'EST-CE QUE ÇA VEUT DIRE?

un dessin	*a drawing*
le mien / la mienne	*mine*
le tien / la tienne	*yours*
les siens	*his / hers* (masc. pl.)
méchant(e)	*nasty, wicked*
la dentelle	*lace*
démodé	*old-fashioned*
un garçon manqué	*a tomboy*

avez-vous compris?

Répondez *vrai* ou *faux*.

1 D'abord, Annette et Emma parlent de vêtements.

2 Le dessin d'Annette est moins coloré que celui d'Emma.

3 Emma ne sait pas ce que son dessin représente.

4 Annette n'aime pas les dessins de son frère.

5 Emma dit que Simon est méchant avec elle.

6 Annette a une nouvelle robe avec de la dentelle.

7 Emma trouve la dentelle démodée.

8 Emma préfère les vêtements confortables.

à vous!

Complétez avec les mots ci-dessous. Consultez *Un peu de grammaire* à la page 248 avant de commencer.

voiture   robe   maison   enfants
   dessin   sac   lunettes   valise

1 – C'est votre _____ ?
 – Non, la mienne est en plastique marron.

2 – Ce sont vos _____ ?
 – Non, les nôtres sont restés à la maison.

3 – C'est la _____ de vos parents?
 – Non, la leur n'a pas de jardin.

4 – Est-ce que ce sont vos _____ ?
 – Non, les miennes sont sur mon nez!

5 – C'est votre _____ ?
 – Non, la nôtre est en panne.

6 – C'est votre _____ ?
 – Non, le mien est en cuir.

7 – C'est la _____ de votre fille?
 – Non, la sienne n'a pas de dentelle.

8 – C'est le _____ de votre fils?
 – Non, le sien est plus coloré.

UN PEU DE GRAMMAIRE

Les comparatifs	*Comparatives*
plus . . . que / qu'	*more . . . / . . . -er than*
La France est **plus** grande **que** l'Angleterre.	*France is **bigger than** England.*
moins . . . que / qu'	*less . . . / . . . -er than*
La Seine est **moins** longue **que** la Loire.	*The Seine is **less** long **than** the Loire.*
	*The Seine is **shorter than** the Loire.*
aussi . . . que / qu'	*as . . . as*
Il fait **aussi** chaud à la Martinique **qu'**à la Guadeloupe.	*It is **as** hot in Martinique **as** it is in Guadeloupe.*
Note the irregular comparatives:	
bon → meilleur	*good → better* (adjective)
bien → mieux	*well → better* (adverb)

Les superlatifs	*Superlatives*
Le **plus** long fleuve / **le** fleuve **le plus** long	***The longest** river.*
La **plus** haute montagne / **la** montagne **la plus** haute	***The highest** mountain.*

Note that if the adjective normally comes after the noun, the second construction must be used.

Ce sont **les** enfants **les plus** intelligents.	*They are **the most** intelligent children.*
Voilà **le** livre **le plus** intéressant.	*Here is **the most** interesting book.*

Les pronoms possessifs	*Possessive pronouns*
le mien, la mienne, les miens, les miennes	*mine*
le tien, la tienne, les tiens, les tiennes	*yours* (fam.)
le sien, la sienne, les siens, les siennes	*his / hers*

|||➡

le nôtre, la nôtre, les nôtres	*ours*
le vôtre, la vôtre, les vôtres	*ours* (polite or pl.)
le leur, la leur, les leurs	*theirs*

Oui ou non? Si!   ***Yes or no? Yes!***

To answer 'yes' to a negative question / statement you disagree with, use **si** instead of **oui**.

– Annette n'aime pas le sport?	*Annette doesn't like sport?*
– Si!	*Yes (she does)!*

▶ **Grammaire** 17, 18

EXERCICES

A   Comparez Nadine, Catherine et Paule, leurs vêtements et leurs affaires.

Exemples: Nadine est plus jeune que Catherine.
Paule a le plus grand sac.

B Comparez la Martinique et la Guadeloupe en utilisant les renseignements ci-dessous.

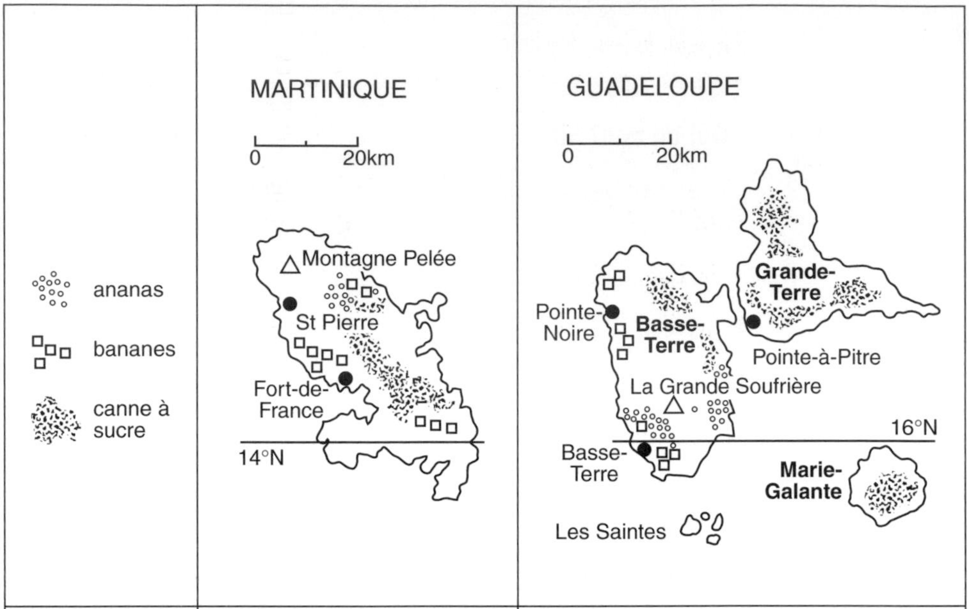

	MARTINIQUE	GUADELOUPE
Superficie	1080 km²	1702 km²
Altitude maximum	Montagne Pelée: 1397 m	La Soufrière: 1467 m
Température moyenne	26°	26°
Population totale	350 000 habitants	330 160 habitants
Population de la plus grande ville	Fort-de-France: 100 000 habitants	Pointe-à-Pitre: 28 000 habitants
Production de sucre	140 000 tonnes	170 000 tonnes
Exportation de bananes	150 000 tonnes	120 000 tonnes
Latitude	14° Nord	16° Nord

1 La Martinique est _____ grande _____ la Guadeloupe.

2 La Guadeloupe est _____ peuplée _____ la Martinique.

3 Il y a _____ d'habitants à Fort-de-France _____ à Pointe-à-Pitre.

4 La Martinique est _____ près de l'équateur _____ la Guadeloupe.

5 Il fait _____ chaud à la Guadeloupe _____ à la Martinique.

6 La Guadeloupe produit _____ de sucre _____ la Martinique.

7 La Guadeloupe exporte _____ de bananes _____ la Martinique.

8 La Montagne Pelée est _____ haute _____ la Soufrière.

C Vous êtes très fier / fière de votre fils / fille / neveu / nièce / frère / sœur, etc. Décrivez-le / la et parlez de ses exploits!

Exemple: Mon fils est le plus intelligent de sa classe. Il a les meilleurs résultats. C'est aussi le meilleur athlète de son collège . . .

D Dites ce que vous préférez et donnez vos raisons.

1 Le matin, l'après-midi ou le soir.

2 Le printemps, l'été, l'automne ou l'hiver.

3 La ville ou la campagne.

4 La mer ou la montagne.

5 Les chats ou les chiens.

6 La musique classique, le jazz, le rock ou la pop musique.

E Faites votre propre publicité. Choisissez:

- **soit** un produit imaginaire (une voiture, un ordinateur, une eau minérale, une marque de chocolat, etc.)

- **soit** quelque chose que vous connaissez bien (un restaurant, un journal / un magazine, un évènement / une fête, un endroit intéressant, etc.)

- **soit** une personne ou un animal (un animal familier à vendre, un acteur / une actrice, un professeur, etc.)

écoutez bien!

Listen to some information about La Guyane Française and Madagascar, checking it with the fact sheet below. Make changes where necessary.

	LA GUYANE FRANÇAISE	**MADAGASCAR**
Superficie	91 000 km^2	587 000 km^2
Altitude maximum	Montagne Tabulaire 2 830 m	Amboro 2 867 m
Population totale	110 000 habitants	13 000 habitants
Population de la plus grande ville	Cayenne: 14 000 habitants	Antananarivo: 703 000 habitants
Latitude	5° Nord	20° Sud
Longitude	53° Ouest	49° Est

lecture

SIMPLICITÉ, *POUR UNE MEILLEURE PROTECTION DE VOTRE PEAU*

Soleil, vent, froid, pollution, chaleur, climatisation . . . Tous les jours, au grand air comme en ville, votre peau est menacée. Pour avoir une plus belle peau et pour la protéger, utilisez régulièrement les produits **SIMPLICITÉ**.

SIMPLICITÉ préserve votre peau de la déshydratation et du vieillissement prématuré.

Les crèmes comme le Stick spécial pour les lèvres sont formulées à partir d'extraits de plantes, de filtres ultra-violets et de vitamines. Naturellement, tous nos produits sont rigoureusement contrôlés, mais seulement dans des éprouvettes, jamais sur des animaux.

SIMPLICITÉ protège votre peau et votre beauté, tout simplement.

Vente exclusive en pharmacie.

1   According to this advertisement, what can damage the skin?

2   What do the 'Simplicité' products claim to do?

3   What goes into the making of these products?

4   How are they tested?

5   Where can they be purchased?

---

1   To what sort of person is this advertisement trying to appeal?

2   Which appliances does one need to find the Gelcho dishes useful?

3   What do these dishes look like?

4   In what ways are they revolutionary?

5   Why are they labour-saving?

6   Where can one buy them?

BRAVO GELCHO!

Préférez-vous être à la cuisine ou au salon?

Voulez-vous être la meilleure cuisinière, mais aussi la plus rapide, celle qui passe le moins de temps dans sa cuisine?

Vous avez un four?

Vous avez un congélateur?

Alors, il vous faut les nouveaux plats GELCHO.

Il y en a des petits, des grandes, des rectangulaires,

des carrés, des ronds et des ovales.

Vous les sortez du congélateur et vous pouvez les mettre directement dans votre four ou dans le micro-ondes.

Une véritable révolution!

Vous pouvez maintenant préparer, congeler, réchauffer et servir dans le même plat.

Une véritable libération pour la femme (et l'homme) d'aujourd'hui!

Alors n'attendez plus, vous aussi dites: 'Merci GELCHO'

Dans tous les grands magasins et chez les marchands de **couleurs**.

Quatorzième unité

sur le chemin du collège

Quand Jeanne est arrivée au collège ce matin, elle était pâle et toute tremblante. Son collègue, Georges Chevalier, lui demande ce qui lui est arrivé.

Georges Qu'est-ce qui vous est arrivé, Mademoiselle Chouan? Vous avez eu un accident?

Jeanne Presque. Ah, ces imbéciles au volant!

Georges Calmez-vous, et venez vous asseoir un instant. Bon. Et maintenant, racontez-moi ce qui vous est arrivé.

Jeanne Je venais de quitter la station-service, et je roulais sur la route des Sables en direction de Luçon . . .

Georges Pas trop vite j'espère!

Jeanne Je respectais la limite de vitesse, comme d'habitude.

Georges Et alors?

Jeanne Il y avait un type derrière moi, dans une grosse BMW. Il était très impatient. Il m'a fait des appels de phares, il a klaxonné plusieurs fois . . .

Georges Typique!

Jeanne Au nouveau rond-point j'ai regardé dans le rétroviseur, j'ai signalé, j'ai ralenti. Comme il me suivait de beaucoup trop près, il a dû freiner brutalement, puis il a décidé de dépasser.

Georges Bon débarras, hein!

Jeanne Malheureusement, un autre idiot, tout aussi impatient, dans une voiture de sport qui arrivait de la droite à toute vitesse, ne s'est pas arrêté et . . .

Georges Et ça a fait boum!

Jeanne Tout juste! Les deux voitures se sont heurtées, les chauffeurs sont descendus tout de suite, et ils ont commencé à se disputer.

Georges Mais vous, vous avez continué votre chemin?

Jeanne Oui, après tout je n'étais pas responsable de l'accrochage.

QU'EST-CE QUE ÇA VEUT DIRE?

rouler	*to drive, to go* (in a car)
les Sables (-d'Olonne)	*(seaside resort in Vendée)*
un type	*a guy*
faire des appels de phares	*to flash one's headlights*
un rond-point	*a roundabout*
le rétroviseur	*the rear mirror*
ralentir	*to slow down*
freiner	*to brake*
dépasser	*to overtake*
Bon débarras!	*Good riddance!*
se heurter	*to crash into each other, to collide*
j'ai cru (croire ⚠)	*I thought (to believe)*
un accrochage	*a crash, a collision*

avez-vous compris?

Aidez Georges à raconter ce qui est arrivé à Jeanne ce matin, en corrigeant ses erreurs.

Pauvre Jeanne! Elle est arrivée pâle et tremblante au bureau ce matin. Je lui ai suggéré de se lever avant de me raconter ce qui lui était arrivé. Il paraît qu'elle venait de quitter l'autoroute, et qu'elle roulait trop vite. Derrière elle, il y avait une bonne femme dans une grosse Citroën, qui la suivait de trop près. Au croisement Jeanne a signalé et elle a accéléré. La femme, qui était très patiente, a finalement décidé de la dépasser. Malheureusement, une autre voiture, qui arrivait de la gauche, ne s'est pas arrêtée. Les deux voitures se sont heurtées. Les deux femmes sont descendues et elles ont commencé à se présenter.

à vous!

Les dessins ci-dessous représentent l'accrochage qui a eu lieu. Mettez-les dans le bon ordre et trouvez l'intrus.

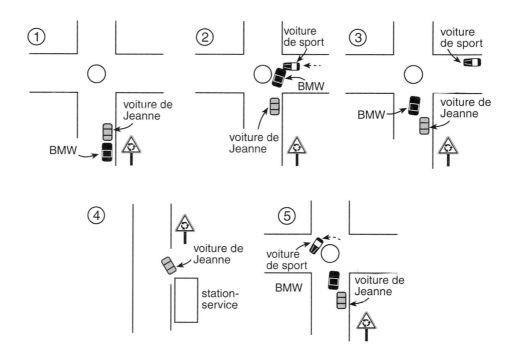

un appel téléphonique après l'accrochage

Le propriétaire de la BMW utilise son portable pour appeler sa compagnie d'assurance, Assistance-Globale.

Femme	Assistance-Globale. Qu'y a-t-il pour votre service?
Homme	Allô! Bonjour, mademoiselle. Ma voiture est tombée en panne, enfin, c'est-à-dire que j'ai eu un petit accident . . .
Femme	Où êtes-vous exactement, monsieur?
Homme	Sur la départementale 949, à un rond-point pas loin d'une station-service, en face d'un hypermarché, à environ deux kilomètres de Luçon.
Femme	Et vous rouliez dans quel sens?
Homme	Je venais de Talmont, sur la route des Sables-d'Olonne et je me dirigeais vers le centre de Luçon.
Femme	Quel est le numéro d'adhésion?
Homme	Voyons . . . Ah, voilà . . . Alors, 462.015.331.
Femme	Et votre nom?
Homme	Lebœuf, Julien Lebœuf, des Entreprises Lebœuf et Fils.
Femme	Et le numéro d'immatriculation du véhicule, monsieur?
Homme	234 CAD 85.
Femme	Et la marque de votre voiture?
Homme	C'est une BMW.
Femme	De quelle couleur est-elle?
Homme	Elle est noire.
Femme	Très bien, monsieur. La dépanneuse sera avec vous dans environ trois quarts d'heure.
Homme	Trois quarts d'heure! Mais je suis pressé, moi, ce matin. J'ai rendez-vous avec un client très important à neuf heures et demie! Vous ne pourriez pas envoyer quelqu'un plus tôt?
Femme	Je suis désolée, monsieur, je ne peux pas le garantir. Mais je ferai de mon mieux.
Homme	Vous avez intérêt à faire de votre mieux. Si je perds cette commande, je change de compagnie d'assurance. Je suis un de vos plus gros clients. Ma société a vingt voitures de service, douze camions . . . Allô! Allô! Ah, zut, on nous a coupé!

QU'EST-CE QUE ÇA VEUT DIRE?

une compagnie d'assurance	*an insurance company*	la dépanneuse	*breakdown vehicle*
le numéro d'adhésion	*membership number*	Vous ne pourriez pas . . . ?	*Couldn't you . . . ?*
le numéro d'immatriculation	*registration number*	Zut!	*Bother!*
la marque	*the make*		

avez-vous compris?

Répondez *vrai* ou *faux*.

1 L'homme qui téléphonait avait une Citroën verte.

2 Il se servait d'un poste d'urgence pour appeler Assistance-Globale.

3 Il était dans une cabine téléphonique.

4 Il a dit qu'il roulait vers Luçon.

5 Il se trouvait en face d'une station-service.

6 La dépanneuse allait arriver un quart d'heure plus tard.

7 Il était satisfait du service d'Assistance-Globale.

8 L'homme était pressé parce qu'il avait rendez-vous avec un client important.

9 Il était représentant.

à vous!

Reliez les phrases et les panneaux.

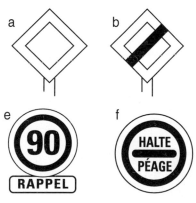

1 N'oubliez pas la limite de vitesse.

2 Accès interdit si vous n'habitez pas là.

3 Au rond-point, cédez le passage.

4 Il faut s'arrêter pour payer.

5 Vous n'avez pas la priorité au carrefour.

6 Tout le monde doit suivre cette route.

7 Vous entrez dans un tunnel.

8 Vous avez priorité.

jeu de rôles

Partenaire A

(Partenaire B: tournez à la page 265.)

A1 Vous travaillez pour *Assurance Totale*. Vous recevez un coup de fil d'un / une client(e), qui vient de tomber en panne. Demandez-lui les renseignements nécessaires pour remplir le formulaire.

ASSURANCE TOTALE

Date: . . . . Heure de l'appel: . . . .

Nom: . . . .

Numéro d'adhésion: . . . .

Marque et couleur du véhicule: . . . .

Numéro d'immatriculation: . . . .

Situation du véhicule: . . . .

. . . .

A2 Maintenant vous êtes l'automobiliste. Votre voiture vient de tomber en panne. Vous appelez *Auto-Assistance*. Répondez aux questions de l'employé(e) qui vous répond.

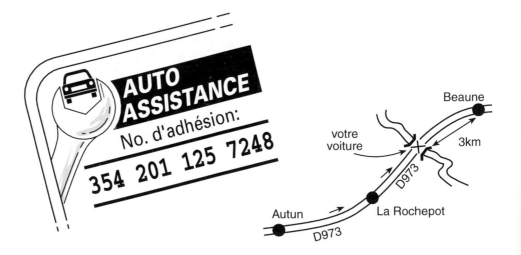

dans la classe

Que faisaient les élèves de Jeanne pendant qu'elle racontait sa mésaventure à Georges?

Avant l'arrivée du prof

Au premier rang, Michel et Simon jouaient aux cartes. Isabelle dansait sur le bureau. Philippe dessinait au tableau. Assis sur une table, Thomas montrait sa souris blanche à sa copine Laure. Près de la porte, un élève fumait. Un garçon à lunettes lisait une bande dessinée. Un autre dormait paisiblement au fond de la classe, tandis que deux autres se battaient.

Et après . . .

Mais à dix heures, quand le professeur est entré dans la salle de classe, Simon a caché les cartes dans sa serviette, Isabelle est descendue du bureau et Philippe a nettoyé le tableau. Thomas a mis sa souris dans sa poche. L'élève qui lisait a fermé son livre. Les deux enfants qui se battaient se sont assis. Le garçon qui dormait s'est réveillé, et celui qui fumait a éteint sa cigarette.

avez-vous compris?

Répondez *vrai* ou *faux*.

1   Le cours de sciences naturelles commençait à dix heures moins cinq.

2   Les élèves étaient dans la salle de classe avant le professeur.

3   Ils travaillaient dur, et ne perdaient pas leur temps.

4   Deux élèves jouaient aux cartes.

5   Un garçon à lunettes lisait une bande dessinée.

    Quand Jeanne est arrivée . . .

6   Les deux enfants qui se battaient se sont assis.

7   Isabelle a nettoyé le tableau noir.

8   Philippe a mis sa souris dans sa poche.

9   Le garçon qui dormait s'est réveillé.

10   Simon a caché les cartes dans sa poche.

à vous!

Regardez bien la famille Dupré à la maison. Où étaient-ils et que faisaient-ils?

Qu'est-ce qu'ils ont fait, quand le téléphone a sonné?

une journée difficile

Dans le magasin où elle travaille à Rouen, Chantal s'occupe de clients qui ont rapporté des vêtements.

Chantal	Bonjour, monsieur. Vous désirez?
Jeune homme	J'ai acheté ce pantalon hier. Mais quand je l'ai vu à la lumière du jour, j'ai décidé que je n'aimais pas la couleur.
Chantale	Ah, bon! Vous voulez le changer, ou vous préférez être remboursé?
Jeune homme	Ça dépend des couleurs que vous avez. Vous l'avez en marron?
Chantal	Voyons . . . Vous faites du 48 . . . Alors, 44, 46, 50. Non, monsieur, je regrette. Nous ne l'avons qu'en rouge.
Jeune homme	Ah non! Le rouge ne me va pas du tout! Vous voyez bien, mademoiselle, que j'ai les cheveux roux!
Chantal	C'est vrai. Alors, je peux vous proposer un autre modèle, à carreaux bruns et beiges . . .
Jeune homme	Je déteste les carreaux!
Chantal	Et les rayures?
Jeune homme	Peut-être. Mais vous savez, je ne suis pas habitué à porter des pantalon à rayures.
Chantal	Regardez celui-ci, rayé vert et noir. Il est en laine et polyester.

Jeune homme	Impossible. La laine me donne des démangeaisons. Et puis, je n'aime pas la coupe. Non, vraiment, je préfère un pantalon uni.
Chantale	Dans ce cas, je crois qu'il serait préférable de vous rembourser, monsieur. Vous avez votre reçu, s'il vous plaît?
Jeune homme	Non, je suis désolé, je l'ai laissé à la maison!

QU'EST-CE QUE ÇA VEUT DIRE?

rapporter	*to bring back*
Vous préférez être remboursé?	*Would you prefer a refund?*
le rouge ne me va pas du tout!	*red doesn't suit me at all!*
à carreaux	*checked*
rayé(e) / à rayures	*striped*
habitué à	*used to, accustomed to*
la laine	*wool*
me donne des démangeaisons	*makes me itch*
uni(e)	*plain* (i.e. no pattern)
il serait préférable	*it would be better, preferable*
le reçu	*the receipt*

avez-vous compris?

Répondez en français.

1 Qu'est-ce que le jeune homme a acheté hier.

2 Pourquoi ne l'aimait-il pas?

3 Quelle couleur voulait-il?

4 Est-ce que Chantal a trouvé sa taille en marron?

5 Le jeune homme aime-t-il les pantalons à carreaux?

6 Est-il habitué à porter des pantalons rayés?

7 Préfère-t-il faire un échange ou être remboursé?

8 À-t-il perdu son reçu?

une journée difficile (suite et fin)

Cette fois, c'est Madame Brède qui rapporte un pull.

Chantal   Qu'y-a-t-il pour votre service, madame?

Mme Brède   Je voudrais changer le pull que j'ai acheté dans ce magasin. Il a rétréci.

Chantale   Faites voir, madame. Hmm. Pourtant, Tip-Top, c'est une bonne marque. Vous avez bien suivi les instructions de lavage?

Mme Brède   Bien sûr! Je fais toujours très attention à ce genre de choses!

Chantal   Très bien, madame. Vous avez le reçu, s'il vous plaît?

Mme Brède   Voilà, mademoiselle!

Chantal   Mais . . . Je ne comprends pas . . . C'est bien le reçu pour le pull-over, mais . . . vous avez acheté ce pull il y a presque un an, et vous avez attendu jusqu'à aujourd'hui pour le rapporter?

Mme Brède   Je ne l'ai porté qu'une seule fois, je l'ai lavé à la main, et je l'ai rangé. Hier, quand je l'ai mis, j'ai remarqué qu'il avait rétréci.

Chantal   Et ce n'est pas vous, par hasard, qui avez grossi?

Mme Brède   Certainement pas, je suis toujours au régime, moi, mademoiselle, même pendant les fêtes de Noël!

QU'EST-CE QUE ÇA VEUT DIRE?

ranger	*to tidy up, to put away*
rétrécir	*to shrink*
par hasard	*by (any) chance*

avez-vous compris?

Aidez Chantal à raconter sa journée difficile.

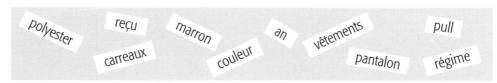

polyester   reçu   marron   an   vêtements   pull

carreaux   couleur   pantalon   régime

Je me suis occupée de deux clients qui ont rapporté des (**1**) _____ aujourd'hui. Le premier, un jeune homme roux, m'a dit qu'il n'aimait pas la (**2**) _____ de son (**3**) _____, et qu'il le voulait en (**4**) _____. Quand je lui ai proposé un pantalon à (**5**) _____ il m'a dit qu'il le détestait, et il a refusé également d'en acheter un en laine et (**6**) _____. La dame qui a rapporté un (**7**) _____ m'a dit qu'il avait rétréci. Mais quand elle m'a donné le (**8**) _____ j'ai été très surprise, car elle avait acheté le pull il y a presque un (**9**) _____! Je suis sûre qu'il était trop petit parce qu'elle avait grossi, mais elle m'a dit qu'elle était toujours au (**10**) _____!

à vous!

Imaginez que vous êtes un(e) client(e) qui rapporte un vêtement. Répondez aux questions du vendeur / de la vendeuse.

Vendeur / vendeuse Qu'y-a-t-il pour votre service, M . . .?

Vous (**1** *Say, you bought this jacket recently, and when you saw it in daylight, you didn't like the colour.*)

Vendeur / vendeuse Très bien. Alors, vous voulez la changer, ou vous préférez être remboursé(e)?

Vous (**2** *Say, you'd like to change it. It depends what colours they have.*)

Vendeur / vendeuse Bleu marine, violet, chocolat, citron vert. Vous préférez une veste unie?

Vous (**3** *Say yes. You hate checks and stripes.*)

Vendeur / vendeuse Vous faites quelle taille?

Vous (**4** *Say what size you take.*) (See table below.)

Vendeur / vendeuse Voilà, M . . . Vous avez votre reçu?

Vous (**5** *Say sorry, you forgot it!*)

Les tailles						
Femmes **GB**	10	12	14	16	18	20
F	38	40	42	44	46	48

Hommes **GB**	*Small*	*Medium*	*Large*
F	Petit	Moyen	Grand

jeu de rôles

Partenaire B

(Partenaire A: tournez à la page 258.)

B1 Vous venez de tomber en panne. Vous téléphonez à *Assurance Totale* et donnez à l'employé les renseignements qu'il / elle demande.

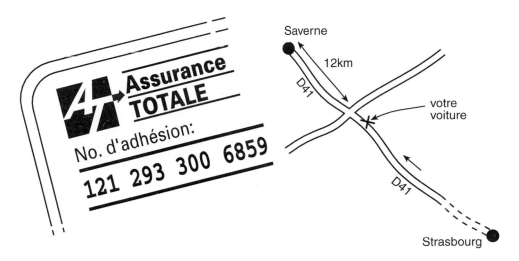

B2 Maintenant vous travaillez pour *Auto-Assistance*. Vous recevez un coup de fil d'un / une client(e), qui vient de tomber en panne. Demandez-lui les renseignements nécessaires pour remplir le formulaire.

AUTO-ASSISTANCE

Date: . . . . Heure de l'appel: . . . .

Nom: . . . .

Numéro d'adhésion: . . . .

Marque et couleur du véhicule: . . . .

Numéro d'immatriculation: . . . .

Situation du véhicule: . . . .

. . . .

UN PEU DE GRAMMAIRE

Le passé composé ou l'imparfait?

Contrasting the perfect and imperfect tenses.

The **perfect** expresses a completed action; the **imperfect**, how things were.

Quand le professeur est entré un(e) élève dansait sur le bureau.	*When the teacher came in a pupil was dancing on the desk.*
Il prenait un bain quand le téléphone a sonné.	*He was having a bath when the telephone rang.*

Note however:

Je venais de quitter la station-service.	*I had just left the petrol station.*

▶ **Grammaire** 16

EXERCICES

 A   On vous accuse! Dites le contraire!

Exemple: Vous êtes sorti(e) devant la BMW.
                  Ah non, je suis sorti(e) derrière la BMW.

1   Vous veniez d'arriver à la station-service.

Non, je venais de quitter . . .

2   Vous rouliez à plus de 70 kilomètres à l'heure.

Au contraire, je . . .

3   Vous avez regardé dans votre rétroviseur, après avoir signalé.

C'est faux, j'ai . . .

4   Vous avez accéléré.

Pas du tout! En fait, j'ai . . .

5 Quelqu'un vous suivait de très loin.

Non, . . .

6 Vous étiez impatient(e).

Non, . . .

7 Vous vouliez tourner à gauche.

Non, . . .

8 Vous êtes reparti(e) avant l'arrivée de la police.

Ah non, je . . .

B Reliez les phrases.

1	Le pull a rétréci,	a	le rouge ne me va pas.
2	Je ne porte jamais de laine,	b	maintenant je fais du 44.
3	J'ai les cheveux roux,	c	à la lumière du jour.
4	Je n'ai pas mon reçu,	d	vous n'avez pas suivi les instructions de lavage
5	J'achète toujours des vêtements unis,	e	ça me donne des démangeaisons.
6	Je n'aime pas la couleur,	f	je l'ai laissé à la maison.
7	Je ne suis pas satisfait,	g	je déteste les carreaux et les rayures.
8	J'ai grossi,	h	je voudrais être remboursé.

C Complétez l'histoire, en employant le parfait ou l'imparfait.

Quand il (**1** être) en vacances, il (**2** se lever) tard. Après le petit déjeuner, il (**3** partir) en voiture pour visiter les environs. Un jour, il (**4** perdre) les clés de la voiture et il (**5** prendre) un taxi pour rentrer à l'hôtel.

En général, le midi, il (**6** manger) dans un bon restaurant, et il (**7** choisir) les spécialités de la région. Mais un jour, il (**8** oublier) son argent, et il (**9** devoir) faire la vaisselle.

Comme il (**10** faire) toujours très beau, il (**11** sortir) en chemise, en short et en sandales. Un jour qu'il (**12** se promener) loin du village où (**13** être) son hôtel, il y (**14** avoir) un violent orage et il (**15** rentrer) trempé. Il (**16** attraper) un rhume et il (**17** passer) la fin de ses vacances au lit.

écoutez bien!

Première partie

Listen to the telephone call to *Assistance Prima* and fill in the record sheet.

ASSURANCE PRIMA

Heure de l'appel: . . . .

Nom: . . . .

Numéro d'adhésion: . . . .

Marque, modèle et couleur du véhicule: . . . .

Numéro d'immatriculation: . . . .

Situation du véhicule: . . . .

. . . .

. . . .

Notes supplémentaires: . . . .

. . . .

. . . .

Deuxième partie

Listen to the sequence of events and choose the options which best describe what took place.

1 L'homme ronflait / mangeait / rêvait quand la cloche / le réveil / le téléphone a crié / sonné / klaxonné.

2 La dame pleurait / murmurait / chantait quand quelqu'un lui a demandé de continuer / de se taire / de chanter à pleins poumons. La personne était agréable / impolie / charmante.

3 La jeune fille prenait un bain / était sous la douche / se baignait quand le bébé a crié / un petit garçon a sifflé / le téléphone a sonné.

4 Le jeune écoutait de la pop musique / les informations / de la musique classique quand sa copine / une voisine / son père a frappé à la porte.

5 La mère de famille faisait le ménage / la cuisine / le lavage quand elle a renversé du lait sur le tapis / a laissé tomber un couteau / a cassé une assiette.

6 Les enfants se disputaient / jouaient / plongeaient dans la piscine / la salle de séjour / le jardin quand un d'eux est tombé et s'est fait mal au dos / au doigt / au bras.

Troisième partie

Listen to the conversation in the shop and decide which of the following accounts is correct.

1 Un monsieur, qui avait envie d'ennuyer sa femme, est retourné au magasin où elle lui avait acheté un cadeau d'anniversaire. Il a demandé à la vendeuse de changer le pull et il en a choisi un autre en marron – une couleur que sa femme déteste.

2 Un homme voulait changer un vêtement qui était trop petit pour lui. Il est retourné au magasin où il l'avait acheté. Il a dit que le vêtement avait rétréci au lavage et il a demandé à la vendeuse de le changer. Il ne voulait pas de remboursement.

3 Le client qui voulait changer un pull qui avait rétréci au lavage a demandé à la vendeuse si elle avait grossi. Il lui a dit qu'il ne voulait pas être remboursé, mais qu'il préférait changer le pull.

lecture

A colleague of yours is travelling to France on business. Explain:

1 What the Avis 'Tarif Club Business' does and does not include.

2 How the Avis Club Business Card makes the service quicker and easier.

3 The other advantages offered to card holders.

AVIS CLUB BUSINESS

Opel Vectra

LA CARTE QUI A LE SENS DES AFFAIRES

En France

Le Tarif Club Business, dont vous bénéficiez dès votre adhésion, vous permet de réaliser d'importantes économies à chaque location.

Le Tarif Club Business inclut:
- la TVA*
- 300 km/jour
- Les compléments de protection: réduction de la responsabilité financière en cas d'accident causé au véhicule AVIS (CDW) et en cas de vol du véhicule AVIS (TPC); la garantie pour le conducteur et les personnes transportées avec assistance médicale et technique 24h/24 (PAI)
- Le retour du véhicule dans la même agence que celle de départ

Ce tarif ne comprend pas :
- Le carburant
- La Participation aux Coûts d'Immatriculation
- Si le retour du véhicule s'effectue dans une ville différente de celle de départ, le tarif sera majoré.
- Pour toute location effectuée au départ d'un aéroport, le Supplément AVIS Aéroport s'ajoute au prix de la location.

35% de remise sur les tarifs standard.
Votre carte AVIS Club Business vous donne droit à 35% de réduction sur les tarifs standard forfaitaire (kilométrage illimité) et standard jour + km.

DES SERVICES QUI FACILITENT VOS VOYAGES D'AFFAIRES

La carte AVIS Club Business ne vous permet pas seulement de réaliser des économies sur vos locations. Avec elle, vous accédez aussi à de nombreux services qui rendent plus simples et plus agréables vos déplacements.

Un gain de temps important avec le Service AVIS Express

Vous cherchez le moyen le plus rapide pour louer une voiture? Grâce à votre carte AVIS Club Business, vous bénéficiez du Service AVIS Express.

Lors de l'achat de votre carte AVIS Club Business, nous créons un numéro WIZARD qui figure sur votre carte et contient toutes les informations nécessaires à l'établissement de vos contrats de location.

Dès que vous effectuez une réservation, il vous suffit d'indiquer votre numéro WIZARD. Au moment de votre location, rendez-vous au comptoir AVIS, votre contrat est déjà prêt ; vous n'avez plus qu'à le signer en présentant votre mode de paiement et votre permis de conduire ... et prendre la route !

Ce Service AVIS Express est disponible dans toutes les agences en France métropolitaine et dans plus de 2000 agences dans le monde.

avis.fr VOUS SIMPLIFIE LA LOCATION

Pour qu'entre vous et AVIS, les contacts soient encore plus faciles à toute heure et à tout moment, AVIS a créé **avis.fr**, un site internet entièrement rédigé en langue française.

Vous souhaitez :
- réserver une voiture en ligne,
- connaître le détail de votre compte 'Mille Mercis',
- commander votre chèque 'Mille Mercis',
- nous communiquer un changement d'adresse, de téléphone ...
- connaître les coordonnées d'une agence AVIS en France ou à l'étranger,
- interroger AVIS sur un point particulier et avoir une réponse rapide

Alors, inscrivez vite **www.avis.fr** parmi vos sites favoris.

LA LIGNE TÉLÉPHONIQUE AVIS CLUB BUSINESS: UN INTERLOCUTEUR PRIVILÉGIÉ POUR VOS RÉSERVATIONS

Pour plus d'informations et pour vos réservations, AVIS met à votre disposition une ligne réservée aux porteurs de la carte AVIS Club Business et disponible du lundi au samedi. Ce numéro de téléphone est inscrit au dos de la carte que vous recevrez après votre adhésion.

Une carte qui récompense votre fidélité

VOUS BÉNÉFICIEZ DU PROGRAMME 'MILLE MERCIS'

Grâce à votre carte AVIS Club Business vous êtes automatiquement membre de notre programme de fidélité, 'Mille Mercis'. Ainsi à chacune de vos locations effectuées en France métropolitaine, vous cumulez des points (appelés 'Mercis'), transformables en surclassements, week-ends ou semaines de location gratuits. Vous pouvez connaître à tout instant le nombre de 'Mercis' dont vous disposez ou commander un chèque en consultant votre compte par :
- Internet : **www.avis.fr**
- Téléphone : 0 825 043 044
- Minitel : 3615 AVIS
- Serveur vocal : 08 92 68 01 40

Mille mercis
Une carte qui vous réserve de nouveaux avantages toute l'année.
En tant que titulaire de la carte AVIS Club Business, vous recevez tout au long de l'année des informations et offres privilégiées concernant AVIS et ses partenaires.

*(Taxe à la valeur ajoutée): *VAT*

Quinzième unité

à l'hôtel

Monsieur Déveine est en voyage. Il vient d'arriver à l'hôtel.

Réceptionniste   Qu'y-a-t-il pour votre service, monsieur?

M. Déveine   J'ai réservé une chambre la semaine dernière.

Réceptionniste   À quel nom?

M. Déveine   Déveine, François.

Réceptionniste   Voyons . . . Debnet, Dubreuil . . . Je suis désolée, monsieur, il n'y a pas de chambre au nom de Déveine réservée pour ce soir.

M. Déveine   Vous êtes sûre? Ça alors, je n'y comprends rien!

Réceptionniste   Vous êtes venu pour le congrès?

M. Déveine   Non, je suis ici pour affaires. Je suis représentant.

Réceptionniste   Je regrette, monsieur, mais je n'ai plus qu'une seule chambre de libre.

M. Déveine   Le principal, c'est d'avoir un lit pour la nuit.

Réceptionniste   L'inconvénient, c'est qu'elle se trouve au treizième étage, j'espère que vous n'êtes pas superstitieux.

M. Déveine   Pas du tout! Et puis, il y a un ascenseur, n'est-ce pas?

Réceptionniste   Il y en a même deux! Voilà votre clef.

M. Déveine   Il y a une salle de bains?

Réceptionniste   C'est une chambre avec douche, WC, télévision et téléphone.

M. Déveine   Elle coûte combien?

Réceptionniste   Elle fait 90 euros.

M. Déveine   Le petit déjeuner est compris?

Réceptionniste   Non, il est en supplément. À la française, il fait huit euros et à l'anglaise, il fait douze euros.

M. Déveine   Mmm, j'adore les petits déjeuners à l'anglaise! À quelle heure le servez-vous?

Réceptionniste   De sept heures à neuf heures, monsieur.

M. Déveine   Pouvez-vous me réveiller à six heures et demie demain matin?

Réceptionniste   Mais naturellement, monsieur.

M. Déveine   Y a-t-il un bon restaurant dans le quartier? Je dois inviter un client important à dîner ce soir.

Réceptionniste	Dans ce cas, je vous recommande le restaurant de l'hôtel. C'est un quatre étoiles.
M. Déveine	Je dois réserver une table?
Réceptionniste	C'est plus prudent, surtout avec le congrès. Il y a beaucoup de monde en ce moment. Je peux faire la réservation pour vous, si vous voulez. Vous voulez une table pour quelle heure?
M. Déveine	Pour huit heures. Une table pour deux personnes. Autre chose. Où est-ce que je peux garer ma voiture? Vous avez un garage ou un parking?
Réceptionniste	Le garage de l'hôtel est complet, mais il y a un parking à plusieurs niveaux, place Gambetta.
M. Déveine	C'est loin d'ici?
Réceptionniste	Non, c'est à cinq minutes. En sortant de l'hôtel, vous tournez à gauche. Vous continuez tout droit jusqu'aux feux, puis vous prenez la deuxième à droite. Le parking est en face de l'église.
M. Déveine	Merci, madame.
Réceptionniste	De rien, monsieur.

QU'EST-CE QUE ÇA VEUT DIRE?

le congrès	*the conference*
une chambre de libre	*a room (available)*
le principal	*the main thing*
une étoile	*a star*
garer sa voiture / se garer	*to park*
complet	*full*
un parking à plusieurs niveaux	*a multi-storey car park*
un niveau	*a level*
en sortant de l'hôtel	*on leaving the hotel*

avez-vous compris?

Répondez en français.

1 Pourquoi M. Déveine dit-il qu'il ne comprend pas?

2 Pourquoi l'hôtel est-il presque complet?

3 Combien reste-t-il de chambres de libre?

4 Où est située la chambre que la réceptionniste propose à M. Déveine?

5 Est-ce une chambre confortable?

6 Combien est-ce que cela va lui coûter par nuit s'il prend un petit déjeuner à l'anglaise?

7 Jusqu'à quelle heure sert-on le petit déjeuner?

8 Pourquoi M. Déveine cherche-t-il un bon restaurant?

9 Quel restaurant lui recommande la réceptionniste?

10 Que pensez-vous de la réceptionniste? Donnez vos raisons.

11 Pourquoi M. Déveine doit-il aller place Gambetta?

12 Dessinez un plan pour expliquer comment aller de l'hôtel au parking.

 ## à vous!

1 Reliez les textes et les dessins ci-dessous.

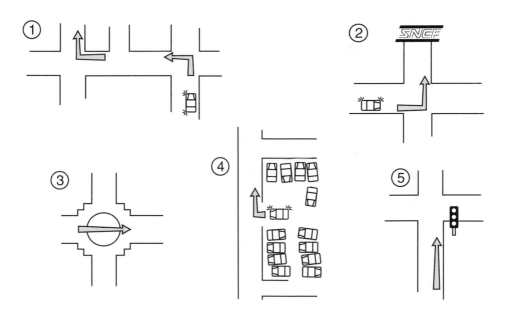

(i) Traversez la place.

(ii) En sortant du parking, tournez à droite.

(iii) Prenez la première à gauche, puis la deuxième à droite.

(iv) Continuez tout droit jusqu'aux feux.

(v) Tournez à gauche. La gare est juste en face.

2 Complétez. Aidez la réceptionniste à répondre aux questions d'un client au téléphone.

Je suis désolée, monsieur, mais l'hôtel est (**a**) _____ jusqu'à samedi . . . Je viens de louer la dernière (**b**) _____ à un représentant . . . Il y a beaucoup de (**c**) _____ en ce moment à cause du (**d**) _____, mais il n'y aura pas de problèmes la semaine prochaine . . . Toutes nos chambres sont équipées d'une salle de bains ou d'une (**e**) _____ . . . Bien sûr! C'est même un (**f**) _____ quatre étoiles. Je vous le (**g**) _____. Nous servons le (**h**) _____ de sept heures à neuf heures, tous les matins . . . Non, vous n'aurez pas de problème pour (**i**) _____ votre voiture, nous avons un (**j**) _____.

au café du coin

Peu après son retour de voyage, Monsieur Déveine retrouve son ami, Monsieur Lachance.

Lachance	Vous n'avez pas bonne mine, mon cher Déveine! Vous avez l'air bien fatigué. Vous avez besoin d'un petit remontant! . . . S'il vous plaît, mademoiselle, deux cafés et deux cognacs!
Serveuse	Tout de suite, monsieur.
M. Déveine	Premièrement, je ne sais pas pourquoi, mais ma chambre n'avait pas été réservée. Et pour comble de malchance, il y avait un congrès et l'hôtel était plein. On m'a finalement trouvé une chambre, au treizième étage.
Lachance	Il y avait un ascenseur, j'espère!
M. Déveine	Il y en avait deux, dont un était en panne. L'autre, qui était juste à côté de ma chambre, faisait beaucoup de bruit la nuit, car il était toujours plein de gens qui étaient plus ou moins ivres. Ils parlaient fort, ils riaient, ils chantaient . . .
Lachance	Résultat, vous avez mal dormi.
M. Déveine	J'ai passé une nuit blanche, car en plus, le lit était dur, et il grinçait à chaque fois que je me retournais.
Serveuse	Voilà messieurs. Deux cafés et deux cognacs.
Lachance	Ah! merci mademoiselle. Alors avec tout ce monde, le service a probablement laissé à désirer?
M. Déveine	Ah, oui. Les serviettes de toilette étaient sales et il n'y avait pas de papier hygiénique dans les WC. Et au restaurant . . .
Lachance	Mais vous avez bien mangé, quand même? C'est un quatre étoiles, n'est-ce pas?
M. Déveine	Malheureusement, j'avais invité un client le premier soir, mais j'ai été très déçu.
Lachance	Ah bon, pourquoi?
M. Déveine	Le personnel était débordé. Malgré le prix, le repas a été un vrai désastre. La viande était dure, le pain rassis, et le service très lent.

Lachance	Alors votre client est parti sans passer de commande.
M. Déveine	Pour une fois, j'ai eu de la chance. Quand nous sommes passés devant la réception, mon client a remarqué les fournitures de bureau . . .
Lachance	Qui étaient les vôtres . . .
M. Déveine	Tout juste!
Lachance	Alors, tout est bien, qui finit bien. Une bonne commande, ça s'arrose! Mademoiselle, s'il vous plaît, deux autres cognacs!

QU'EST-CE QUE ÇA VEUT DIRE?

un remontant	*a pick-me-up, a tonic*
le déplacement	*business trip*
pour comble de malchance	*to crown it all*
ivre	*drunk*
rire	*to laugh*
une nuit blanche	*a sleepless night*
dur(e)	*hard*
grincer	*to creak*
une serviette de toilette	*a towel*
rassis	*stale*
déçu(e)	*disappointed*
débordé(e)	*very busy*
Tout juste!	*Indeed (they were)!*
Ça s'arrose!	*Let's drink to that!*

avez-vous compris?

M. Lachance parle des mésaventures de son ami, Déveine. Corrigez ses erreurs.

'Mon pauvre ami, Déveine! Il y avait un congrès à l'hôtel où il est descendu pour ses vacances. Sa chambre était au troisième, et il y avait beaucoup de bruit le matin à cause de l'ascenseur. Les gens qui participaient au congrès parlaient fort, riaient et dansaient parce qu'ils avaient trop mangé. Il a passé une nuit noire à cause de son lit qui grinçait à chaque fois qu'il se retournait. Il a invité une cliente à dîner, le deuxième soir, et le repas a été un vrai désastre. Le pain était rassis, la viande n'était pas tendre, et le service pas très rapide parce que le personnel était paresseux. Pourtant la cliente a livré des fournitures de bureau à Monsieur Déveine. Il a eu de la chance, comme d'habitude!'

à vous!

Choisissez une réponse qui, à votre avis, convient à chacune des réclamations des client(e)s.

Les réclamations:

1 Mademoiselle, mon café est froid!

2 Excusez-moi, monsieur, mais la douche ne marche pas!

3 Madame, je voudrais changer de chambre, s'il vous plaît. La mienne est sombre, et pas du tout confortable.

4 Mademoiselle, les serviettes dans ma salle de bains sont sales.

5 Pardon, madame, il n'y a plus de papier hygiénique dans les toilettes!

6 Excusez-moi, monsieur, mais il n'y a rien à lire ici, au salon.

7 Monsieur, dépêchez-vous, s'il vous plaît! Il y a une fuite d'eau dans la salle de bain!

8 Pardon, monsieur, j'ai essayé d'appeler mon collègue, mais la ligne est occupée.

9 Madame, s'il vous plaît! La viande est dure et le pain rassis.

10 Je voudrais vous informer que l'ascenseur est en panne.

Les réponses:

a Qu'est-ce que vous voulez? Je ne suis pas mécanicien, moi!

b Désolé, je vais le dire à la femme de chambre.

c Demandez à la femme de chambre de les changer!

d On va la vérifier aussitôt que possible. En attendant, prenez un bain.

e Oui, je sais. Le réparateur vient d'arriver.

f Je vais téléphoner au plombier, mais en attendant, je vais vous apporter un seau et une serpillière!

g Je suis désolée, je vais en chercher un autre paquet.

h Je vais vous le réchauffer immédiatement!

i Pas de problème! J'en ai une autre, au seizième étage, qui donne sur le jardin.

j Désolé! Je vais chercher des journaux et des magazines.

k Voulez-vous rappeler un peu plus tard?

l Désolée, je vais vous apporter un autre steak et je vais vous chercher du pain frais.

m Je vais vous apporter des serviettes propres, messieurs-dames.

n Qu'est-ce que je peux y faire? Ce n'est pas moi qui fait la cuisine ici!

jeu de rôles

Avant de commencer regardez les symboles à la page 282.

Partenaire A

(Partenaire B, tournez à la page 282.)

A1 Vous êtes réceptionniste à l'hôtel **Aiglon**, en Corse. Le téléphone sonne. Décrochez et répondez aux questions du client / de la cliente.

Chambre avec douche ou salle de bains et WC, 54 / 100 €
Petit déjeuner 16 euros, servi de 6h30 à 9h €
Pension complète, 154 / 180 €
Demi-pension, 120 / 150 €

Vous commencez Allô. Hôtel Aiglon, j'écoute . . .

A2 Maintenant vous êtes le / la client(e). Vous téléphonez à l'hôtel **Golfe**. Renseignez-vous sur l'hôtel et ses environs. Posez quatre ou cinq questions, en utilisant les symboles suivants:

Si vous êtes satisfait(e), faites une réservation.

projets de séjour en Angleterre

Laurent et Chantal ont décidé d'aller passer quelques jours en Angleterre. Ils discutent des différentes possibilités qui s'offrent à eux pour traverser la Manche.

Laurent   J'aimerais bien prendre l'Eurotunnel. 35 minutes, tu te rends compte? C'est vraiment le moyen le plus rapide!

Chantal   Tu sais bien que je souffre de claustrophobie et que je déteste les tunnels. Et puis maintenant, la traversée Calais–Douvres en ferry ne dure que 75 minutes.

Laurent   Oui, mais pour nous, c'est moins facile d'aller à Calais que d'aller à Dieppe ou au Havre.

Chantal   Je ne suis pas d'accord. Il y a beaucoup plus de traversées et, comme c'est plus court, c'est meilleur marché.

Laurent   Et l'Eurostar? Ça nous emmène directement à la gare Waterloo, en plein cœur de Londres.

Chantal   D'abord, je n'aime pas le nom de la gare – ce n'est pas très accueillant pour les visiteurs français! – et puis je préfère y aller en voiture, ça donne plus de liberté.

Laurent   Oui, tu as raison.

Chantal   Et sur le ferry, on pourra prendre un verre, manger quelque chose, changer de l'argent, faire du shopping. On aura l'impression de faire une petite croisière!

Laurent   Et l'avion? Je crois qu'il y a un vol Le Havre–Gatwick.

Chantal   Tu plaisantes! C'est encore pire, regarde le prix! C'est le voyage le plus cher. Et en plus, c'est moins pratique, car on ne peut pas prendre la voiture.

Laurent   Et si on a le mal de mer?

Chantal   Ah, je comprends maintenant pourquoi tu ne veux pas prendre le bateau! Nous partons en été, il fera beau, la mer sera calme, ça sera une expérience merveilleuse, tu verras.

Laurent   OK. Tu gagnes, comme d'habitude!

avez-vous compris?

Pour Laurent et Chantal, quels sont les avantages et / ou les inconvénients:

1 de l'Eurotunnel?

2 du ferry?

3 de l'Eurostar?

4 de l'avion?

à vous!

Complétez.

1 Laurent dit que l'Eurotunnel est le moyen le plus _____ pour traverser la Manche.

2 Il pense qu'il est moins _____ d'aller à Calais qu'au Havre.

3 Chantal dit que la traversée Calais–Douvres est la plus _____, donc c'est _____.

4 Chantal veut aller en Angleterre en voiture pour avoir plus de _____.

5 Laurent suggère l'avion, mais d'après Chantal c'est la solution la _____.

6 Pour eux, l'avion est plus _____ et moins _____.

retour de vacances

Chantal parle de son voyage en Angleterre avec son amie Michelle.

Michelle Alors, ce petit séjour en Angleterre, c'était comment?

Chantal Formidable, à part la traversée de la Manche!

Michelle La mer était mauvaise?

Chantal Oui. Il y avait beaucoup de vent et la mer était très agitée.

Michelle Vous avez eu le mal de mer?

Chantal Laurent, non, mais moi, oui!

Michelle Alors, est-ce que Londres vous a plu?

Chantal Énormément. Laurent a particulièrement aimé le musée de Madame Tussaud.

Michelle C'est un musée de cire, n'est-ce pas, comme le musée Grévin à Paris? C'est très connu.

Chantal Il paraît que c'est l'endroit le plus visité de Londres. Sais-tu quand et comment il a été créé?

Michelle Non.

Chantal Après la Révolution de 1789, avec la collection qui a été apportée de France par Madame Tussaud.

Michelle Quelle sorte de collection?

Chantal Eh bien, des masques mortuaires de prisonniers guillotinés et aussi, le couperet de guillotine avec lequel Marie-Antoinette a été décapitée!

Michelle Quelle horreur! Parlons d'autre chose! Qu'avez-vous vu d'autre?

Chantal Moi, j'ai beaucoup aimé la tour de Londres et les joyaux de la Couronne.

Michelle À propos de bijoux, tu portes une jolie bague aujourd'hui. Tu l'as achetée à Londres?

Chantal	Non, c'est un cadeau, un cadeau très spécial!
Michelle	C'est une bague de fiançailles, je parie!
Chantal	Oui! Laurent et moi avons décidé de nous marier l'année prochaine.
Michelle	Félicitations! J'espère bien que je suis invitée!

QU'EST-CE QUE ÇA VEUT DIRE?

une mer agitée	*a rough sea*
la cire	*wax*
a été créé	*was created*
le couperet	*the blade, the chopper*
le joyau / le bijou	*the jewel*
une bague	*a ring*

avez-vous compris?

Répondez *vrai, faux* ou *on ne sait pas*.

1   Chantal a été malade pendant la traversée de la Manche.

2   Elle ne veut pas retourner en Angleterre.

3   Le musée de cire est un endroit très populaire.

4   Le musée de cire, c'est l'endroit préféré de Chantal à Londres.

5   Michelle n'en connaît pas l'origine.

6   Il a été créé avant la Révolution de 1789.

7   La collection apportée de France par Madame Tussaud était plutôt macabre.

8   Laurent et Chantal n'ont pas visité la tour de Londres.

9   La nouvelle bague de Chantal a été achetée pendant leur séjour en Angleterre.

10   Michelle annonce à Chantal qu'elle va se marier.

à vous!

(Before you start, refer to *Un peu de grammaire*.)

Imaginez que vous êtes guide à Rouen. Vous êtes en train de faire la visite guidée avec un groupe de touristes. Utilisez vos notes, et racontez l'histoire de quelques endroits historiques.

Exemple: **Église St-Ouen**: ancienne abbatiale; 14e siècle; l'un des joyaux de l'architecture gothique française.

L'Église St-Ouen est une ancienne abbatiale qui a été construite au quatorzième siècle. C'est l'un des joyaux de l'architecture gothique française.

Cathédrale Notre-Dame: reconstruite 13e s. après le terrible incendie de 1200.

Église St-Maclou: ravissante construction de style gothique flamboyant; bâtie entre 1437 et 1517.

Place du Vieux-Marché: Jeanne d'Arc brûlée vive 1431.

Beffroi: tourelle originelle remplacée 1382.

Le Gros-Horloge: jadis dans le beffroi; placé dans l'arche qui enjambe la rue, 1527.

Palais de Justice: splendide édifice de la Renaissance; bâti pour abriter l'Échiquier de Normandie.

UN PEU DE GRAMMAIRE

Le passif	*The passive voice*

The passive voice (for example, 'Italian *is spoken / was spoken / has been spoken*') is used less often in French than in English. It is formed with the verb **être**, *to be*, in any tense needed, followed by the past participle. This must agree with the subject.

Le château a été construit.	*The castle was built.*
La maison sera finie.	*The house will be finished.*

Note the difference between the active and passive voice:

Le président a ouvert le musée. (active)	*The president opened the museum.*
Le musée a été ouvert par le président. (passive)	*The museum was opened by the president.*

The perfect passive

This tense is used in conversation, to describe complete events in the past.

Le musée **a été créé** après la Révolution.	*The museum was created after the Revolution.*
Ils **ont été** décapités.	*They were beheaded.*
La tour **a été construite** par les Normands.	*The tower was built by the Normans.*

▶ **Grammaire** 23

jeu de rôles

Avant de commencer regardez les symboles à la page 277.

Partenaire B

(Partenaire A, tournez à la page 277.)

B1 Vous êtes le / la client(e). Vous téléphonez à l'hôtel **Aiglon**. Renseignez-vous sur l'hôtel et ses environs. Posez quatre ou cinq questions en utilisant les symboles suivants.

salon pour séminaires

Si vous êtes satisfait(e), faites une réservation.

B2 Cette fois vous êtes réceptionniste à l'hôtel **Golfe**, en Corse. Le téléphone sonne. Décrochez et répondez aux questions du client / de la cliente.

Chambre avec douche ou salle de bains et WC, 90 / 140 €
Petit déjeuner 17 euros, servi de 7h30 à 9h30.
Pension complète, 156 / 184 €
Demi-pension, 120 / 155 €

Vous commencez. Allô. Hôtel Golfe, j'écoute . . .

EXERCICES

A   Complétez le dialogue au syndicat d'initiative.

Vous   (**1** *Ask how to get to the Hôtel de Normandie.*)

Réceptionniste   Alors, en sortant du syndicat d'initiative, vous tournez à gauche . . .

Vous   (**2** *Repeat what you have to do.*)

Réceptionniste   Oui, puis vous continuez tout droit jusqu'à la cathédrale et vous tournez à droite . . .

Vous   (**3** *Repeat what you have do to and ask if it is far.*)

Réceptionniste   Non, c'est à dix minutes d'ici. Vous traversez la place du Marché, puis vous prenez la première à gauche.

Vous   (**4** *Repeat what you have to do.*)

Réceptionniste   C'est ça. L'Hôtel de Bretagne est à côté du cinéma.

Vous   (**5** *Say that you are looking for the Hôtel de Normandie, not the Hôtel de Bretagne!*)

B   Complétez le dialogue à l'hôtel.

Vous   (**1** *Ask what time they serve breakfast.*)

Réceptionniste   De sept heures à neuf heures.

Vous   (**2** *Ask if they can wake you at half past six tomorrow morning.*)

Réceptionniste   Mais naturellement. Pas de problème.

Vous   (**3** *Ask if there's a good restaurant in the area. You have to invite two important clients to dinner.*)

Réceptionniste   Dans ce cas, je vous recommande le restaurant de l'hôtel.

Vous   (**4** *Ask if you have to reserve a table.*)

Réceptionniste   C'est plus prudent. Il y a beaucoup de monde en ce moment. Vous voulez une table pour quelle heure?

Vous   (**5** *Say, for half past eight, for three people. Then ask if there's a garage or a car park.*)

Réceptionniste   Le garage de l'hôtel est complet. Je suis désolé(e).

Vous   (**6** *Ask where you can park your car.*)

Réceptionniste   Il y a un parking à plusieurs niveaux, place Claudel.

Vous	(**7** *Ask if it's far.*)
Réceptionniste	Non, c'est à cinq minutes.
Vous	(**8** *Thank the receptionist.*)

C

Utilisez les notes ci-dessous, pour démontrer vos connaissances de la culture française, et pour faire une bonne impression sur votre ami(e).

Exemple: **tour Eiffel**: construite 1889.

> Vous savez, la tour Eiffel a été construite en 1889.

Le radium: découvert 1898 par Pierre et Marie Curie.

Le stéthoscope: inventé par Laënnec.

Le braille: un système d'écriture pour les aveugles; créé par Louis Braille.

Le tunnel sous la manche: inauguré 1989.

Le palais de Versailles: construit 17e s. pour le roi Louis XIV.

L'arc de Triomphe: inauguré 1836.

La Villette: cité des sciences et de l'industrie; créée 1979 sur le site de l'ancien marché national de la viande.

La Balançoire et ***Les Baigneuses***: tableaux peints par Renoir.

Carmen: opéra composé par Bizet 1875.

Hernani: pièce écrite par Victor Hugo; mise en scène 1830.

Les Biches: ballet composé par Francis Poulenc; mis en scène 1924.

La Gloire de mon père et ***Le Château de ma mère***: romans écrits par Marcel Pagnol; publiés 1957 et 1958.

D

Vous passez quelques jours à Rouen. Écrivez une carte postale à des amis. Parlez du temps et dites ce que vous avez fait.

écoutez bien!

Première partie

Listen to the conversation between a hotel receptionist and a prospective client. Say where the hotel is situated and what facilities it has to offer. What is not available or not allowed?

Deuxième partie

Listen to the five mini-dialogues. In each case state the problems and, if applicable, how they are to be resolved.

lecture

You are a guide working for a Paris tour operator. Try to find the most suitable hotel for the following clients.

1 A German family with a dog, travelling by car, and wanting a reasonably priced hotel.

2 A group of young fashion designers and artists, interested in the new ideas Paris has to offer.

3 Some elderly Spanish businessmen, wanting peace and quiet close to all the tourist sights.

4 A group of tourists, including several handicapped people, needing a pleasant but modest hotel.

5 A group of wealthy Japanese businessmen, accompanied by their wives.

6 Representatives of a historical society, who enjoy traditional surroundings.

7 A group of middle-aged English women of modest means, visiting the sights of Paris in February.

Hôtel de BRETAGNE★★★★

12, rue Saint-Honoré. Situé au cœur de Paris, près de la place Vendôme. Comble l'homme d'affaires et le touriste le plus exigeant.

124 chbres grand confort (S. de B. / WC (96) ou Dche / WC (28). (Téléphone direct, Radio, TV couleur, Vidéo, Minibar.) Petit déjeuner. 5 Salons séminaires parfaitement équipés et climatisés. Patio. Bar *'La Bretagne'* à l'ambiance chaleureuse. À quelques minutes seulement Madeleine, Opéra, Concorde, Musée du Louvre et Grands Magasins.

Ouvert toute l'année. Chiens admis. Cartes crédit acceptées. *English spoken. Man spricht Deutsch.*

Hôtel RABELAIS★★★★

131, rue de Molière. Situé dans une rue calme au cœur du Paris historique, dans le quartier des affaires. À proximité de la Bourse, du Louvre et du Musée d'Orsay.

135 chambres grand confort avec S. de B. ou Dche-WC, téléphone direct. TV (Câble et chaînes satellites), Vidéo, Minibar, Coffre-fort, Petit déjeuner.

Ouvert toute l'année. Cartes crédit acceptées. *English spoken. Se habla español.*

Grand Hôtel de PANAMA★★★

97, rue Hérold. Proche du Louvre et des Jardins du Palais Royal, dans le quartier pittoresque des anciennes Halles remplacé par le Forum des Halles, univers de la mode et des spectacles, et par son voisin le Centre Beaubourg-Pompidou.

‖‖➡

Télex et télécopie à disposition de notre clientèle. 65 Chambres tout confort avec S. de B. / WC (42) ou Dche / WC (23), Téléphone direct, Radio, TV couleur, Minibar, Petit déjeuner.

Ouvert toute l'année. Chiens non admis. *Si parla italiano. English spoken.*

Hôtel SAINT-JULIEN***

67, rue Saint-Roch. Entièrement rénové, l'hôtel Saint-Julien vous offre ses 54 chambres de grand confort. (S. de B. ou Dche / WC. Tél direct, Radio, TV couleur, Minibar, Coffre-fort, Petit déjeuner.)

Un accueil chaleureux vous attend à deux pas de l'Opéra et de la Concorde.

Fermeture annuelle, février. Chiens en laisse acceptés. Langues étrangères: *English, Deutsch, Italiano.*

Hôtel des POMMIERS**

92, quai Saint-Michel. Sur la Seine face à Notre-Dame. Hôtel style rustique.

25 ch. tout confort avec Tél, Radio, TV couleur, dont quinze avec Minibar. Salon dans cave voûtée. Parking prox. Animaux non acceptés.

Ouvert toute l'année.

Hôtel de BRIGHTON**

23, avenue Victoria. Nouvellement restauré. Situé en plein centre de Paris (Métro: Châtelet). Décoration raffinée liant avec délicatesse le charme de la vie parisienne avec la tradition anglaise.

S. de B. et WC, TV couleur par satellite dans toutes les chambres (32).

Tél. direct. Langues étrangères: anglais, néerlandais. Ouvert toute l'année.

PACIFIC Hôtel**

85, rue des Canettes. Hôtel de charme situé au cœur de Saint-Germain-des-Prés. Proche de tous les monuments historiques.

Garage. 24 ch. avec téléphone, S. de B. ou D. et WC. Aménagements handicapés. Ascenseur.

Ouvert toute l'année. Cartes crédit acceptées.

Hôtel de LAUSANNE**

77, rue Jacob. Plein cœur Saint-Germain-des-Prés. Hôtel familial, pourvu du dernier modernisme. Calme. Tout confort.

22 ch. avec S. de B. / WC privé ou D. WC privé. Tél. direct, TV couleur, Radio, Petit déjeuner. Park. prox. Chiens admis. *English spoken. Man spricht Deutsch.*

Now choose a hotel for yourself. Justify your choice.

1 Complete the sentences below.

   a L'Afrique est _____ grande que l'Amérique.

   b L'Everest est la plus _____ montagne du monde.

   c La plus haute _____ française se trouve dans les Alpes.

   d Quel est l'océan le plus _____ du monde?

   e La mer du Nord est _____ profonde que la Méditerranée.

   f Les _____ du Niagara sont moins hautes que les _____ Victoria.

   g Le plus haut _____ des Alpes se trouve en Suisse.

   h Le désert de Gobi n'est pas aussi _____ que le désert du Sahara.

   i Le Danube est le _____ le plus long d'Europe.

   j La Corse est la plus grande _____ française.

   k L'Inde est moins _____ que la Chine.

   l Le mandarin est la _____ parlée par le plus grand nombre de gens.

2 Fill in the gaps with *le mien*, etc., accordingly.

   a – As-tu fini tes devoirs?

      – Oui, **les miens** sont finis, et _____?

   b – Avez-vous vu vos élèves?

      – Oui, et vous, avez-vous trouvé _____?

   c – Où est le livre de Simone?

      – _____ est celui qui est sur la table.

   d – Où sont les chaussures des enfants?

      – J'ai trouvé mes chaussures, mais je n'ai pas trouvé _____.

   e – Avez-vous vu ma nouvelle voiture?

      – Oui, mais je préfère _____, elle est plus grande.

3   Complete the dialogue at the hotel reception.

Client   J'ai (**a**) _____ une chambre pour trois (**b**) _____.

Réceptionniste   Oui, monsieur. C'est à quel (**c**) _____?

Client   Gaudin.

Réceptionniste   Ah oui, une chambre avec (**d**) _____, téléphone et téléviseur.

Client   Non, je préfère une chambre avec salle de bain.

Réceptionniste   Pas de problème. Nous en avons une très calme au quatrième (**e**) _____.

Client   Elle (**f**) _____ combien?

Réceptionniste   100 euros.

Client   Le petit déjeuner est (**g**) _____?

Réceptionniste   Non, il est en (**h**) _____, il fait douze euros.

Client   Bien, je la (**i**) _____.

Réceptionniste   Voici votre (**j**) _____, monsieur.

Client   Merci. Oh, à quelle (**k**) _____ servez-vous le dîner?

Réceptionniste   Je suis (**l**) _____, monsieur, il n'y a pas de (**m**) _____ dans l'hôtel, mais il y en a d'excellents en ville.

Client   Vous avez un (**n**) _____?

Réceptionniste   Non, mais il y a un parking derrière l'hôtel.

Client   Et il y a un ascenseur, j'espère.

Réceptionniste   Oui, il est (**o**) _____ à gauche.

4   Use the diagrams to explain how to get to various places.

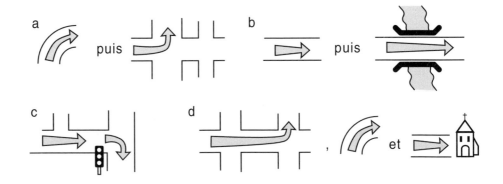

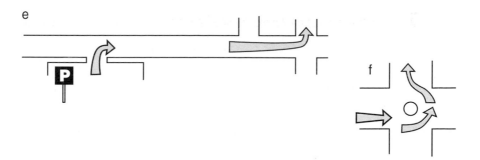

5   Put the verbs in the correct tense.

Samedi dernier, Paul et Paulette (**a** décider) d'aller au cinéma, parce que c'(**b** être) l'anniversaire de Paulette. Mais avant, ils (**c** aller) dîner au restaurant. Ils (**d** se changer) avant de sortir; Paulette (**e** mettre) une robe élégante, et Paul (**f** mettre) une cravate. Comme il (**g** pleuvoir), ils (**h** prendre) la voiture. Au restaurant, qui (**i** être) très chic, ils (**j** bien boire) et (**k** bien manger), et après le repas, ils (**l** être) très gais. Quand ils (**m** arriver) au cinéma, il (**n** être) tard et il y (**o** avoir) la queue. Alors, comme Paulette (**p** se sentir) très fatiguée, ils (**q** rentrer) se coucher.

6   Match the problems and their solutions.

a Il y a une fuite d'eau dans le bloc sanitaire.

1 Cherchons un taxi!

b Il y a une panne d'électricité.

2 On va en louer un autre.

c Le téléviseur ne marche pas.

3 Servez-vous de mon téléphone mobile pour appeler Assistance-Globale.

d Le café a refroidi.

4 Je vais faire cuire un autre bifteck.

e La viande n'est pas tendre.

5 J'en ai une autre à vous offrir, qui donne sur le jardin.

f La chambre est très sombre.

6 Allez à un distributeur de billets.

g Je dois prendre le volant, mais j'ai trop bu.

7 Je vais vous en apporter un autre tout de suite.

h Les dockers sont en grève.

8 Téléphonez au plombier le plus vite possible!

i La voiture est en panne.

9 Allumez une lampe de poche!

j Je n'ai plus d'argent.

10 Alors, prenons l'Eurotunnel!

7 Tell the story of the Leverts' first visit to England, by looking at the pictures and choosing the correct answers.

Cette année / cet hiver la famille Levert a décidé de passer ses grandes vacances en Angleterre / aux États-Unis. Mme Levert a fait la réservation à l'agence immobilière / de voyages où on lui a donné beaucoup de recettes / renseignements sur les endroits intéressants / inutiles à visiter. C'était la dernière / première fois que les enfants prenaient l'avion / le ferry, et ils étaient très contents / déçus.

Le jour / mois où ils sont partis il faisait beau, mais le vent / vin soufflait fort. Ils sont arrivés au port / pont un quart d'heure avant / après le départ donc ils n'ont pas dû attendre / entendre longtemps. Aussitôt embarqués, ils ont fait plusieurs tours du bateau / bureau, avant d'aller chercher quelque chose à faire / manger. Les enfants ne voulaient que des frites / glaces, mais Mme Levert a bien dîné. 'Après tout,' a-t-elle dit à son mari / sa mère, 'Nous sommes en retard / vacances, et c'est un repas que je n'ai pas préparé moi-même!'

D'habitude la traversée dure environ deux jours / heures, mais cette fois malheureusement, les vacanciers / étudiants devaient passer trente / trois heures à bord. Il y a eu un orage / une opération, et les passagers ont entendu / vu des éclairs énormes. Tout le monde avait très chaud / peur, et beaucoup de gens se sentaient malades / méchants.

À leur grand soulagement, les Levert sont arrivés sains et saufs à Douvres / Dieppe. Après avoir débarqué, ils se sont tout de suite mis en route pour Canterbury, où ils avaient raison / l'intention de descendre à l'hôtel / la plage, et de se reposer / s'inquiéter un peu.

Seizième unité

invitation au voyage

Josée Cousin écrit aux Muller, en Alsace, pour les inviter à passer les vacances chez eux, à Fort-de-France, à la Martinique.

Fort-de-France, le 12 novembre

Chers Marie et François,

      Les vacances de Nöel approchent et nous nous demandons si vous avez toujours envie de venir nous rendre visite à la Martinique. C'est si beau, et il y a tant de choses à faire pour vous et pour les enfants. Voici quelques exemples pour vous mettre en appétit.

      Si vous veniez à Fort-de-France, vous visiteriez beaucoup d'endroits intéressants et vous pourriez acheter des souvenirs et des cadeaux originaux pour vos amis. Je vous emmènerais en voiture faire toutes sortes d'excursions. Je vous montrerais des panoramas splendides comme Diamant, le plus beau site de l'île avec sa plage de 4 km de long, Grand-Rivière d'où l'on voit l'île de la Dominique, nous irions à la Montagne Pelée, et j'en passe!

      Vous pourriez aussi vous reposer sur les plages magnifiques, pendant que les enfants feraient de la planche à voile ou du ski nautique. Vous essaieriez peut-être aussi la plongée sous-marine ou la pêche au gros, qui est devenue très populaire ici depuis quelques années.

      Naturellement, nous vous ferions découvrir les spécialités gastronomiques de la région. Vous boiriez du punch et vous mangeriez la délicieuse cuisine créole. Vous verriez des champs de canne à sucre et des cultures d'ananas – tout cela est bien différent de l'Alsace! François pourrait visiter une distillerie de rhum et toi, Marie, je suis sûre que tu prendrais des centaines de photos dans les petits villages de pêcheurs qui sont si pittoresques.

      Et si vous le voulez, nous sortirions tous les soirs et je vous jure que nous nous amuserions comme des fous. Il y a des tas de cabarets, boîtes de nuit et discothèques où la musique et la danse sont reines.

      J'espère que cette lettre réussira à vous convaincre. Nous serions si heureux de vous revoir! Nous attendons votre réponse avec impatience.

Bien amicalement,

Josée

P.S. Ci-joint une carte de l'île et quelques photos.

QU'EST-CE QUE ÇA VEUT DIRE?

se demander	*to wonder*
rendre visite à (quelqu'un)	*to visit (someone)*
et j'en passe!	*to mention only a few!*
la pêche au gros	*game fishing*
des cultures (f.) d'ananas (m.)	*pineapple crops / fields*
jurer	*to swear*
s'amuser comme des fous	*to have a wild time*
une reine	*a queen*
réussir	*to succeed, to manage*
convaincre	*to convince*

avez-vous compris?

Marie Muller vient de recevoir la lettre de Josée. Elle a dit à son mari et à ses enfants ce qu'ils feraient s'ils allaient à la Martinique. Aidez-la.

Si nous allions à la Martinique, nous visiterions beaucoup d'(**1**) _____ intéressants à Fort-de-France, et nous pourrions acheter des (**2**) _____ et des (**3**) _____ originaux pour nos amis. Josée nous emmènerait en (**4**) _____ faire toutes sortes d' (**5**) _____. Elle nous montrerait des (**6**) _____ splendides. Nous pourrions aussi nous (**7**) _____ sur les plages magnifiques pendant que vous, les enfants, vous feriez de la (**8**) _____ ou du (**9**) _____. Nous essaierions peut-être aussi la (**10**) _____ au gros. Lucien et Josée nous feraient découvrir les (**11**) _____ de l'île: nous boirions du (**12**) _____ et nous mangerions de la cuisine (**13**) _____. Nous verrions des champs de (**14**) _____ et des cultures d'(**15**) _____. Toi, François, tu pourrais visiter une (**16**) _____ et moi je prendrais des centaines de (**17**) _____ dans les petits (**18**) _____. Et le (**19**) _____ nous sortirions et nous nous amuserions comme des (**20**) _____. Oh, comme je voudrais aller à la Martinique pour les vacances!

à vous!

Consultez *Un peu de grammaire* à la page 301 avant de commencer.

Vous rêvez de vacances. Imaginez ce que vous feriez si vous alliez à la Martinique.

Exemple: Si j'allais à la Martinique, je visiterais . . .

Si j'allais à la Martinique, je (**1** visiter) les endroits intéressants à Fort-de-France et j'(**2** acheter) des souvenirs et des cadeaux originaux. Je (**3** faire) beaucoup d'excursions. J'(**4** aller) à Diamant, à Grand-Rivière et à la Montagne Pelée. Je (**5** pouvoir) aussi me reposer sur la plage. J'(**6** essayer) peut-être de faire du ski nautique et de la plongée sous-marine. Je (**7** boire) du punch et je (**8** manger) des spécialités créoles. Je (**9** voir) des champs de canne à sucre. Je (**10** prendre) beaucoup de photos. Je (**11** sortir) tous les soirs et je (**12** s'amuser) beaucoup.

Maintenant, essayez de convaincre un ami / une amie d'aller en vacances à la Martinique avec vous. Dites-lui ce que vous feriez. Utilisez '**on**'

Exemple: Si on allait à la Martinique, on **visiterait** . . .

et vous?

Choisissez un endroit où vous aimeriez aller. Dites ce que vous feriez. Commencez avec '**Si j'allais** . . .'

bons baisers de Fort-de-France

Le groupe **La Compagnie Créole** chante les différences entre Noël à la Martinique et en France avec leur chanson *Bons Baisers de Fort-de-France*. Écoutez et essayez de chanter avec eux.

Refrain   Noël, Joyeux Noël
Bons baisers de Fort-de-France
Ce soir on éteint la télé
Ce soir on sent qu'on va chanter *(bis)*

Ici les champs recouverts de neige
On ne les connaît qu'en photo
Le père Noël n'a pas de traîneau
Le fond de l'air est bien trop chaud
Ici les portes sont toujours ouvertes
On peut rentrer dans toutes les maisons
Et pour partager nos chansons
On n'a pas besoin d'invitation

Refrain

Y a pas de sapins sur la montagne
On a décoré les manguiers
Y a pas de souliers dans les cheminées
Mais pour tout le monde y a des cadeaux
Ici les champs recouverts de neige
On ne les connaît qu'en photo
Le père Noël n'a pas de traîneau
Mais pour tout le monde y a des cadeaux

Refrain

QU'EST-CE QUE ÇA VEUT DIRE?

un traîneau	*a sleigh*
le fond de l'air est chaud	*there's warmth in the air*
partager	*to share*
un sapin	*a fir tree*
un manguier	*a mango tree*
un soulier	*a shoe*

avez-vous compris?

Répondez en français.

1 Pourquoi le père Noël ne peut-il pas se déplacer en traîneau à la Martinique?

2 Fait-il froid à la Martinique au mois de décembre?

3 Qu'est-ce que les Martiniquais aiment faire quand ils font la fête?

4 À votre avis, se rendent-ils souvent visite sans invitation?

5 Pourquoi décorent-ils des manguiers?

6 Quelle tradition existe en France et à la Martinique à Noël?

à vous!

Reliez pour faire des phrases complètes qui décrivent la vie à la Martinique.

1 Comme il fait chaud . . .

2 Pour voir de la neige . . .

3 Si on veut faire la fête . . .

4 Comme il n'y a pas de sapins . . .

5 Pour recevoir des cadeaux de Noël . . .

6 Quand on veut aller voir des amis . . .

a on éteint la télé et on chante.

b on laisse les portes ouvertes.

c on décore des manguiers.

d on n'a pas besoin d'invitation.

e on doit regarder des photos.

f on ne met pas les souliers dans les cheminées.

et vous?

Expliquez comment on célèbre Noël, ou une autre fête importante, chez vous.

un rêve

Simon Cousin, lui, a envie d'aller aux sports d'hiver. Une nuit, il rêve qu'il est allé en Haute-Savoie, dans les Alpes, pour Noël. Le lendemain, il raconte son rêve à sa sœur.

Simon   J'ai rêvé qu'on était allés à la montagne pour la première fois de notre vie! Les sports d'hiver étaient notre cadeau de Noël.

Annette   Formidable! On était tout seuls?

Simon   Oui, mais on s'était fait des copains pendant le voyage.

Annette   C'était un village avec de jolis petits chalets, comme il y en a dans mon livre de géographie?

Simon   Oui, mais on a été déçus quand le car est arrivé parce qu'il faisait nuit et on n'a pas vu grand-chose. Mais le lendemain matin, c'était exactement comme sur les photos. Les montagnes étaient recouvertes d'une épaisse couverture blanche.

Annette   On n'avait pas froid?

Simon   Non! Il faisait du soleil et le ciel était aussi bleu qu'ici.

Annette   Alors, qu'est-ce qu'on a fait?

Simon   En attendant notre première leçon de ski avec une monitrice super, on a fait un immense bonhomme de neige et on s'est battus à coups de boules de neige.

Annette   Génial! Est-ce qu'on a pris des remontées mécaniques?

Simon   Bien sûr. D'abord, le téléphérique. Après ça, on a pris un tire-fesses . . .

Annette   Ça doit être marrant!

Simon   Oui, mais pas facile la première fois. Et pour aller sur les pistes rouges et noires, on utilise des télésièges.

Annette   On a fait du patin à glace?

Simon   On a été à la patinoire. Tu étais muette d'admiration devant les enfants qui faisaient du patinage artistique.

Annette   On a fait de la luge aussi?

Simon   Oui, on s'est bien amusés. C'était super!

Annette   On est restés combien de temps?

Simon   Ça s'est terminé plus tôt que prévu! Un jour, je faisais une descente en ski à toute allure sur une piste noire et je suis tombé dans un ravin.

Annette   Tu t'es cassé la jambe et tous les copains ont écrit quelque chose sur ton plâtre! J'ai vu ça à la télé un jour.

Simon   Je ne sais pas, je me suis réveillé quand je suis tombé!

QU'EST-CE QUE ÇA VEUT DIRE?

une couverture	*a blanket*
se battre	*to fight*
une remontée mécanique	*a ski-lift* (general)
un téléphérique	*a cable-car*
un tire-fesses	*a ski-tow*
un télésiège	*a chairlift*
un moniteur / une monitrice	*an instructor*
le patinage artistique	*figure-skating*
muet / muette	*dumb*
prévu(e)	*expected, planned*
à toute allure	*at full speed*
une piste noire	*a black run* (ski runs are graded using colours, black being the most difficult)

avez-vous compris?

Répondez en français.

1 Dans le rêve de Simon, à quelle occasion était-il aux sports d'hiver avec sa sœur?

2 Pourquoi ont-ils été déçus à leur arrivée?

3 Décrivez le paysage qu'ils ont découvert le lendemain matin.

4 Qu'est-ce qu'ils on fait avant leur leçon de ski?

5 Que doit-on utiliser en montagne si on veut aller plus haut?

6 Quelles autres activités Annette et Simon ont-ils aussi essayées?

7 Comment le rêve de Simon s'est-il terminé?

8 Qu'est-ce que les amis ont coutume de faire quand on se casse un bras ou une jambe?

à vous!

1 Maintenant Simon est bien réveillé, mais il rêve toujours d'aller aux sports d'hiver. Reliez.

Si j'allais aux sports d'hiver . . .

a je me ferais

b je porterais

c avec mes amis, je ferais

d je me battrais

e je prendrais

f je louerais

g j'irais aussi

h mais je ne me casserais pas

(i) un bonhomme de neige.

(ii) des remontées mécaniques.

(iii) des skis et des chaussures sur place.

(iv) à la patinoire.

(v) la jambe.

(vi) beaucoup de copains.

(vii) à coups de boules de neige.

(viii) un anorak et des lunettes protectrices.

2 Complétez les phrases avec le vocabulaire ci-dessous.

prévu   patinoire   muette   à toute allure   monitrice

a Elle ne peut pas parler. Elle est _____.

b Je n'aime pas voyager en voiture avec lui. Il roule toujours _____.

c Vous préférez aller à la piscine ou à la _____, les enfants?

d Quand je suis allé aux sports d'hiver, j'ai pris des cours de ski. La _____ était très sympa.

e Ils sont arrivés plus tard que _____ , la fête était fini.

et vous?

Qu'est-ce que vous feriez dans les situations suivantes?

- S'il faisait beau / S'il faisait mauvais / S'il neigeait . . .
- Si vous aviez faim / soif . . .
- Si vous aviez froid / chaud . . .
- Si vous étiez malade . . .
- Si vous étiez au travail . . .
- Si c'était votre anniversaire . . .
- Si vous gagniez le gros lot à la Loterie Nationale ou au Loto . . .
- Si vous étiez très célèbre . . .
- Si vous étiez en vacances à la mer / à la montagne / à la campagne / dans une grande ville . . .
- Si vous alliez voir des amis français, quels cadeaux leur emporteriez-vous?
- Si vous deviez vivre dans un autre pays, lequel choisiriez-vous? Pourquoi?

châteaux en Espagne

D'autres personnes rêvent ou font des souhaits.

Je voudrais rencontrer quelqu'un qui ait beaucoup de qualités de cœur.

Moi, je préférerais quelqu'un qui ait beaucoup d'argent . . .

Je cherche une veste qui aille avec ce pantalon.

J'aimerais trouver une voiture rapide, fiable et confortable mais qui soit bon marché.

Je veux que quelqu'un vienne une fois par semaine et fasse le ménage et le repassage

OFFRE EXCEPTIONNELLE! UNE VOITURE DE LUXE POUR LE PRIX D'UN VELO!

QU'EST-CE QUE ÇA VEUT DIRE?

un souhait	*a wish*
fiable	*reliable*
soit*	*is*
aille*	*goes*
ait*	*has*
vienne*	*comes*
fasse*	*does*

*This special form of the verb is called the **subjunctive**. It is used after expressions of wish or preference such as **aimer que**, **vouloir que**, **préférer que**. It is also used when '**qui**' introduces a sentence about a person or thing which only exists as an idea in someone's mind. Please refer to Grammar section 21 for more information on the subjunctive mood.

avez-vous compris?

Qui parle? Donnez les numéros.

a Quelqu'un qui n'aime pas les tâches ménagères.

b Deux personnes qui ont peut-être envie de se marier.

c Une personne qui demande l'impossible!

d Une personne romantique.

e Quelqu'un dans un magasin de vêtements.

f Quelqu'un qui aime le luxe.

à vous!

Complétez avec les verbes ci-dessous.

aille   ait   fasse   fassent   soit   vienne

1 Ils voudraient acheter une maison qui _____ un grand jardin et une piscine.

2 Il me faudrait un livre français qui _____ facile à lire.

3 Le médecin veut qu'ils _____ du sport.

4 Les enfants préféreraient qu'on _____ en vacances en Espagne.

5 Je voudrais qu'il _____ nous voir plus souvent.

6 J'aimerais qu'il _____ beau ce week-end.

UN PEU DE GRAMMAIRE

Le conditionnel	*The conditional*

This expresses what one would do. It is often linked to a condition introduced by **si** (*if*) . . .

Where the verb following **si** is in the imperfect, the verb in the other clause is in the conditional:

Si j'allais à la Martinique, je **boirais** du punch.	*If I went to Martinique, I **would drink** some punch.*
Si vous veniez à Fort-de-France, vous **pourriez acheter** des cadeaux originaux.	*If you came to Fort-de-France, you **could buy** original presents.*
Qu'est-ce que vous **feriez** si vous alliez à la Martinique?	*What **would** you **do** if you went to Martinique?*
Les enfants **feraient de la planche à voile**.	*The children **would sailboard**.*
Nous **sortirions** tous les soirs	*We **would go out** every evening.*

To form the conditional, use the **stem** of the **future** and the **endings** of the **imperfect**. For example, to the stem **fer-** (*faire*), add **-ais, -ais, -ait, -ions, -iez, -aient**.

▶ **Grammaire** 19

EXERCICES

A Utilisez la liste ci-dessous pour écrire une brochure pour encourager le tourisme en Alsace. Commencez avec: **Si vous veniez en Alsace . . .**

1 visiter Strasbourg, la capitale

2 puis louer une voiture

3 et descendre jusqu'à Colmar

4 voir de vieilles maisons typiques

5 boire de la bière

6 manger de la choucroute

7 pouvoir visiter une brasserie

8 faire des randonnées en montagne et en forêt

9 prendre beaucoup de photos

10 aller à la pêche à la truite

11 en un mot, passer de bonnes vacances!

B   Trouvez les réponses aux questions.

1   Qu'est-ce que vous feriez si vous étiez libre ce soir?

2   Que ferait-il s'il n'avait plus d'argent?

3   Que feraient les enfants s'ils avaient faim?

4   Qu'est-ce que tu ferais si tu gagnais à la Loterie Nationale ou au Loto?

5   Qu'est-ce qu'elle ferait si elle parlait le français couramment?

6   Que ferait-il s'il avait beaucoup d'argent?

7   Que feriez-vous si des amis français vous rendaient visite?

8   Comment voyageriez-vous si vous alliez de Paris à Londres?

9   Que ferait-elle si elle ne travaillait pas dimanche prochain?

10   Que ferais-tu si tu allais aux sports d'hiver?

a   Je prendrais l'Eurostar.

b   Ils se feraient une omelette ou un sandwich.

c   Il voyagerait beaucoup.

d   Je ferais du ski et de la luge.

e   Elle irait chez des amis.

f   Il chercherait du travail.

g   J'irais au cinéma.

h   Je ferais une croisière autour du monde.

i   Elle chercherait un poste de secrétaire bilingue.

j   Je les emmènerais dans tous les endroits intéressants.

C   Que feriez-vous si vous alliez en vacances en Bretagne?

D Aidez les parents à persuader le reste de la famille d'aller à Strasbourg. Remplacez les infinitifs par l'imparfait ou le conditionnel.

Exemple: Si on allait à Strasbourg, on voyagerait . . .

> **Strasbourg**, capitale d'Alsace.
> Voir cathédrale (horloge astronomique), cité ancienne, la Petite France, château des Rohan, Ponts couverts, Hôtel de Ville. Barrage Vauban, Orangerie (concerts le soir), Musée l'Œuvre Notre Dame, Musée Alsacien. Promenades sur l'Ile et les canaux. Visite du port autonome en vedette.
> Hôtels: *** Le Stendhal (a), *** Grand Hôtel du Cours (b), ** Select Hôtel (c), * La Meule (d), * Le Cheval Blanc (e), Rôtisserie vedette restaurant plein air (f).

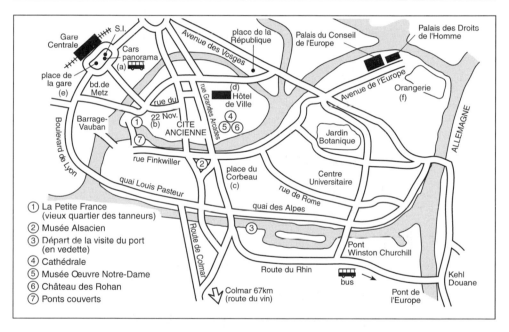

Si on (**1** aller) à Strasbourg, on (**2** voyager) en train et on (**3** arriver) à la Gare Centrale. On (**4** choisir) de préférence un hôtel situé près de la Cité Ancienne. Le lendemain de notre arrivée, on (**5** aller) à l'Office du Tourisme pour obtenir des renseignements sur la ville. Naturellement, on (**6** visiter) la cathédrale et le château des Rohan. S'il (**7** faire) beau, on (**8** faire) une promenade le long de la rue Finkwiller et on (**9** monter) sur la terrasse panoramique du barrage Vauban. Si on (**10** être) fatigués, on (**11** prendre) un mini-train pour visiter la vieille ville ou bien on (**12** pouvoir) visiter le port en vedette et faire une promenade sur l'Île et les canaux. S'il (**13** pleuvoir), on (**14** aller) au musée alsacien et au musée de l'œuvre Notre-Dame. Un soir on (**15** assister) à un concert de musique classique à l'Orangerie.

E Choisissez la bonne forme du verbe.

va ou **aille**?

1 Il cherche une cravate qui _____ avec sa chemise.

2 Il a acheté une cravate qui _____ très bien avec sa chemise.

est ou **soit**?

3 Je sais qu'elle _____ toujours en retard.

4 Elle veut que le dîner _____ prêt à 8 heures.

fait ou **fasse**?

5 Elle a une jeune fille au pair qui _____ le repassage.

6 J'aimerais une au pair qui _____ le repassage.

a ou **ait**?

7 Nous avons une voiture qui _____ dix ans.

8 Nous cherchons une voiture d'occasion qui n' _____ pas plus de deux ans.

vient ou **vienne**?

9 Je préférerais qu'il _____ à 10 heures.

10 Ils ont un jardinier qui _____ deux fois par semaine.

sont ou **soient**?

11 Ils ont des moniteurs qui _____ très patients.

12 Je voudrais qu'ils _____ moins paresseux.

écoutez bien!

You will hear four short dialogues. Which are the feelings / qualities best expressed by the reactions of the people questioned? (More than one can apply in some cases.) Choose from:

Joie   Peur   Surprise   Générosité   Honnêteté   Tristesse   Colère

lecture

Explain to an English friend what activities are on offer in the ski resort of Morzine in winter or write a short leaflet in English using the information below.

La force de la nature

À pied

Des promenades sont régulièrement damées pour les piétons sur des itinéraires très agréables. Nombreux parcours.

En traîneaux

La compagnie morzinoise regroupe dix cochers qui vous proposent une promenade originale au rythme des grelots. Tous les départs se font de la place de l'Office du Tourisme dans des voitures de une à quatre personnes. Une vingtaine de circuits compris entre 10 euros et 84 euros.

Sur le stade

Stade de slalom au pied du Pléney. Piste sonorisée et éclairée prévue également pour l'organisation de grandes compétitions de ski artistique et acrobatique, coupe de ski hivernants, slaloms parallèles présentés par l'école de ski français, descente aux flambeaux en nocturne.

Bureau des guides et accompagnateurs

Profitez de vos vacances à Morzine pour vous aventurer, en compagnie de guides diplômés, en haute montagne, et pratiquer un ski hors des sentiers battus en randonnée à l'aide de peaux de phoque.

En raquettes

Avec les raquettes, c'est la neige à portée de tous . . . C'est la nature sauvage que notre région a su préserver. Sorties 1/2 journée – journée ou avec nuit en refuge / transport, fourniture de matériel compris.

À fond le fond

La diversité du relief et des vallées qui environnent Morzine permet une excellente pratique de ski de fond sur cinq zones distinctes. Sur les bords du torrent de la Dranse, autour du lac de Montriond, sur le plateau de Pléney Chavannes, dans la vallée de la Manche-L'Erigné et sur les hauteurs de Super Morzine. Un plan est à votre disposition à l'Office du Tourisme.

Au fil des suspentes

Stages de parapente comprenant matériel, théorie, transport et pratique. Baptême de l'air à partir de 70 euros. Séance découverte à partir de 60 euros.

Sur place

- Mur d'escalade artificiel en plein centre de Morzine
- Bowling: 3 pistes, salles de jeux, billard américain
- 3 discothèques
- Une salle de jeux
- 2 cinémas

Pour toute informations complémentaires, s'adresser à l'Office du Tourisme.

Dix-septième unité

à la station-service

M. et Mme Brède arrivent à la station-service pour prendre de l'essence.

M. Brède   Écoute, chérie, tu n'as pas besoin de traverser la Normandie pour acheter du carburant!

Mme Brède   Je sais, Charles. Mais tout est automatisé dans les grandes stations-service maintenant. Il faut payer par carte de crédit, introduire la carte à la pompe et tout ça. Je préfère quelque chose de moins compliqué!

Pompiste   Messieurs-dames. Je fais le plein?

Mme Brède   Oui. Du sans plomb s'il vous plaît.

M. Brède   Mais qu'est-ce que tu fabriques!

Mme Brède   Calme-toi Charles! Je prends du sans plomb c'est tout!

M. Brède   Mais non, voyons, il te faut du gazole!

Pompiste   Du gazole, monsieur? Alors, pompe numéro deux. Heureusement que je n'avais pas encore commencé!

M. Brède   Tu ne savais pas que tu devais acheter du gazole pour la Petita-Turbo?

Mme Brède   Bien sûr que non! Je ne suis pas mécanicienne!

Pompiste   Alors, je fais le plein de gazole, maintenant?

Mme Brède   Oui, et pourriez-vous aussi vérifier l'huile et l'eau?

Pompiste   Très bien, madame. Ouvrez le capot, s'il vous plaît.

Mme Brède   Charles, c'est où, le bouton pour ouvrir le capot?

M. Brède	Quoi! Tu oses conduire cette voiture et tu n'es pas capable d'ouvrir le capot! Eh bien, bravo! Appuie là.
Mme Brède	Ne te fâche pas! Après tout, c'est la première fois que je me trouve au volant de ma propre voiture!
Pompiste	Tout est parfait. Je vous lave le pare-brise?
Mme Brède	Non merci, ce n'est pas la peine. Ma voiture est toute neuve et il n'a pas plu récemment. Mais j'aimerais quand même que tu vérifies la pression des pneus, Charles. On ne peut pas être trop prudent!
M. Brède	Tu as raison. Regarde, la pompe à air est là-bas.
Pompiste	Alors, ça fait 65 euros.
Mme Brède	Voilà, monsieur.
Pompiste	Merci bien et bonne route!

QU'EST-CE QUE ÇA VEUT DIRE?

du carburant	*fuel*
de l'essence	*petrol*
Qu'est-ce que tu fabriques?	*What on earth are you doing?*
sans plomb	*lead-free petrol*
le gazole	*diesel*
le capot	*the bonnet*
oser	*to dare*
appuyer (sur un bouton)	*to press (a button)*
le pare-brise	*the windscreen*
tout neuf / toute neuve	*brand new*
un pneu	*a tyre*

avez-vous compris?

Choisissez les bonnes réponses.

1 Les Brède achètent de l'essence sans plomb / du super / de l'ordinaire / du gazole.

2 Ils en achètent dix litres. / Ils font le plein.

3 Le pompiste vérifie l'huile / l'eau / les pneus.

4 Madame Brède sait / ne sait pas comment ouvrir le capot / la portière.

5 Le pare-brise est sale / propre.

à vous!

Travaillez avec un / une partenaire. Vous êtes à la station-service.

Vous	(**1** *Ask the attendant to fill the tank up.*)
Le / La pompiste	Super ou ordinaire?
Vous	(**2** *Choose the type of petrol you need.*)
Le / La pompiste	Voilà. Ça fait . . .
Vous	(**3** *Ask him / her to check the oil and water.*)
Le / La pompiste	Tout est parfait.
Vous	(**4** *Ask him / her to clean the windscreen.*)
Le / La pompiste	Voilà.
Vous	(**5** *Ask where the air pump is.*)
Le / La pompiste	Là-bas, à droite.
Vous	(**6** *Thank him / her and ask how much it is.*)
Le / La pompiste	Ça fait 70 euros.
Vous	(**7** *Give him / her the money.*)
Le / La pompiste	Merci, et bonne route!

un accident

La voiture de Mme Brède est bonne pour la casse, car elle vient de rentrer dans un arbre. Par miracle, personne n'a été blessé, mais M. Brède est très en colère.

M. Brède	Si tu m'avais écouté, tu m'aurais laissé le volant et ça ne serait pas arrivé!
Mme Brède	Si je ne t'avais pas écouté, nous aurions pris l'autoroute, et ça ne serait pas arrivé!
M. Brède	Si nous n'étions pas partis en retard, tu n'aurais pas conduit si vite.
Mme Brède	Et pourquoi étions-nous en retard? . . . Parce que monsieur ne pouvait se décider à choisir une cravate!
M. Brède	Tu aurais dû te lever plus tôt . . .
Mme Brède	J'en ai assez à la fin, tout est toujours de ma faute!
M. Brède	Avoue que tu roulais vite.
Mme Brède	Je respectais la limite de vitesse, et si l'idiot d'en face n'avait pas dépassé dans le virage, je n'aurais pas donné un coup de volant à droite!
M. Brède	Tes réflexes ne sont pas encore tout à fait au point et . . .
Mme Brède	Dis donc, j'ai mon permis de conduire depuis un mois, et pour m'améliorer il me faut de l'expérience.
M. Brède	On n'aurait jamais dû te donner le permis!
Mme Brède	Si on me l'a donné, c'est que je le méritais! Et puis tu peux parler, toi, tu n'es pas non plus un as du volant, loin de là! Il y a trois jours, si je ne t'avais pas dit qu'il y avait un stop, tu ne te serais pas arrêté. Et tout ça parce qu'il y avait une fille en short sur le bord de la route!
M. Brède	Quoi, tout le monde a ses moments d'inattention, c'est humain après tout!
Mme Brède	Ah! Je suis bien contente de te l'entendre dire!

QU'EST-CE QUE ÇA VEUT DIRE?

bon(ne) pour la casse	*a write-off*
rentrer dans	*to crash into* (here)
blessé(e)	*injured, wounded*
avouer	*to admit*
le virage	*the bend*
un coup de volant	*a sudden turn of the steering wheel*
le permis de conduire	*the driving licence*
mériter	*to deserve*
un as	*an ace*

avez-vous compris?

Répondez en français.

1 Qui était au volant?

2 Quelle route voulait prendre Madame Brède?

3 Pourquoi les Brède étaient-ils partis en retard?

4 Madame Brède roulait-elle trop vite?

5 Pourquoi est-elle rentrée dans un arbre?

6 A-t-elle son permis de conduire depuis longtemps?

7 Que lui faut-il pour s'améliorer?

8 Monsieur Brède est-il un automobiliste parfait?

9 Qui a détourné son attention trois jours plus tôt?

10 Quelle est l'excuse de Monsieur Brède?

à vous!

1 Racontez l'accident de Mme Brède à un ami / une amie.

Si Madame Brède avait (**a**) _____ son mari, elle lui aurait laissé le (**b**) _____.
S'ils avaient pris l' (**c**) _____ l'accident ne serait pas (**d**) _____.
S'ils n'étaient pas (**e**) _____ en retard, elle n'aurait pas (**f**) _____ si vite.
Si l'idiot d'en face n'avait pas (**g**) _____ dans le virage elle n'aurait pas donné
(**h**) _____ à droite.
Et trois jours plus tôt, si elle n'avait pas (**i**) _____ à son mari qu'il y avait un
(**j**) _____, il ne se serait pas (**k**) _____!

2 Qu'est-ce que vous auriez fait dans les situations suivantes?

a Si j'avais écouté le professeur de français . . .

b Si j'étais allé(e) à la Martinique pour les vacances . . .

c Si ma voiture était tombée en panne ce matin . . .

d Si j'avais eu de la chance hier . . .

(i) j'aurais mangé des spécialités créoles et j'aurais bu du rhum.

(ii) j'aurais appris les verbes irréguliers par cœur.

(iii)   j'aurais ouvert le capot.

(iv)   j'aurais gagné le gros lot au Loto.

(v)   le soir, je serais allé(e) dans les cabarets ou dans les discothèques de Fort-de-France.

(vi)   je serais allé(e) en classe régulièrement.

(vii)   j'aurais visité Diamant et sa belle plage.

(viii)   j'aurais téléphoné au garagiste.

(ix)   j'aurais trouvé un billet de cinquante euros dans la rue.

(x)   j'aurais fait les devoirs chaque semaine.

une consultation

Après son accident de voiture, Mme Brède a des douleurs au cou et dans le dos. Elle a pris rendez-vous chez le médecin.

Le médecin   Ah, Madame Brède! Bonjour. Alors, qu'est-ce qui ne va pas aujourd'hui?

Mme Brède   J'ai des douleurs affreuses au cou et dans le dos. Et ne me dites pas que c'est normal à mon âge!

Le médecin   Vous avez sans doute attrapé un torticolis.

Mme Brède   J'ai eu un accident de voiture. Je suis rentrée dans un arbre.

Le médecin   Personne n'a été blessé, j'espère.

Mme Brède   Non, mais la voiture est bonne pour la casse! Évidemment ce n'était pas de ma faute . . . Et si mon mari n'avait pas insisté, nous aurions pris l'autoroute . . .

Le médecin	Je vais vous examiner. Enlevez votre chemisier, s'il vous plaît . . . Oh là là, vous êtes couverte de bleus.
Mme Brède	Ahhh!
Le médecin	Je vous ai fait mal?
Mme Brède	Non, c'est que vous avez les mains froides!
Le médecin	Regardez droit devant vous. Très bien! Maintenant tournez la tête à gauche . . . et maintenant à droite . . . Encore un peu.
Mme Brède	Aïe! Ça me fait mal!
Le médecin	Levez les bras . . . Bien, baissez-les. Quand j'appuie là . . .
Mme Brède	Aïe!
Le médecin	Et là?
Mme Brède	Là, ça va.
Le médecin	Bon, vous pouvez vous rhabiller.
Mme Brède	Alors, docteur, qu'est-ce que j'ai?
Le médecin	Eh bien, je pense qu'il n'y a rien de cassé, mais il faut que vous passiez une radio. En attendant, je vais vous faire une ordonnance pour une crème anti-inflammatoire et des analgésiques.
Mme Brède	J'ai besoin d'un peu de repos. Je suis très stressée depuis l'accident. Est-ce qu'il faut que je voie un kiné?
Le médecin	Attendons les résultats de la radio. Revenez me voir dès que vous les aurez.
Mme Brède	Ne vous inquiétez pas, docteur, je prendrai rendez-vous tout de suite!
Le médecin	Oui, je sais que je peux vous faire confiance.

QU'EST-CE QUE ÇA VEUT DIRE?

des douleurs (f.)	*aches and pains*
un torticolis	*a stiff neck*
un bleu	*a bruise*
Aïe!	*Ouch!*
Il faut que vous passiez* une radio	*you must have an X-ray*
une ordonnance	*a prescription*
il faut que je voie*	*I must see*
un kiné(sithérapeute)	*a physio(therapist)*

*The subjunctive mood is always used after **il faut que**. You can avoid it by using **devoir** + infinitive (e.g. **vous devez passer / voir**), but note that **il faut que + subjunctive** suggests greater urgency. Refer to Grammar section 21 for more information.

avez-vous compris?

Répondez *vrai* ou *faux*.

1 Mme Brède va chez le médecin pour ses rhumatismes.

2 Son mari a été blessé dans l'accident de voiture.

3 Il a un torticolis.

4 Mme Brède n'a pas mal quand elle tourne la tête.

5 Elle a des bleus.

6 Elle s'est cassé le bras.

7 Il faut qu'elle passe une radio.

8 Elle a besoin de médicaments contre les douleurs.

9 Elle doit voir un kiné tout de suite.

10 Il faut qu'elle revienne voir le médecin.

à vous!

Le médecin donne des conseils à différents malades. Aidez-le en ajoutant le bon verbe. Utilisez les verbes ci-dessous.

alliez   achetiez   passiez   preniez   mettiez   attendiez

Exemple: Il faut que vous **alliez** voir un spécialiste.

1 Il faut que vous _____ rendez-vous avec le spécialiste.

2 Il faut que vous _____ une crème anti-inflammatoire.

3 Il faut que vous _____ une radio.

4 Il faut que vous _____ le résultat de la radio.

5 Il faut que vous _____ ces médicaments.

une visite à domicile

Le médecin est appelé chez les Dupré. Alison, la correspondante anglaise de Colette, est malade. Comme elle ne parle pas très bien le français, c'est Madame Dupré qui explique ses symptômes.

Mme Dupré   Bonjour, docteur. C'est Alison, la correspondante anglaise de Colette, qui est malade.

Le médecin   Qu'est-ce qui ne va pas?

Mme Dupré   Elle a mal à la tête, elle a de la fièvre, elle a des douleurs aiguës au ventre . . .

Le médecin   C'est peut-être une crise d'appendicite.

Mme Dupré   C'est ce que j'ai tout de suite pensé, mais elle a déjà été opérée. Elle m'a même fait voir sa cicatrice! Elle fait sans doute une allergie. Elle n'est pas habituée à la cuisine française.

Le médecin   Elle n'a pas de boutons ni de rougeurs?

Mme Dupré   Non, mais elle n'arrête pas de vomir et elle a la diarrhée.

Le médecin   Qu'est-ce qu'elle a mangé?

Mme Dupré   Nous avons mangé des huîtres hier. Mais elle a mangé du poulet.

Le médecin   Elle fait probablement une intoxication alimentaire.

Mme Dupré   Elle doit rentrer chez elle la semaine prochaine . . .

Le médecin   Ne vous inquiétez pas, elle devrait aller mieux dans deux ou trois jours.

Mme Dupré   Il faut qu'elle prenne des médicaments?

Le médecin   Je vais lui donner quelque chose pour calmer les crampes d'estomac. Il vaut mieux qu'elle ne mange pas aujourd'hui, mais il faut qu'elle boive beaucoup.

Mme Dupré   De toute façon, elle n'a pas faim en ce moment, la pauvre!

Le médecin   Quand elle pourra prendre un peu de nourriture, donnez-lui du bouillon de légumes et du pain grillé, mais surtout pas de produits laitiers ni de plats relevés. Et puis, il faut qu'elle se repose.

Mme Dupré   Je peux me faire rembourser par la Sécurité Sociale pour la consultation?

Le médecin   Bien sûr, je vais remplir la feuille de maladie, comme d'habitude.

QU'EST-CE QUE ÇA VEUT DIRE?

aigu(ë)	*acute, sharp*
une cicatrice	*a scar*
un bouton	*a spot* (here)
une rougeur	*a rash*
une intoxication alimentaire	*food-poisoning*
il faut qu'elle prenne	*she must take*
il faut qu'elle boive	*she must drink*
il vaut mieux que (+ subjunctive)	*it is better*
du bouillon	*broth, stock*
la consultation	*the visit*
la feuille de maladie	*(a special form to be flled in in order to be reimbursed for the doctor's fees and the medicines – on average 70% of the costs)*

avez-vous compris?

Répondez en français.

1 Qui est malade chez les Dupré?

2 Décrivez ses symptômes.

3 Quels sont les trois diagnostics possibles?

4 Pourquoi les deux premiers diagnostics sont-ils rejetés?

5 Est-ce que c'est une maladie de longue durée?

6 Est-ce que le médecin prescrit beaucoup de médicaments?

7 Quels sont ses conseils?

8 Quand elle pourra manger de nouveau, qu'est-ce qu'Alison devra éviter?

9 Qu'est-ce que le médecin doit faire pour que Mme Dupré soit remboursée?

à vous!

Vous êtes médecin. Diagnostiquez les maladies.

1 Une insolation

2 Une angine

3 La grippe

4 Une entérite

5 La rougeole

6 Une bronchite

7 Une crise d'appendicite

8 Une conjonctivite

a Très mal aux yeux, inflammation des paupières

b Mal au cœur, mal au ventre, de la diarrhée

c Une toux sévère, des difficultés respiratoires

d La peau rouge, des maux de tête

e Douleur aiguë au ventre, à droite, juste au-dessous du nombril

f De la fièvre, des frissons, mal partout

g Très mal à la gorge

h Mal à la tête, mal aux yeux, de la fièvre, des boutons

chez le vétérinaire

À Nuits-Saint-Georges, nous retrouvons Henri dans la salle d'attente du vétérinaire. En attendant son tour, il bavarde avec d'autres clients.

Première dame	Oh, le beau chat! Comment s'appelle-t-il?
Henri	Moustache.
Deuxième dame	Il est vraiment splendide! Il est encore jeune, n'est-ce pas?
Henri	Il a tout juste un an.
Première dame	Qu'est-ce qu'il a?
Henri	Il boite depuis deux jours et il ne touche pas à sa nourriture. Même le foie qu'il adore, il n'en veut pas!
Deuxième dame	Vous croyez qu'il s'est cassé la patte?
Henri	S'il s'était cassé une patte, il ne pourrait pas marcher. Je crois qu'il s'est battu, qu'il a été blessé et que la plaie s'est infectée.
Deuxième dame	Il a sans doute un abcès.
Petit garçon	Mon Loulou, il a un abcès à la dent.
Henri	Ton lapin a un abcès?
Petit garçon	C'est pas un lapin, c'est un chinchilla. Le vétérinaire, il lui a fait une radio hier et il va l'opérer aujourd'hui.
Première dame	Mon pauvre Bijou avait la hanche cassée quand j'ai été le chercher à la SPA. On pense qu'il avait été jeté par une fenêtre du deuxième étage.
Deuxième dame	Oh! Quelle horreur!
Première dame	Et il y a deux semaines, il a eu une crise cardiaque. Il faut dire qu'il est vieux maintenant.
Petit garçon	Il a quel âge?
Première dame	Il a quinze ans. Comme les personnes âgées, il faut qu'il mène une vie calme et qu'il prenne toutes sortes de médicaments.
Henri	Et vous, madame, on dirait que votre chien a mal aux yeux.
Deuxième dame	Oui. Achille aussi, il est vieux. Il fait du diabète et il est presque aveugle maintenant. Il faut qu'on lui fasse des piqûres régulièrement.
Petit garçon	Moi, je déteste les piqûres, les vaccins, les prises de sang, les suppositoires ...

Homme	Je me demande bien ce que le vétérinaire va faire à mon perroquet!
Petit garçon	Il s'appelle comment?
Homme	Coco.
Petit garçon	Salut, Coco! . . . Salut, Coco! . . . Réponds-moi! . . . Salut, Coco! . . . Eh ben, il est pas bavard, pour un perroquet!
Homme	C'est là tout le problème. Ça va faire une semaine qu'il ne parle plus!

QU'EST-CE QUE ÇA VEUT DIRE?

boiter	*to limp*
la plaie	*the wound*
mener	*to lead*
la hanche	*the hip*
la SPA (Société Protectrice des Animaux)	*the French equivalent of the RSPCA*
on dirait que . . .	*it looks as if . . .*
une prise de sang	*a blood sample*
aveugle	*blind*
un perroquet	*a parrot*

avez-vous compris?

Répondez *vrai* ou *faux*.

1 Le perroquet est aveugle et il boite.

2 Moustache s'est cassé la patte.

3 Bijou est un chien de la SPA.

4 Il a été maltraité quand il était jeune.

5 Achille a perdu l'appétit.

6 Il fait du diabète.

7 Il a besoin de piqûres.

8 Loulou n'est pas un lapin.

9 Le chinchilla a passé une radio.

10 Il a mal aux dents.

à vous!

1 Votre ami(e) anglais(e) s'est brûlé le bras. Vous avez du *Derma Spray*. Expliquez-lui les propriétés du produit et comment il faut s'en servir.

Solution antiseptique (usage externe)

Derma spray prévient et traite l'infection
- des plaies superficielles souillées
- des écorchures et coupures
- des brûlures du 1er degré
- des piqûres d'insectes

Mode d'emploi: *Lire attentivement la notice d'emploi, logée dans le capuchon. 1 à 4 pulvérisations par jour, directement sur la plaie. Ne pas appliquer sur des lésions eczématisée ni sur les muqueuses. Ne pas vaporiser dans les yeux.*

Ne pas percer ou brûler même après usage.
Ne pas exposer à la chaleur.

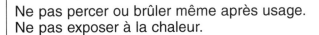

2 Qui parle? Un professeur? un médecin? un gendarme? etc. Qu'est-ce que vous en pensez?

a Il faut que vous donniez ce médicament à votre chien trois fois par jour.

b Il faut que vous fassiez les devoirs régulièrement.

c Votre fille a la grippe. Il faut qu'elle reste au lit, qu'elle prenne de l'aspirine et qu'elle boive beaucoup d'eau.

d Il faut que vous finissiez cette lettre et que vous l'envoyiez par fax avant midi, sinon nous perdrons une grosse commande.

e Il est dangereux, il est armé. Il faut que vous le mettiez en prison immédiatement.

f Vous avez mal aux dents. Il faut que je vous fasse un plombage tout de suite.

g Il faut que je prenne la température et la tension des malades, que je fasse des prises de sang et des piqûres . . .

h Il faut que je lise des rapports, que j'utilise l'ordinateur et que je réponde au téléphone.

i Vous voulez ouvrir un compte bancaire? Alors il faut que vous remplissiez ce formulaire.

j Il faut que j'aie beaucoup d'énergie et de patience, mais surtout, il faut que j'aime travailler avec les jeunes.

UN PEU DE GRAMMAIRE

Le plus-que-parfait	*The pluperfect*

This is a compound tense used in French in the same way as it is in English.

j'avais travaillé	*I had worked*
elle était allée	*she had gone*

It is often used with the conditional perfect to express how circumstances might have been different.

Le conditionnel passé	*The conditional perfect*
Si mon mari n'avait pas insisté, nous **aurions pris** l'autoroute.	*If my husband hadn't insisted, we **would have taken** the motorway.*
Si je ne t'avais pas écouté, nous **serions partis** de bonne heure.	*If I hadn't listened to you, we **would have left** early.*

EXERCICES

A Complétez le dialogue.

Client(e) Le plein, s'il vous plaît!

Vous (**1** *Say fine, two or four star?*)

Client(e) Ah non, du sans plomb, je suis vert(e) maintenant! Et pourriez vous aussi vérifier l'huile et l'eau?

Vous (**2** *Say of course. Ask the customer to open the bonnet.*)

Client(e) Attendez un instant. Voilà!

Vous (**3** *Say everything's fine. Offer to wash the windscreen.*)

Client(e) Non merci, il est propre. Dites-moi, est-ce que vous avez des cartes de la région?

Vous (**4** *Say yes. You sell maps in the shop.*)

Client(e) Et vous acceptez les cartes de crédit?

Vous (**5** *Of course, Sir / Madam.*)

Client(e) Je vous dois combien?

Vous (**6** *Say how much the bill comes to.*)

B Un historien distrait a mélangé les phrases. Reliez-les correctement.

1 Si Jeanne d'Arc ne s'était pas battue contre les Anglais . . .

2 Si les Romains avaient aussi bu la potion magique . . .

3 Si Marie-Antoinette n'avait pas dit: «Qu'ils mangent de la brioche!» . . .

4 Si on n'avait pas assassiné l'archiduc Ferdinand . . .

5 Si Napoléon avait traversé la Manche . . .

6 Si Adam avait refusé de manger la pomme . . .

7 Si Dalila n'avait pas coupé les cheveux de Samson . . .

8 Si Guillaume le Conquérant était resté en Normandie . . .

9 Si Christophe Colomb ne s'était pas perdu . . .

10 Si Henry VIII avait vécu plus longtemps . . .

a la première guerre mondiale n'aurait pas éclaté en 1914.

b il n'aurait pas perdu sa force.

c elle n'aurait pas été brûlée à Rouen.

d Astérix et Obélix n'auraient pas pu les battre.

e les hommes seraient restés au paradis.

f il n'aurait pas découvert l'Amérique.

g il aurait probablement épousé une septième femme.

h il serait peut-être devenu empereur des Anglais.

i il n'aurait pas tué le roi Harold.

j elle n'aurait pas perdu la tête.

C

Trouvez l'intrus.

1

des crampes un torticolis un bleu des rhumatismes des douleurs du sang

2

de la fièvre des boutons des démangeaisons des rougeurs du bouillon

3

4

D Complétez la conversation.

– Comme il est beau, votre chien! Comment s'appelle-t-il?
– (**1** *Say his name is Rollo.*)
– Et qu'est-ce qu'il a exactement? On dirait qu'il a mal aux yeux.
– (**2** *Tell the other person he / she is right. The dog is almost blind because of diabetes.*)
– Il faut qu'il prenne beaucoup de médicaments, alors?
– (**3** *Say no, but he has to have injections regularly. Ask about the other person's cat.*)
– Il a eu une crise cardiaque il y a deux semaines. Si je ne l'avais pas emmené chez le vétérinaire tout de suite, il ne serait pas là aujourd'hui!
– (**4** *Say the person is lucky. Ask if the cat has to lead a quiet life now.*)
– Oui, il faut qu'il se repose, et qu'il prenne un quart d'aspirine par jour.
– (**5** *Say you had a heart attack three years ago.*)
– Vous étiez très stressé(e)?
– (**6** *The doctor told you if you had taken more exercise and eaten less fat you wouldn't have been ill.*)
– Mais on ne sait jamais. Après tout, mon chat était très actif et il ne mangeait pas de gâteaux à la crème!

E C'est très important. Alors, remplacez **devoir** par **il faut que / qu'**. N'oubliez pas d'utiliser le subjonctif.

Exemple: **Vous devez mettre** du *Derma Spray.*
Il faut que vous mettiez du *Derma Spray.*

1 Je dois prendre des médicaments.

2 Il doit aller à l'hôpital.

3 Vous devez faire une cure.

4 Elle ne doit pas boire de lait.

5 Je dois être chez le vétérinaire à dix heures.

6 Vous devez passer une radio.

7 Il doit venir une fois par mois.

8 Vous ne devez pas manger.

F   Imaginez que vous êtes Monsieur ou Madame Brède. Écrivez une réponse à la lettre de votre amie, Claude.

Caen, le 10 septembre

Mes chers amis,

J'ai été très déçue de ne pas avoir eu l'occasion de vous revoir mercredi dernier. Charles, quand tu m'a téléphoné, tu ne m'as pas donné beaucoup de détails. Comment l'accident est-il arrivé? Qui était au volant? Je sais que tu viens d'avoir ton permis, Irène. J'espère que tu ne roulais pas trop vite.

Depuis mon accident, il y a deux ans, j'ai beaucoup souffert. J'étais toujours fourrée chez le médecin. Il m'a prescrit toutes sortes de médicaments, des crèmes anti-inflammatoires, des calmants, des somnifères, mais je continuais à souffrir, et je ne me sentais pas bien du tout. J'ai même vu un kiné, ce qui m'a coûté une fortune. Finalement, on m'a conseillé un homéopathe qui exerce dans la région. Il a fait des merveilles et maintenant je suis en pleine forme. Je pourrais vous donner son numéro de téléphone si jamais vous en avez besoin.

Est-ce que vous avez déjà fait des projets de vacances? Nous, on a décidé d'aller au Maroc, car Jean a des cousins là-bas. Ce sera ma première visite dans le Maghreb et j'espère que ce seront des vacances inoubliables!

Bien affectueusement,

Claude

écoutez bien!

Jules Romains (1885–1972), poète et romancier, occupe aussi une place importante dans le théâtre des années 1920–30. *Knock* est une grande farce dans la meilleure tradition de Molière, où Romains satirise le charlatanisme de certains médecins et l'incroyable crédulité de leurs clients. Au début de la pièce, tous les habitants du village Saint-Maurice sont en pleine forme. À la fin, ils sont tous hospitalisés!

Écoutez l'extrait de la farce *Knock* et complétez le résumé.

Le 'docteur' Knock examine la dame en noir et la fait asseoir. Il lui demande si elle veut guérir. Il la prévient que le traitement sera très (**1**) _____ et coûteux. Il lui dit que l'on ne guérit pas en (**2**) _____ minutes un mal qu'on traîne depuis 40 (**3**) _____. Il paraît qu'elle l'a eu depuis qu'elle est tombée d'une (**4**) _____. Quand elle lui demande

combien ça lui coûtera, *Knock* veut savoir le prix des veaux et des (**5**) _____.
La valeur des (**6**) _____ dépend du marché et de la grosseur de la bête. Knock estime que le traitement lui coûtera deux cochons et deux veaux, c'est-à-dire environ trois (**7**) _____ francs. Cette nouvelle la bouleverse et Knock, d'un air ironique, lui propose un pèlerinage. Elle ne l'accepte pas, en lui disant que les (**8**) _____ ne réussissent pas souvent. Elle lui (**9**) _____ ce qu'elle a comme maladie. Knock la lui explique, en faisant un dessin au tableau noir. Au lieu de lui

faire comprendre sa condition médicale, il lui raconte des absurdités. Elle est totalement convaincue et se plaint du (**10**) _____ d'être tombée de son échelle.

lecture

Look at the advertisement on page 324.

1 Explain briefly why each member of the family fell for the Petita-Super.

2 Who else fell for the car, and why?

3 What material covers the seats?

4 What can be found even in the boot?

5 What are the windows like?

6 What is special about the wing mirror?

7 Describe the locking system.

8 Is there another way of opening and locking the boot?

9 What are the features of the back window?

10 Why is it so easy to drive and park?

11 Why are its road-holding capacities particularly good?

12 With what norms does it comply?

13 Which gadget checks the petrol consumption?

14 For how long is the car guaranteed against corrosion?

15 Why does the man thank the Petita-Super at the end?

Vive la Petita-Super!

La Dernière-née des Petita est . . . super!

Chère Petita-Super,

Je t'écris pour te féliciter. En effet:

Tu as conquis ma belle-mère (un vrai miracle!) par ta ligne élégante et ton confort généreux: les sièges velours avec appuis-tête incorporés, la moquette au sol, même dans le coffre, les vitres électriques teintées, le toit ouvrant et les deux airbags.

Tu as conquis ma femme (elle a l'esprit très pratique) par ton équipement: le volant réglable, le tableau de bord sobre, mais où rien ne manque, le rétroviseur extérieur qu'on peut régler de l'intérieur, le verrouillage centralisé avec fonction anti-effraction et télécommande, la deuxième commande d'ouverture du coffre au poste de conduite, la lunette arrière dégivrante avec essuie-glace électrique et lave-glace.

Tu as conquis mes enfants (c'est peut-être dommage?) qui apprennent à conduire: avec ton lecteur de CD, tes quatre haut-parleurs et ton antenne électrique; avec tes vitesses faciles à passer, ta direction assistée, aucun problème pour se garer dans les places les plus petites; sur route, avec tes quatre roues indépendantes et ton freinage ABS, tu es puissante, fiable, souple et précise. Et tu es conforme aux normes anti-pollution européennes.

Moi aussi tu m'as conquis, car tu es super-économe (je suis un peu radin!): 4,6 litres aux cent km à 100 km/h, 6,2 litres 120 km/h et 7,1 litres en ville selon les normes de la CE (Génial ton économètre!). Et bravo pour tes six ans de garantie anti-corrosion totale.

Finalement, tu as conquis le directeur de ma banque (il est plus radin que moi!) par ton super-petit prix.

MERCI PETITA-SUPER, POUR UNE FOIS, NOUS SOMMES TOUS D'ACCORD!

Dix-huitième unité

Dix-huitième unité

une visite imprévue

Martin arrive à l'improviste chez son ami Henri.

Henri   Tiens, bonjour Martin. Quelle bonne surprise! Entrez, entrez. Ça va?

Martin   Bonjour Henri. Ça va merci, et vous? Je ne vous dérange pas, j'espère?

Henri   Pas du tout! Je suis en train de lire mon guide de Paris. C'est très intéressant.

Martin   Ah, toujours le rat de bibliothèque, hein! En fait, c'est la raison pour laquelle je suis venu vous voir. Je n'ai rien à lire et je sais que vous avez une bibliothèque bourrée de volumes de toutes sortes. J'aimerais vous emprunter un ou deux livres, parce que je m'ennuie un peu.

Henri   Qu'est-ce que vous cherchez exactement, de la poésie, des pièces classiques, de la philosophie, des biographies? J'ai les œuvres complètes de Ronsard, de Corneille, de Descartes . . .

Martin   Mon Dieu, non! Je pensais à quelque chose de moins sérieux, de plus moderne, quelque chose de facile à lire.

Henri   J'ai *Paroles* de Prévert, *L'Écume des Jours* de Boris Vian – j'adore son humour.

Martin   Ce que j'aimerais en fait, c'est un bon roman pour me détendre.

Henri   Alors, je vous recommande *Les Souvenirs d'Enfance* de Pagnol. Je les ai tous.

Martin   Je peux y jeter un coup d'œil?

Henri   Mais naturellement. En attendant, je vais chercher une bonne bouteille à la cave. Vous prendrez bien un verre?

Martin   Volontiers, mon cher Henri, avec plaisir!

QU'EST-CE QUE ÇA VEUT DIRE?

imprévu	*unexpected*
à l'improviste	*unexpectedly*
un rat de bibliothèque	*a bookworm* (lit. *a rat*)
s'ennuyer	*to be bored*
bourré(e) de	*crammed with*
une pièce (de théâtre)	*a play*
les œuvres complètes (f.)	*the complete works*
le désespoir	*despair*
un roman	*a novel*
jeter un coup d'œil (à)	*to glance / to have a look (at)*
volontiers	*willingly*

avez-vous compris?

Répondez *vrai* ou *faux*.

1 Henri avait invité son ami Martin.

2 Quand Martin est arrivé, Henri était en train de lire.

3 Henri fréquente régulièrement la bibliothèque municipale.

4 Martin a rendu visite à Henri pour qu'il lui prête des livres.

5 Henri a surtout des livres de littérature contemporaine.

6 Martin ne s'intéresse pas à la littérature classique.

7 Martin n'a pas envie de lire quelque chose de sérieux.

8 Martin voulait aussi jeter un coup d'œil à la cave d'Henri.

à vous!

1 Donnez les contraires.

Exemple: Quelque chose de **grand**. Quelque chose de **petit**.

    a Quelque chose d'ennuyeux.   **c** Quelque chose d'amusant.

    b Quelque chose de difficile.   **d** Quelque chose de tragique.

e Quelque chose de bon marché.

i Quelque chose de propre.

f Quelque chose d'original.

j Quelque chose de lent.

g Quelque chose de rare.

k Quelque chose de fiable.

h Quelque chose de laid.

l Quelque chose de reposant.

2 Complétez avec le bon verbe.

> remédier
> toucher
> jeter un coup d'œil   } (à quelque chose)
> (s')habituer
> croire
> penser

a – Avez-vous vu mon nouveau dictionnaire?
– Non. Est-ce que je peux y _____?

b – Tu n'as pas oublié que l'anniversaire de Paul est lundi prochain?
– Non, j'y _____.

c – Vous a-t-elle raconté ce qu'il lui est arrivé en Espagne?
– Oui, mais je n'y _____ pas.

d – Encore un problème!
– Ne vous inquiétez pas. On va y _____ le plus vite possible.

e – Alors, vous préférez les verres de contact aux lunettes, n'est-ce pas?
– Oui, je m'y _____ petit à petit.

f – C'est chaud?
– Oui. N'y _____ pas, tu vas te brûler!

et vous?

Qu'est-ce que vous aimez lire? Parlez d'un de vos livres / journaux / magazines favoris.

une visite imprévue (suite)

Martin choisit *La Gloire de mon père*, le premier volume des souvenirs d'enfance de Marcel Pagnol. Il tombe sur la page où la famille s'est réunie pour discuter le départ en vacances. Ils avaient loué une maison, mais il fallait tout emporter. Plus un déménagement qu'un départ en vacances!

Un soir, l'oncle Jules et la tante Rose vinrent dîner à la maison. Ce fut un dîner-conférence, pour la préparation du grand départ, qui devait avoir lieu le lendemain.

L'oncle Jules, qui se flattait d'être un organisateur, déclara d'abord qu'à cause de l'état des chemins, il n'était pas possible de louer une voiture importante, qui aurait d'ailleurs coûté une fortune – peut-être même vingt francs!

Il avait donc loué deux voitures: un petit camion de déménagement, qui transporterait ses propres meubles, ainsi que sa femme, son fils et lui-même, au prix de 7 francs 50.

Cette somme comprenait la puissance d'un déménageur qui serait à notre service toute la journée.

Pour nous, il avait trouvé un paysan, qui s'appelait François, et dont la ferme était à quelques centaines de mètres de la villa. Ce François venait deux fois par semaine vendre ses fruits au marché de Marseille.

En remontant chez lui, il transporterait nos meubles au prix raisonnable de quatre francs. Cet arrangement enchanta mon père, mais Paul* demanda:

– Et nous, nous monterons sur la charrette?

– Vous, dit l'Organisateur, vous prendrez le tramway jusqu'à La Barasse, et de là, vous rejoindrez votre paysan à pied. Augustine** aura une petite place sur le chariot, et les trois hommes suivront à pied, avec le paysan.

Les trois hommes acceptèrent cette idée avec joie, et la conversation, qui dura jusqu'à onze heures, devint absolument féérique, car l'oncle Jules parla de chasse, puis mon père parla des insectes, si bien que jusqu'à mon réveil, je tirai des coups de fusil sur des mille-pattes, des sauterelles et des scorpions.

La Gloire de mon père, Marcel Pagnol (texte adapté)

*le frère de Marcel
**la mère de Marcel

QU'EST-CE QUE ÇA VEUT DIRE?

se réunir	to meet, to get together	la charrette / le chariot	cart
vinrent* (venir)	came	la chasse	shooting / hunting
ce fut* (être)	this was	tirer un coup de fusil	to shoot (with a shotgun)
déclara* (déclarer)	declared	un mille-pattes	a millipede
enchanta* (enchanter)	delighted	une sauterelle	a grasshopper

*These verbs are in the past historic, the equivalent of the perfect tense but used only in writing. For a more detailed explanation, refer to *Un peu de grammaire* on p. 331.

avez-vous compris?

Répondez en français.

1 Pourquoi l'oncle et la tante de Marcel étaient-ils venus dîner?

2 Le départ en vacances était-il imminent?

3 Pourquoi l'oncle Jules avait-il décidé de louer deux voitures?

4 L'oncle Jules et la tante Rose avaient combien d'enfants?

5 Qu'est-ce que l'oncle Jules avait obtenu pour 7 francs 50?

6 Qui était François et où sa ferme était-elle située?

7 Où allait-il deux fois par semaine et pourquoi?

8 Que pourrait-il faire sur le chemin du retour?

9 Comment voyageraient Marcel, ses parents et son frère?

10 Pourquoi Marcel a-t-il fait un rêve?

à vous!

Trouvez les équivalents anglais.

1 La conversation dura jusqu'à onze heures.

2 L'oncle Jules parla de chasse, puis mon père parla des insectes.

3 Un soir, l'oncle Jules et la tante Rose vinrent dîner à la maison.

4 L'oncle Jules déclara qu'il n'était pas possible de louer une voiture importante.

5 Ce fut un dîner-conférence.

6 Je tirai des coups de fusil sur des mille-pattes.

7 Cet arrangement enchanta mon père.

8 Les trois hommes acceptèrent cette idée avec joie.

a *I shot millipedes.*

b *The conversation lasted till eleven o'clock.*

c *This arrangement delighted my father.*

d *The three men happily accepted this idea.*

e *Uncle Jules talked about hunting then my father talked about insects.*

f *Uncle Jules declared that it wasn't possible to hire a sizeable car.*

g *One evening uncle Jules and aunt Rose came to dinner.*

h *It was a dinner / meeting.*

une visite imprévue (suite)

Après avoir reposé le roman de Pagnol, Martin prend un Maigret de Simenon et en lit une page.

Madame Maigret ferma les stores, s'assura que son mari ne manquait de rien et sortit sur la pointe des pieds. La porte n'était pas refermée qu'il dormait profondément. Sa vaisselle finie, la cuisine mise en ordre, elle hésita un bon moment à rentrer dans la chambre pour aller prendre son tricot qu'elle avait oublié. Elle écouta d'abord, entendit un souffle régulier, tourna le bouton avec précaution et s'avança sur la pointe des pieds sans faire plus de bruit qu'une bonne sœur. C'est à ce moment-là que, tout en continuant à respirer comme un homme endormi, il prononça d'une voix un peu pâteuse:

– Dis donc! Deux millions et demi en cinq mois . . .

Il avait les yeux fermés, le teint très coloré. Elle crut qu'il parlait dans son sommeil, s'immobilisa néanmoins pour ne pas le réveiller.

– Comment ferais-tu pour dépenser ça, toi?

Elle n'osait pas répondre, persuadée qu'il rêvait; toujours sans remuer les paupières, il s'impatienta:

– Réponds, Madame Maigret.

– Je ne sais pas, moi, chuchota-t-elle. Combien as-tu dit?

– Deux millions et demi. Probablement beaucoup plus.

Il se retourna pesamment, et un de ses yeux s'entrouvrit un instant pour se fixer sur sa femme.

– On en revient toujours aux courses, tu comprends? Écoute, Madame Maigret. Il y a un détail que je voudrais connaître tout de suite. Où y avait-il des courses mardi dernier? Dans la région parisienne, bien entendu. Téléphone!

À ce moment-là, il avait les deux yeux ouverts. Il était donc complètement réveillé. Elle passa dans la pièce voisine, laissa la porte ouverte pendant le temps qu'elle téléphonait. Ce fut très court. On aurait dit que l'employé qui lui répondait avait l'habitude de ces questions-là, et il devait connaître son calendrier des courses par cœur, car il lui donna le renseignement sans hésiter. Or, quand Mme Maigret revint dans la chambre pour répéter à Maigret ce qu'on venait de lui dire, celui-ci dormait à poings fermés, la respiration assez sonore pour s'appeler ronflement.

Maigret et son mort, Georges Simenon (texte adapté)

QU'EST-CE QUE ÇA VEUT DIRE?

les stores (m.)	*blinds*
une bonne soeur	*a nun*
les paupières (f.)	*eyelids*
chuchoter	*to whisper*
les courses (f.)	*the races* (here)
or	*now; but then*
dormir à poings fermés	*to be fast asleep* (lit. *with clenched fists*)
un ronflement	*snoring*

avez-vous compris?

Trouvez les équivalents français.

1 *She left the door open.*

2 *I don't know, she whispered.*

3 *She thought he was talking in his sleep.*

4 *One of his eyes half opened.*

5 *She came back into the room.*

6 *First she listened.*

7 *She heard regular breathing.*

8 *He turned over heavily.*

9 *She went out on tip-toe.*

10 *She hesitated for a (good) while.*

11 *She turned the knob carefully.*

12 *He became impatient.*

à vous!

Mettez les phrases dans le bon ordre. La première phrase est correcte.

1 Quand elle ferma la porte de la chambre, Maigret dormait déjà profondément.

2 Il était alors complètement réveillé car il avait les yeux ouverts.

3 Il lui demanda de téléphoner pour savoir s'il y avait eu des courses mardi dernier.

4 Ensuite elle retourna dans la chambre pour aller prendre son tricot.

5 Elle crut qu'il parlait dans son sommeil, mais il se retourna et la regarda.

6 Elle fit la vaisselle, et mit la cuisine en ordre.

7 Elle passa dans la pièce voisine.

8 C'est alors que Maigret lui parla.

9 Quand elle revint dans la chambre Maigret dormait à poings fermés.

10 Ce fut très court car l'employé lui donna le renseignement sans hésiter.

11 Elle s'avança sans faire de bruit.

une visite imprévue (suite)

Pendant leur petite dégustation, Henri et Martin continuent à bavarder.

Martin   Est-ce que vous pourriez me prêter *La Gloire de mon père* de Pagnol?

Henri   Volontiers, mon cher Martin. Prenez aussi la suite, *Le Château de ma mère*, *Le Temps des amours* et *Le Temps des secrets*.

Martin   Vous avez aussi ses pièces de théâtre, *Marius*, *Fanny*, *César* . . .

Henri   Naturellement, je les ai toutes. Et j'ai aussi *Jean de Florette* et *Manon des sources*. Vous avez vu les films?

Martin   Bien sûr! Avec Yves Montand, Emmanuelle Béart, Daniel Auteuil et Gérard Depardieu, excellent! Mais la vie dans les collines de Provence n'est pas aussi idyllique que je le croyais. Et ça ne montre pas les Méridionaux sous un jour très favorable!

Henri   N'oubliez pas que cela se passait au début du siècle. Les choses ont changé depuis. Et le soleil, c'est comme l'argent, ça ne fait pas le bonheur. J'ai rencontré une jeune femme de Grasse pendant mon séjour à Paris. Elle était vraiment sympathique. Je ne me rappelle plus comment elle s'appelait . . . Sophie . . . Sandrine . . . non, c'était Sylvie . . . Elle riait beaucoup, elle faisait des farces, elle racontait des plaisanteries avec son merveilleux accent . . .

Martin   À propos de Paris, vous me parliez de vos lectures.

Henri   C'est vrai. Quand vous êtes arrivé, je lisais mon guide pour m'instruire un peu. La culture générale, c'est très important, vous ne trouvez pas?

QU'EST-CE QUE ÇA VEUT DIRE?

une colline	*a hill*
sous un jour favorable	*in a favourable light*
les Méridionaux	*the people from the South*
méridional(e)	*southern*
faire des farces	*to play practical jokes*
une plaisanterie	*a joke*
(s')instruire	*to educate (oneself)*
la culture générale	*general knowledge*

avez-vous compris?

Complétez les phrases ci-dessous.

1 Martin voudrait *e*_____ des livres de Marcel Pagnol parce qu'il aimerait les
*r*_____.

2 Pagnol a écrit des *r*_____ et des *p*_____ de *t*_____.

3 Yves Montand joue dans deux *f*_____ tirés de romans de Pagnol.

4 Les habitants du Midi de la France ont l'accent *m*_____.

5 Au début du *s*_____, la vie dans les *c*_____ de Provence n'était pas toujours
facile.

6 L'été, dans le Midi, il fait toujours du *s*_____.

7 L' *a*_____ ne fait pas le *b*_____!

8 Sylvie aimait raconter des *p*_____ et faire des *f*_____.

9 Henri est un vrai rat de bibliothèque parce qu'il adore la *l*_____.

10 Il lisait son *g*_____ de Paris pour améliorer sa *c*_____ *g*_____.

à vous!

Connaissez-vous des films français? Comment traduiriez-vous ces titres en anglais?

1 *La reine Margot* (avec Isabelle Adjani et Daniel Auteuil)

2 *La Dentellière* (avec Isabelle Huppert)

3 *Les Parapluies de Cherbourg* (avec Catherine Deneuve)

4 *Un Homme et une femme* (avec Jean-Louis Trintignant et Anouk Aimée)

5 *Et Dieu créa la femme* (avec Jean-Louis Trintignant et Brigitte Bardot)

6 *Jour de fête* (de Jacques Tati)

7 *À bout de souffle* (avec Jean-Paul Belmondo)

   8 *Les Quatre cents coups* (avec Jean-Pierre Léaud)

   9 *Tintin et le lac aux requins* (dessin animé franco-belge)

   10 *Les Douze travaux d'Astérix* (dessin animé)

   11 *Je t'aime, moi non plus* (de Serge Gainsbourg, avec Jane Birkin)

   12 *Ascenseur pour l'échafaud* (avec Jeanne Moreau et Georges Poujouly)

   13 *Les Cent et une nuits* (d'Agnès Varda, avec Michel Piccoli et Marcello Mastroiani)

   14 *Les Amants du Pont-Neuf* (avec Juliette Binoche)

   15 *Le Grain de sable* (avec Delphine Seyrig et Michel Aumont)

une visite imprévue (suite)

Henri et Martin parlent maintenant de l'histoire de Paris.

Martin   Je n'ai jamais compris pourquoi nous avions un obélisque égyptien à Paris.

Henri   C'est un cadeau. Il a été offert au roi Louis-Philippe. Il provient du temple de Ramsès II.

Martin   Et maintenant, nous avons aussi une pyramide! Je me demande qui a eu cette idée saugrenue?

Henri   Sa construction a été décidée par François Mitterrand qui était alors président de la République. Au début, beaucoup de Parisiens trouvaient ça choquant. Mais je suppose que depuis 1988, ils s'y sont habitués.

Martin   Pourquoi cet engouement pour l'Égypte? Je parie que c'est de la faute de Napoléon, comme d'habitude.

Henri   Tout juste! Il y a mené une expédition à la fin du dix-huitième siècle. C'est la raison pour laquelle le Grand Louvre, comme on l'appelle maintenant, abrite un nombre considérable de trésors égyptiens.

Martin   Et vous avez eu le temps de visiter le musée d'Orsay aussi?

Henri   Bien sûr! Il est ouvert depuis 1986, et il attire toujours autant de monde.

Martin   Qu'est-ce qu'on peut y voir?

Henri   Des œuvres françaises du dix-neuvième siècle, en particulier des peintures impressionnistes. Elles y sont exposées de façon très originale.

Martin   Voilà encore une idée bien audacieuse, aménager un musée dans une ancienne gare. Tous les gouvernements français, de droite comme de gauche, adorent les innovations architecturales. Le Centre Pompidou, le quartier des Halles, le quartier de la Défense et la Grande Arche . . .

Henri   Tout ça me donne envie de retourner à Paris très bientôt.

QU'EST-CE QUE ÇA VEUT DIRE?

Tout juste!	*Indeed it is!*
provenir (de)	*to come (from)*
une idée saugrenue	*a daft / crazy idea*
un engouement	*a craze*
Pourquoi cet engouement pour . . . ?	*Why are people so smitten by . . . ?*
abriter	*to house* (here)
attirer	*to attract*

avez-vous compris?

Répondez en français.

1 Quel président de la République décida la construction de la pyramide du Louvre?

2 Est-ce que cette décision fit l'unanimité?

3 Quand la France commença-t-elle à s'intéresser à l'Égypte?

4 Que peut-on voir au musée d'Orsay?

5 Que pense Martin de l'attitude des gouvernements français en ce qui concerne l'architecture?

à vous!

Lisez la biographie, puis racontez à un ami / une amie ce que vous venez d'apprendre.

Exemple: Gustave Eiffel **est né** à Dijon en 1832. Il **a fini** . . .

Gustave Eiffel
Il naquit à Dijon en 1832. Il finit ses études d'ingénieur en 1855, et à l'âge de 23 ans commença sa carrière dans une compagnie de chemins de fer. Pour construire rapidement des ponts, il proposa d'utiliser une structure d'acier préfabriquée. En 1861 il construisit à Bordeaux le premier pont métallique. Il construisit les écluses du canal de Panama et des usines en Égypte. Il bâtit le piédestal de la Statue de la Liberté qui se trouve dans la baie de New York. Il devint riche en même temps que célèbre. Pour l'Exposition Universelle de 1889, il proposa de faire construire une tour de fer de 300 mètres de haut. L'idée fut acceptée, mais beaucoup de Parisiens protestèrent. On envoya au gouvernement des pétitions demandant de raser 'cette hideuse monstruosité'. Gustave Eiffel mourut à Paris en 1923.

et vous?

Parlez d'un bâtiment ou d'un musée que vous trouvez particulièrement intéressant, ou bien racontez la vie d'une personne dont vous connaissez la biographie.

une visite imprévue (suite et fin)

Quelques pages tirées du guide d'Henri Boivin:

La tour Eiffel est le bâtiment parisien le plus universellement connu. Beaucoup de protestations furent écrites contre sa construction. Elle fut construite pour l'Exposition Universelle de 1889. Avec ses 300 mètres, c'était alors le bâtiment le plus haut du monde. La tour se compose de 15 000 pièces, dans lesquelles furent percés sept millions de trous. On la repeint tous les sept ans. Il faut 45 tonnes de peinture et 20 000 heures de travail.

Elle joua un rôle important dans l'histoire des communications.

Elle fut célébrée par des peintres comme Dufy, Utrillo, par des poètes comme Aragon, Breton, des cinéastes . . . Elle fut pendant longtemps la première visite du voyageur qui venait à Paris, et chaque année, plus de trois millions de curieux lui rendent encore visite.

La construction de **l'Opéra** fut décidée pour remplacer celui qui avait brûlé en 1860, et où l'empereur Napoléon III aimait aller. Un concours fut organisé et 171 architectes y prirent part. Le gagnant, Charles Garnier, fut choisi à l'unanimité. L'Opéra fut inauguré en 1875 par Mac-Mahon, premier président de la IIIe République. Des matériaux très coûteux comme le marbre et l'albâtre furent utilisés. Les marches de l'escalier d'honneur ont dix mètres de large. La décoration crée une atmosphère de fête et de luxe.

Le plafond fut repeint en 1964 par Chagall. Il a pour thème neufs opéras et ballets célèbres comme *La Flûte enchantée* de Mozart et *Pelléas et Mélisande* de Debussy.

La place de la Concorde fut choisie pour mettre une statue équestre du roi Louis XV, et elle fut dessinée par l'architecte Gabriel. La statue s'éleva au milieu de la place de 1763 à 1792, date à laquelle elle fut remplacée par une statue de la Liberté et une guillotine. Pendant la Révolution, 1 119 personnes furent décapitées place de la Concorde; parmi elles, le roi Louis XVI, sa femme Marie-Antoinette, Charlotte Corday et Robespierre . . .

L'obélisque de Louqsor fut dressé au centre en 1836. Il provient du temple de Ramsès II, et fut offert au roi Louis-Philippe. Il mesure plus de 22 mètres et pèse 230 tonnes. Ses quatres faces sont recouvertes de hiéroglyphes célébrant les exploits du pharaon.

Le côté nord de la place s'ouvre sur la rue Royale où se trouve le célèbre restaurant Maxim's. Le côté ouest s'ouvre sur l'avenue des Champs-Élysées. À l'est se trouve le jardin des Tuileries le long duquel fut construite la rue de Rivoli et ses fameuses arcades, et au sud, on traverse la Seine par le pont de la Concorde.

avez-vous compris?

Faites le test sur Paris.

1   Cet endroit fut choisi pour mettre une statue équestre du roi Louis XV.

2   Ce cadeau fut offert au roi Louis-Philippe.

3   La construction de cet édifice fut décidée pour remplacer celui qui avait brûlé en 1860.

4   La rue de Rivoli fut construite le long de ce jardin célèbre.

5   Elle joua un rôle important dans l'histoire des communications. Elle fut célébrée par des peintres ainsi que par des poètes.

6   L'Opéra fut inauguré par cette personne en 1875.

7   Le prénom d'une reine d'origine autrichienne qui fut décapitée pendant la Révolution.

8   Cette partie du bâtiment fut repeinte par Chagall en 1964.

à vous!

Corrigez les erreurs dans ce guide de Paris.

1 Le roi Louis-Philippe fut décapité place de la Concorde.

2 Les marches de la tour Eiffel ont 10 mètres de large.

3 La place de la Concorde fut dessinée par l'architecte Charles Garnier.

4 L'obélisque de Louqsor fut construit pour l'Exposition Universelle de 1889.

5 Le plafond de l'Opéra Garnier repeint par Chagall célèbre les exploits de Ramsès II.

6 L'obélisque de Louqsor joua un rôle important dans l'histoire des communications.

7 Des matériaux très coûteux, comme le marbre et l'albâtre, furent utilisés dans la construction de la tour Eiffel.

8 En 1792, la tour Eiffel fut remplacée par une guillotine.

9 La construction de la pyramide de verre fut décidée par le président Jacques Chirac. Elle fut terminée en 1988.

10 Le Centre Pompidou fut aménagé dans une ancienne gare de Paris. Il abrite des œuvres du XIXème siècle. Il ouvrit ses portes en 1986.

UN PEU DE GRAMMAIRE

Le passé simple   *The past historic tense*

This is a past tense which is the equivalent of the perfect, but is only used in written narratives. It occurs therefore mostly in the third person. Here is the third person form of regular verbs.

-er verbs

il / elle ferma	*he / she closed*
ils / elles fermèrent	*they closed*

-re verbs

il / elle entendit	*he / she heard*
ils / elles entendirent	*they heard*

-ir verbs

il / elle finit	*he / she finished*
ils / elles finirent	*they finished*

Two common irregular forms are:

il / elle eut (avoir)	*he / she had*
il / elle fut (être)	*he / she was*

Note that whenever a conversation occurs in a past tense in a written narrative, the perfect is used.

– Est-ce que tu **as vu** Antoinette? **demanda**-t-elle.

This also applies in the passive voice:

Written form

Un concours fut organisé.	*A competition was organised.*

Spoken form

Un concours a été organisé.	*A competition was organised.*

▶ **Grammaire** 22, 23

EXERCICES

A Complétez un extrait de *Bonjour Tristesse* de Françoise Sagan où Cécile retrouve son père dans le parc avec Anne, la femme qu'il a envie d'épouser. Utilisez les verbes ci-dessous.

dit a trouvé trouvais était a ramenée écoutait faisait ai été tourna regardèrent

La main de mon père (**1**) _____ sur le bras d'Anne, ils me (**2**) _____ à peine.
'Vous vous amusez bien?' demandai-je poliment.
'Qu'y a-t-il?' (**3**) _____ mon père d'un air irrité. 'Que fais-tu ici?'
'Et vous? Elsa vous cherche partout depuis une heure.'
Anne (**4**) _____ la tête vers moi, lentement, comme à regret:
'Nous rentrons. Dites-lui que j'(**5**) _____ fatiguée et que votre père m'(**6**) _____.
Quand vous vous serez assez amusées, vous rentrerez avec ma voiture.'
L'indignation me (**7**) _____ trembler, je ne (**8**) _____ plus mes mots.

* * *

'C'est trop facile! Qu'est-ce que je vais lui dire à Elsa, moi?'

Anne s'était retournée vers lui, l'air lassé. Il lui souriait, ne m'(**9**) _____ pas.

'Je vais . . . je vais lui dire que mon père (**10**) _____ une autre dame avec qui coucher et qu'elle repasse, c'est ça?'

B Lisez un autre extrait de *Bonjour Tristesse* où Raymond et sa fille Cécile apprennent une mauvaise nouvelle. Traduisez-le en anglais.

Le téléphone sonna. Il était dix heures. Nous échangeâmes un regard étonné, puis plein d'espoir: c'était Anne, elle téléphonait qu'elle nous pardonnait, qu'elle revenait. Mon père bondit vers l'appareil, cria 'Allô' d'une voix joyeuse.

Puis il ne dit plus que 'Oui, oui! Où ça? Oui,' d'une voix imperceptible. Je me levai à mon tour: la peur s'ébranlait en moi. Je regardais mon père et cette main qu'il passait sur son visage, d'un geste machinal. Enfin il raccrocha doucement et se tourna vers moi.

'Elle a eu un accident,' dit-il. 'Sur la route de l'Esterel. Il leur a fallu du temps pour retrouver son adresse! Ils ont téléphoné à Paris et là on leur a donné notre numéro d'ici.'

Il parlait machinalement, sur le même ton et je n'osais pas l'interrompre.

'L'accident a eu lieu à l'endroit le plus dangereux. Il y en a eu beaucoup à cet endroit paraît-il. La voiture est tombée de 50 mètres. Il eût été miraculeux qu'elle s'en tire.'

Bonjour Tristesse, Françoise Sagan

C Complétez un extrait de *L'Amie de Madame Maigret*, en utilisant les verbes ci-dessous.

coucha   demanda   coupa   as commencé   éveilla

demanda   servait   rentra   s'informa   été acheté

Madame Maigret venait de se coucher quand il (**1**) _____ sur la pointe des pieds.

Comme il se déshabillait dans l'obscurité, pour ne pas l'éveiller, elle lui (**2**) _____:

– Le chapeau?

– Il a effectivement (**3**) _____ par la comtesse Panetti.

– Tu l'as vue?

– Non, mais elle a environ 75 ans.

Il se (**4**) _____, de mauvaise humeur, ou préoccupé, et il pleuvait toujours quand il s'(**5**) _____, puis il se (**6**) _____ en se rasant.

– Tu continues ton enquête? (**7**) _____-t-il à sa femme, qui, en bigoudis, lui (**8**) _____ son petit déjeuner.

– J'ai autre chose à faire? (**9**) _____-t-elle sérieusement.

– Je ne sais pas. Maintenant que tu (**10**) _____ . . .

L'Amie de Madame Maigret, Georges Simenon (texte adapté)

D Lisez cet extrait où Marcel raconte une visite chez une amie et faites-en un résumé en anglais.

Eh bien, m'écriai-je, moi je peux vous dire que son père a beaucoup d'argent! Je suis entré dans la maison, et j'ai vu des meubles comme au musée Longchamp. Et un piano!

– Un piano? demanda la tante Rose. Ça serait bien la première fois qu'on en verrait un dans ces collines.

– Eh bien, moi je l'ai vu! Et tout ça c'est dans une salle à manger où il y a un tapis par terre qui est immense. Et puis, il y a une armoire formidable, qui s'appelle un «livigroub»!

– Comment? demanda Joseph*, surpris.

– Un «livigroub».

– Qui t'a dit ça? demanda ma mère.

– La dame. Elle a dit: «Les verres sont dans le livigroub» . . . Et ils y étaient. Mon père, les sourcils froncés, essayait de comprendre. Ma mère, qui ne savait pas grand-chose, mais qui devinait tout, dit timidement:

– C'est peut-être un mot anglais.

– J'y suis, s'écria Joseph. Un living-room! Ce n'était pas l'armoire, mais la salle où se trouvait l'armoire!

– C'est sûrement ça, dit l'oncle Jules, et c'est bien dommage. Parce qu'un «livigroub», ça m'intriguait, c'était poétique.

Le Temps des secrets, Marcel Pagnol (texte adapté)

*le père de Marcel

E   Regardez bien les dessins, puis racontez ces deux histoires en utilisant les phrases ci-dessous.

1   Toute la famille était souriante et détendue.

2   C'est Milord, le numéro trois, qui passa le premier le poteau d'arrivée.

3   Ils mangèrent les choses les plus chères sur le menu et burent une bouteille de champagne!

4   Ils parièrent finalement sur le cheval numéro trois, Milord, qui était le favori.

5   Par un beau matin d'été, les Moreau se préparèrent à partir en week-end.

6   Trop tard! Il vit avec horreur sa nouvelle voiture disparaître dans l'eau en faisant 'glouglou'!

7   Ils l'encouragèrent en criant 'Vas-y, Milord!'

8   Monsieur Moreau commença à pêcher.

9   Madame Moreau mit toutes leurs affaires dans le coffre, la tente, la canne à pêche de son mari, le panier du pique-nique et le barbecue.

10   Frappée d'horreur, elle poussa un cri.

11   Suzanne et Jules étaient fous de joie d'avoir gagné.

12   Ils s'installèrent aux bords d'une jolie petite rivière.

13   Il y a quelques semaines Suzanne et Jules allèrent à une course de chevaux.

14   Les pieds dans l'eau, sa femme regardait les cygnes, pendant que les enfants préparaient à manger.

15   Pour fêter ça, ils allèrent déjeuner au restaurant.

16   Une demi-heure plus tard, ils observèrent les chevaux dans l'enclos.

17   Entendant sa fille, Monsieur Moreau leva brusquement les yeux.

18   Avant de se décider, ils étudièrent le programme des courses.

19   Quand ils arrivèrent au champ de courses, le gardien leur indiqua une place au parking.

20   Tout à coup, leur fille Annie vit la voiture rouler lentement, mais inexorablement, vers la rivière.

21   Pendant que les chevaux couraient, Suzanne et Jules avaient les yeux fixés sur lui.

écoutez bien!

Le Déserteur

Listen to *Le Déserteur* by Boris Vian, sung by Mouloudji, and try to find the reasons the deserter gives to those in authority for refusing to go to war.

faites nos jeux!

Qui a dit quoi? Testez votre culture générale!

1 *'Le monde par vos soins ne se changera pas.'*

2 'Quand la couleur est à son éclat, la forme est à sa plénitude.'

3 'Je pense, donc je suis.'

4 'J'aimerais bien être une bonne actrice mais c'est ennuyeux, alors je préfère être sexy.'

5 'Elle a l'esprit de Caligula et la bouche de Marilyn Monroe.' (à propos de Margaret Thatcher)

6 'L'enfer c'est les autres.'

7 'Une femme qui n'est pas aimée est une femme perdue.'

8 'La femme est donnée à l'homme pour avoir des enfants; elle est sa propriété comme l'arbre à fruits est la propriété du jardinier.'

9 'La gauche est un lourd fardeau à porter. C'est celui de tous les crimes commis en son nom, à commencer par le Goulag.'

10 'Les hommes sont des femmes comme les autres.'

11 'L'homme est né libre, mais partout je le vois en fers.'

12 *'La religion est l'opium du peuple.'*

13 'La cuisine est comprise dans toutes les langues du monde.'

14 'Je sais que j'ai le corps d'une femme frêle et faible, mais j'ai le cœur et l'estomac d'un roi . . .'

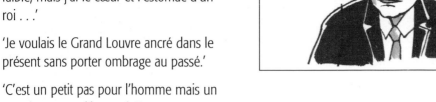

15 'Je voulais le Grand Louvre ancré dans le présent sans porter ombrage au passé.'

16 'C'est un petit pas pour l'homme mais un grand pas pour l'humanité'.

a Elisabeth 1ère – reine d'Angleterre: 1533–1603

b René Descartes – philosophe, mathématicien et physicien: 1596–1629

c Molière (Jean-Baptiste Poquelin) – auteur dramatique français: 1622–1673

d Jean-Jacques Rousseau – écrivain et philosophe d'origine suisse: 1712–1778

e Napoléon Bonaparte – empereur des Français: 1769–1821

f Karl Marx – philosophe allemand, économiste et théoricien du socialisme: 1818–1883

g Paul Cézanne – peintre français: 1839–1906

h Gabrielle 'Coco' Chanel – couturière, créatrice de parfums et de bijoux: 1883–1971

i Groucho Marx – acteur américain: 1890–1977

j Jean-Paul Sartre – philosophe et écrivain français: 1905–1980

k François Mitterrand – homme politique, ancien président de la République: 1916–1996

l Ieoh Ming Pei – architecte et urbaniste américain d'origine chinoise: 1917–

m Yves Montand – chanteur et comédien français d'origine italienne: 1921–1991

n Paul Bocuse – cuisinier français: 1926–

o Neil Armstrong – cosmonaute américain: 1930–

p Brigitte Bardot – comédienne française: 1934–

1 Write a letter to a hotel in France asking for more details. Include the following points:

- The hotel has been recommended by friends who spent their holiday there two years ago.
- You want to know the cost for the whole family, full board.
- Say how many rooms you need (with bath, etc).
- Ask if the hotel is far from the station as you will come by train.
- Say how long, and when you want to stay.
- Say you hope for a swift reply.

2 Link the phrases to make meaningful sentences.

1 Si j'étais martiniquais . . .	**a** il pleuvrait beaucoup.
2 Nous irions plus vite . . .	**b** si nous nous levions tôt.
3 Si vous y alliez en automne . . .	**c** je prendrais de l'aspirine.
4 Je serais moins triste . . .	**d** si c'était plus intéressant.
5 Nous viendrions plus souvent . . .	**e** si nous prenions l'avion.
6 Si elle avait mal aux dents . . .	**f** je parlerais français.
7 Si j'avais mal à la tête . . .	**g** elle irait chez le dentiste.
8 Nous pourrions visiter la ville . . .	**h** s'il y avait du soleil.

3 Put the vocabulary below in categories. Use the following headings:

a La voiture et les transports

b Les sports et les loisirs

c La santé et le corps humain

aveugle	consultation	patinoire
boiter	essence	pêche
camion	fusil	piqûre
capot	baladeur	pneu
chariot	luge	roman
charrette	muet	télésiège
chasse	ordonnance	torticolis
cicatrice	pare-brise	traîneau

4   Link the phrases to make meaningful sentences.

1	Si j'avais gagné au Loto . . .	**a**	j'aurais pris des téléskis.
2	Si tu avais pris l'autoroute . . .	**b**	l'accident ne serait pas arrivé.
3	Si on était partis à l'heure . . .	**c**	il aurait passé une radio.
4	Si on était allés à la Martinique . . .	**d**	on aurait été à la pêche au gros.
5	S'il avait choisi une cravate plus rapidement . . .	**e**	j'aurais acheté une Rolls Royce.
6	Si j'étais allé aux sports d'hiver . . .	**f**	tu n'aurais pas eu mal à la tête.
7	Si tu n'avais pas bu trop de rhum . . .	**g**	il n'aurait pas été en retard.
8	S'il s'était cassé la jambe . . .	**h**	je n'aurais pas conduit si vite.

5   Choose the correct answer.

a   Elle cherche un pull-over qui aille / va avec son pantalon.

b   Ils ont une femme de ménage qui vienne / vient deux fois par semaine.

c   Je voudrais qu'il est / soit moins timide.

d   J'aimerais un mari qui fait / fasse le repassage.

e   Je sais qu'elle prend / prenne des somnifères.

f   J'ai une jeune fille au pair qui fait / fasse la cuisine.

g   Il veut que le déjeuner soit / est prêt à midi et demi.

h   Je préférerais qu'elle vienne / vient à neuf heures.

6   Link the phrases to make meaningful sentences.

1	Elle est assez grande . . .	**a**	pour que je puisse ouvrir la porte.
2	Avant de regarder la télé . . .	**b**	il faut qu'on prenne de l'exercice.
3	Il faut que tu boives beaucoup de lait . . .	**c**	pour qu'on puisse la laisser seule.
4	Donnez-moi la clé . . .	**d**	pour avoir de bonnes dents.
5	Puisque j'ai rendez-vous avec le chef . . .	**e**	il faut que vous fassiez vos devoirs.
6	Pour être en forme . . .	**f**	il faut que je sois à l'heure.

7 What are you being asked to do? Use **il faut que je . . .** or **il ne faut pas que je . . .**

a Allez tout droit!

b Prenez la deuxième rue à gauche!

c Soyez prudent!

d Ne buvez pas d'alcool!

e Ne dépassez pas dans le virage!

f Respectez la limite de vitesse!

g Ayez de la patience!

h Faites attention!

8 Complete the text with the verbs below.

répondit   enleva   se demanda   dit   ouvrit   remercia   jeta   frappa

Pierre (**a**) _____ la porte de sa chambre, (**b**) _____ sa veste et, épuisé, tombant de fatigue, s'allongea sur le lit. Il défit sa cravate et la (**c**) _____ par terre. Il pensait à la douche qu'il allait prendre dans quelques minutes; mais pour cela, il fallait faire un effort. Quelqu'un (**d**) _____ doucement à la porte.

– Tu es là, Pierre? Tu dors?

– Entre, (**e**) _____-il.

– C'était sa tante, qui faisait le ménage et la lessive depuis la mort de sa mère.

– Voici les chemises que j'ai repassées hier, (**f**) _____-elle en les posant sur la commode.

– Il la (**g**) _____.

– Que ferais-je sans elle? (**h**) _____-t-il.

Grammaire

Basic grammatical terms used in this section.

Noun

A noun is a word used to identify a person, a place or a thing.

Example: **man**, **cat**, **town**, **theatre**.

A proper noun is the name given to a particular person or place.

Example: **Guillaume**, **Paris**.

Article

There are two types of articles.

1 The definite article – in English, **the**.

Example: **the** dog.

2 The indefinite article – in English, **a** or **an.**

Example: **a** student, **an** animal.

Adjective

An adjective is a word giving more information about a noun.

Example: a **tall** man, a **ginger** cat, an **old** town, a **good** theatre.

Verb

A verb is a word expressing action, existence or occurrence.

Example: to **speak**, to **be**, to **seem**.

The form given in dictionaries is called the **infinitive**. When a verb is used in connection with a person or persons, it is said to be **conjugated**.

Example: he **reads**, I **see**.

The time (past, present, future) is the **tense**. The conjugation of some French verbs is irregular and must be learnt by heart. (See table on pages 376–85.)

Adverb

An adverb is a word giving more information about a verb or an adjective.

Example: She drives **slowly**, they speak **quickly**, this is a **very** beautiful dress.

Preposition

A preposition is a word that connects one element of a sentence to another.

Example: he lives **in** Paris, the book is **on** the chair, a bag **of** sweets, they speak **to** the woman, they went **to** the theatre.

Subject and object of verbs

The subject is the person or thing doing the action.

The object is the person or thing to which the action is being done.

In **the woman is knitting a jumper**, **the woman** is the subject, and **a jumper** is the object.

In **three children are talking to the woman**, **three children** is the subject, and **the woman** is the object.

In the first example, **a jumper** is called a **direct object** because there is no preposition linking it to the verb.

the woman in the second example is called an **indirect object** because it is preceded by the preposition **to**.

Pronoun

A pronoun is a short word used to replace a noun which has been mentioned before.

Example: – Do you know Paris?
– Yes I went **there** last year.

The use of **there** avoids the repetition of **Paris**.

Example: – Do you like Mary?
    – I have met Mary only once but I don't like **her**.

The use of **her** avoids the repetition of **Mary**.

Example: – Do you like learning French?
    – Yes, but I find **it** difficult.

The use of **it** avoids the repetition of **French**.

There are different types of pronouns, depending on the part they play in a sentence.

1   La préposition *à*

à can translate the English **in**, **at** and **to**

Example: Le magasin ouvre **à** huit heures. (*The shop opens at eight o'clock.*), Elle habite **à** Rouen. (*She lives in Rouen.*), Il va souvent **à** Strasbourg. (*He oftens goes to Strasbourg.*)

Note that if the name of the town includes the definite article **le**, **à** changes to **au**.

Example: Je travaille **au** Mans. (*I work in Le Mans.*), Nous allons prendre le bateau **au** Havre. (*We will take the boat at Le Havre.*)

– when talking about a feminine country such as la France, la Belgique, la Suisse, l'Angleterre, l'Espagne, etc (most countries are feminine), you must use the preposition **en**.

Example: Elle vit **en** Angleterre. (*She lives in England.*), J'ai des amis **en** Belgique. (*I have some friends in Belgium.*)

Note that for small far away islands, **à la** is often used instead.

Example: Je voudrais aller **à la** Martinique. (*I'd like to go to Martinique.*), Ils sont allés en vacances **à la** Guadeloupe. (*They went on holiday to Guadeloupe.*)

– for masculine countries, use **au**.

Example: Nous avons de la famille **au** Canada. (*We have relatives in Canada.*), Il va souvent **au** Japon pour affaires. (*He often goes to Japan on business.*)

– when the country is plural, use **aux**.

Example: Ils sont allés **aux** Pays-Bas récemment. (*They recently went to the Netherlands.*), J'ai une amie qui habite **aux** États-Unis. (*I have a friend who lives in the United States.*)

Remember that the combinations **à** + **le** and **à** + **les** are always replaced by **au** and **aux** respectively.

2   Depuis/il y a

Depuis

Depuis can be translated into English by **since** or **for**.

a   **Since**

Example: depuis hier (*since yesterday*), depuis 1994 (*since 1994*), depuis mes vacances (*since my holidays*).

b **For**

If the action referred to is still going on, the present indicative and **depuis** are used in French, whereas the perfect tense and **for** are used in English.

Example: Elle **habite** à Rouen **depuis** cinq ans. (*She's been living in Rouen for five years.*), Nous **apprenons** le français **depuis** six mois. (*We've been learning French for six months.*)

Il y a

a When used in a past context, **il y a** translates the English **ago**. According to the meaning of the sentence, it can be used either with the perfect or with the imperfect tense.

Example: J'ai commencé il y a deux mois. (*I started two months ago.*), Il y a trois ans, j'habitais dans le Midi. (*Three years ago, I lived in the South of France.*)

Note that **il y a** always comes before the expression of time, whereas **ago** comes after.

b In its more common usage, **il y a** (*there is/there are*) can of course also be used in the past. *There was/there were* is either **il y a eu** (perfect) or **il y avait** (imperfect).

Example: Tout le monde écoutait la radio quand il y a eu une coupure de courant. (*Everybody was listening to the radio when there was a power cut.*), Il y avait beaucoup de monde dans la pièce. (*There were a lot of people in the room.*)

3 Adjectifs

a In French the adjectives agree in gender and number with the nouns they qualify. The usual form of the feminine is an extra **-e**.

Example: Il est français, elle est français**e**. (*He is French, she is French.*)

The usual form of the plural is an **-s**.

Example: Je suis grand, nous sommes grand**s**. (*I am tall, we are tall.*)

If the adjective already ends with an **-e**, no change occurs for the feminine. If it already ends with an **-s**, or an **-x**, no change occurs for the plural.

Example: Il est célèbre, elle est célèbre. (*He is famous, she is famous.*), Le livre est gris, les livres sont gris. (*The book is grey, the books are grey.*), Il est heureux, ils sont heureux. (*He is happy, they are happy.*)

b If the adjective qualifies several nouns, masculine and feminine, the masculine form takes precedence.

Example: Le chat et la chienne sont noirs. (*The cat and the bitch are black.*), Paul et Élisabeth sont intelligents. (*Paul and Élisabeth are intelligent.*)

c In some cases, the adjective does not agree with the noun.

 (i) When a colour is itself qualified.

Example: des yeux **bleu** clair (*light blue eyes*), une robe **vert** pomme (*an apple-green dress*).

(ii) When a noun is used as a colour.

Example: des chaussures **marron** (*reddish brown shoes*) (un marron=*a chestnut*).

d   Not all adjectives form their plural by adding an **-s**. Adjectives in **-eau** add an **-x**.

Example: de beaux enfants (*beautiful children*), des frères jumeaux (*twin brothers*).

Some adjectives in **-al** become **-aux**.

Example: loyal → loyaux, *but* final → finals.

e   Not all adjectives form their feminine simply by adding an **-e**. Here are some of the most common changes.

-er	→	**-ère**	as in derni**er**, derni**ère** (*last*).
-l	→	**-lle**	as in culture**l**, culture**lle** (*cultural*).
-n	→	**-nne**	as in bo**n**, bo**nne** (*good*), indie**n**, indie**nne** (*Indian*).
-f	→	**-ve**	as in sporti**f**, sporti**ve** (*sporty*).
-x	→	**-se**	as in heureu**x**, heureu**se** (*happy*).

f   Some feminine forms are completely irregular and must be learnt by heart. Here are some of the most common ones: blanc, **blanche** (*white*), frais, **fraîche** (*fresh, cool*), sec, **sèche** (*dry*), favori, **favorite** (*favourite*), long, **longue** (*long*), nouveaux, **nouvelle** (*new*).

g   Generally adjectives are placed after the noun they qualify, particularly colours, nationalities and long adjectives.

Example: un manteau **rouge** (*a red coat*), une voiture **américaine** (*an American car*), une remarque **intelligente** (*an intelligent comment*).

Some very common adjectives however precede the noun they qualify, such as:

autre (*other*), **beau** (*beautiful*), **bon** (*good*), **grand** (*big, tall*), **gros** (*big, fat*), **haut** (*high*), **jeune** (*young*), **joli** (*pretty*), **large** (*wide*), **long** (*long*), **mauvais** (*bad*), **même** (*same*), **petit** (*small*).

Example: une **grande** maison (*a big house*), un **autre** jour (*another day*), un **gros** gâteau (*a big cake*).

h   Some adjectives change their meaning whether they precede or follow the noun they qualify.

Example: ma **propre** chemise (*my own shirt*), *but* ma chemise **propre** (*my clean shirt*); l'**ancienne** maison (*the former house*), *but* la maison **ancienne** (*the old house*); la **dernière** semaine (*the final week*), *but* la semaine **dernière** (*last week*); de **pauvres** enfants (*unfortunate children*), *but* des enfants **pauvres** (*poor children*).

i   Some of the adjectives which usually precede the nouns they qualify have a special masculine form if the noun starts with a **vowel** or an **h mute**.

Example: un **beau** livre (*a beautiful book*), *but* un **bel** homme (*a handsome man*); un **nouveau** train (*a new train*), *but* un **nouvel** avion (*a new plane*); un **vieux** pont (*an old bridge*), *but* un **vieil** ami (*an old friend*).

j   If a noun in the plural is preceded by an adjective the indefinite article **des** is replaced by **de / d'**.

Example: Il y a **des ports pittoresques**. (*There are picturesque ports*.), *but* Il y a **de vieilles églises**. (*There are old churches*.)

4 Le passé composé avec avoir

This is a past tense which can translate several English forms.

Example: J'ai mangé (*I have eaten, I ate*).

It is a compound tense formed with an **auxiliary verb** (generally **avoir**) conjugated in the present tense, and the **past participle** of the verb used. The regular past participles (corresponding to the English **-ed** form such as *opened, talked, walked,* etc) are formed as follows:

Infinitive	Past participle
jouer (*to play*)	joué (*played*)
choisir (*to choose*)	choisi (*chosen*)
perdre (*to lose*)	perdu (*lost*)

Example: J'ai aidé ma mère. (*I have helped my mother.*), Nous avons bavardé. (*We chatted.*), Les pommes de terre ont brûlé. (*The potatoes got burnt.*), J'ai fini mes devoirs. (*I have finished my homework.*), Avez-vous dormi jusqu'à midi? (*Did you sleep till midday?*), Mon frère a perdu sa montre. (*My brother lost his watch.*)

Note that verbs ending in **-frir** and **-vrir** (souffrir, ouvrir, etc) change to **-fert** and **-vert**, etc.

Example: J'ai ouvert une bonne bouteille. (*I opened a good bottle.*)

Prendre and verbs based on it (comprendre, apprendre, etc) change to **pris** (compris, appris, etc).

Example: J'ai pris la tension de plusieurs malades. (*I took the blood pressure of several patients.*)

A number of verbs have **irregular past participles** which must be learnt by heart. The most common ones are:

avoir (*to have*) – **eu**
boire (*to drink*) – **bu**
conduire (*to drive*) – **conduit**
connaître (*to know*) – **connu**
courir (*to run*) – **couru**
croire (*to believe*) – **cru**
devoir (*to have to / must / to owe*) – **dû**
dire (*to say / to tell*) – **dit**
écrire (*to write*) – **écrit**
être (*to be*) – **été**
faire (*to do / to make*) – **fait**
falloir (*to be necessary*) – **fallu**

lire (*to read*) – **lu**
mettre (*to put*) – **mis**
plaire (*to please*) – **plu**
pleuvoir (*to rain*) – **plu**
pouvoir (*to be able to / can*) – **pu**
recevoir (*to receive*) – **reçu**
rire (*to laugh*) – **ri**
savoir (*to know*) – **su**
suivre (*to follow*) – **suivi**
vivre (*to live*) – **vécu**
voir (*to see*) – **vu**
vouloir (*to want*) – **voulu**

Example: Nous avons eu du homard. (*We had lobster.*), J'ai eu mal à la tête. (*I had a headache.*), Vous avez bien bu. (*You drank a lot.*), J'ai dû rester au lit. (*I had to stay in bed.*), J'ai écrit à Sylvie. (*I wrote to Sylvie.*), J'ai été malade. (*I was ill.*), Il a fait des piqûres. (*He gave some injections.*), Elle a lu un rapport. (*She read a report.*), J'ai mis une robe neuve. (*I put on a new dress.*), Il a plu dimanche dernier. (*It rained last Sunday.*), J'ai reçu beaucoup de cadeaux. (*I received a lot of presents.*), Nous avons vu des éclairs. (*We saw some flashes of lightning.*)

5   Le passé composé avec être

Most verbs are conjugated with **avoir**. The following list of verbs which are conjugated with **être** must be learnt by heart. The majority work in pairs, so they are not too hard to remember. As most past participles are regular, we have only given the irregular ones:

aller – *to go*	**rester** – *to stay*
venir – *to come* (venu)	**entrer** – *to enter / to come in*
arriver – *to arrive*	**sortir** – *to go out*
partir – *to leave / to depart*	**monter** – *to go up / to get on*
naître – *to be born* (né)	**descendre** – *to go down / to get off*
mourir – *to die* (mort)	**retourner** – *to go back*
tomber – *to fall*	**passer** – *to go past / by / through, etc*

Note that the verbs based on these (e.g. devenir – *to become*, renaître – *to be reborn*, etc.) behave in exactly the same way

Example: Les cambrioleurs sont arrivés en voiture. (*The burglars arrived by car*.), Trois hommes sont descendus. (*Three men got out*.), Le quatrième est resté au volant. (*The fourth one stayed at the wheel*.), Ils sont entrés dans la banque. (*They went into the bank*.), Ils sont partis à toute vitesse. (*They left at full speed*.), Nous sommes allés au Syndicat d'Initiative. (*We went to the tourist office*.), Jeanne d'Arc est née en 1412. (*Joan of Arc was born in 1412*.), Marie Curie est morte en 1901. (*Marie Curie died in 1901*.)

Some of these verbs can be conjugated with **avoir**. This happens when they have a direct object, in which case their meaning can change. Here are a few examples:

sortir   Elle est sortie à huit heures. (*She went out at eight o'clock*.), Elle a sorti un livre de son sac. (*She took a book out of her bag*.)

monter   Ils sont montés dans le train à Rouen. (*They got on the train in Rouen*.), Ils sont montés au septième étage. (*They went up to the seventh floor*.), J'ai monté l'escalier avec difficulté. (*I went up the stairs with difficulty*.), Il a monté la tente. (*He put up the tent*.)

descendre   Nous sommes descendus du taxi devant le cinéma. (*We got out of the taxi in front of the cinema*.), Elle a descendu l'escalier à toute vitesse. (*She came down the stairs at full speed*.)

retourner   Je suis retourné en Corse. (*I went back to Corsica*.), Elle a retourné la photo. (*She turned the photograph over*.)

passer   Ils sont passés par Paris. (*They went via Paris*.), Elle est passée devant l'église. (*She went / walked / drove, etc, past the church*.), Elle a passé son permis de conduire. (*She took her driving test*.), Nous avons passé un mois en Bretagne. (*We spent a month in Brittany*.)

As you have noticed from the examples, the past participles of the verbs conjugated with **être** agree with the subject; like adjectives, they agree in number and gender, i.e. adding an **s** to mark the plural, and an **e** to mark the feminine.

Note that when **on** is used, the past participle agrees with it if the subject is known.

6   Le passé composé des verbes réfléchis

All verbs used reflexively are also conjugated with **être**.

Example: Il a lavé sa voiture. (*He washed his car.*) **but** Il s'est lavé en dix minutes. (*He washed in ten minutes.*); Elle a réveillé son mari. (*She woke her husband up.*) **but** Elle s'est réveillée tôt. (*She woke up early.*) Ils ont levé la tête. (*They looked up/raised their heads.*) **but** Ils se sont levés. (*They got up.*) Je me suis couché vers minuit. (*I went to bed at about midnight.*), Ils se sont baignés. (*They had a swim.*), Tu t'es assis(e). (*You sat down.*)

As with all the verbs conjugated with **être**, the past participle of reflexive verbs agrees with the subject, unless the verb has a direct object in which case the past participle behaves like those of verbs conjugated with **avoir**.

Example: La bouteille s'est cassée. (*The bottle broke / got broken.*) **but** Claire s'est cassé la jambe. (*Claire broke her leg.*)

7   Règles générales sur le passé composé

a   Negative sentences

Only the auxiliary verb (**avoir** or **être**) is put between the two negative words.

Example: Vous **n'**avez **rien** fait. (*You did nothing/You didn't do anything.*), Nous **n'**avons **pas** travaillé. (*We didn't work.*)

When a pronoun is used, as usual, it remains directly in front of the auxiliary verb.

Example: Nous **ne** nous sommes **pas** disputés. (*We didn't argue.*), Je **ne** lui ai **pas** répondu. (*I didn't answer her.*)

b   Questions

The usual rules about making questions apply. When the inversion is used, as in English, only the auxiliary verb comes in front of the subject.

Example: À quelle heure sont-ils entrés? (*At what time did they come in?*), Avez-vous dormi jusqu'à midi? (*Did you sleep till midday?*), Est-ce que vous avez regardé la télé? (*Did you watch the telly?*), Avez-vous perdu quelque chose? (*Have you lost something?*)

When a pronoun is used, it remains in front of the auxiliary verb.

Example: Pourquoi **vous** êtes-vous disputés? (*Why did you argue?*), **Lui** a-t-elle parlé? (*Did she talk to him / her?*)

c   Pronouns

Following the general rule, pronouns come directly before the verb, in this case, the auxiliary verb **avoir** or **être**. As mentioned above, this applies also in negative and interrogative sentences.

Example: J'en ai pris deux fois. (*I took some twice – i.e. I had two helpings.*), Ma sœur m'a parlé. (*My sister talked to me.*), Je lui ai fait croire . . . (*I made him / her believe . . .*)

Although the past participle of a verb conjugated with **avoir** generally remains unchanged, when the verb is **preceded by a direct object**, the past participle agrees with this object. This situation occurs for instance when the direct object comes in the form of a direct object pronoun or when the relative pronoun **que / qu'** is used.

Example: Paul m'a envoyé une carte postale; je l'ai **reçue** ce matin. (*Paul sent me a postcard: I got it this morning*.), La robe **que** j'ai **empruntée** est à ma sœur. (*The dress that I borrowed belongs to my sister.*)

In most cases, the agreement is not noticeable when speaking. Exceptions to this are **mis / mise(s)** and **pris / prise(s)**.

Example: Tu as vu mes clés? Je ne sais pas où je les ai **mises**. (*Have you seen my keys? I don't know where I put them.*)

d   Adverbs

Adverbs generally come after the auxiliary verb **avoir** or **être**.

Example: Nous avons **bien** dormi. (*We slept well.*), J'ai **trop** bu, j'ai **trop** chanté. (*I drank too much, I sang too much.*), Le film a **enfin** commencé. (*The film finally started.*), Nous nous sommes **bien** amusés. (*We enjoyed ourselves.*), Tu t'es **vite** déshabillé. (*You undressed quickly.*)

Long adverbs such as **lentement** and **tranquillement** usually follow the past participle.

Example: Il s'est habillé **lentement**. (*He got dressed slowly.*)

e   Inversion after direct speech

This applies to all tenses, but is very commonly used with the perfect tense. After direct speech, the inversion must take place in French. As a result, the euphonic **t** is used rather extensively with the third person singular (il/elle).

Example: Je ne sais pas laquelle choisir, a-t-elle soupiré. (*I don't know which one to choose, she sighed.*)
. . . a répondu Francine. (*. . . answered Francine.*)
. . . a-t-elle demandé. (*. . . she asked.*)
. . . a-t-il dit. (*. . . he said.*)

8   On

On can be used with two meanings in French.

First it can be used in a very general sense.

Example: **On** boit du cidre en Normandie. (*One drinks cider in Normandy.*).

Note that this general meaning can also be translated in English by **you** or **they**. More familiarly, **on** can be used in French to mean **nous**.

Example: **On** regarde la télé et **on** joue au ping-pong. (*We watch the TV and play table tennis.*).

Note that the ending of the verb is the same as **il/elle** (*he/she*) even when **on** means **nous** (*we*).

Note that when **on** = **nous**, the possessives, adjectives, past participle, etc, agree with the subject 'on' represents.

Example: Paul et moi, on est allés à Bayeux. (*Paul and I, we went to Bayeux.*)

9   Les pronoms relatifs

A relative pronoun introduces a subordinate clause which refers to persons, animals or things which have just been mentioned. The noun or sentence in question is called the antecedent. Relative pronouns translate into English as **who**, **whom**, **whose**, **which**, and **that**.

a   qui

When the antecedent is the **subject** of the verb in the relative clause, the relative pronoun is **qui**.

Example: Dijon est une ville **qui** est connue pour sa moutarde. (*Dijon is a town which is known for its mustard.*)

The antecedent **ville** is the subject of **est connue**.

La Bourgogne est une région **qui** produit de bons vins. (*Burgundy is a region which produces good wines.*)

The antecedent **région** is the subject of **produit**.

b   que

When the antecedent is the **object** of the verb in the relative clause, the relative pronoun is **que** or **qu'**.

Example: Le camembert est le fromage **que** Claire préfère. (*Camembert is the cheese that Claire prefers.*)

The antecedent **camembert** is the object of **préfère**, **Claire** being the subject.

Le Nuits-Saint-Georges est le vin préféré d'Henri. C'est un vin **qu'**il adore. (*Nuits-Saint-Georges is Henri's favourite wine. It's a wine that he loves.*)

The antecedent **vin** is the object of **adore**, **il** (Henri) being the subject.

Note that the relative pronoun can never be omitted in French, whereas it is sometimes left out in English.

Example: Camembert is the cheese Claire prefers. It's a wine he loves.

Also note that, as we have seen, in the perfect tense, the past participle of a verb conjugated with **avoir** remains unchanged unless there is a direct object before the verb, in which case the past participle agrees with it. This happens frequently in relative clauses as the direct object, being the antecedent, precedes the verb.

Example: La robe que j'ai empruntée est à ma sœur. (*The dress that I borrowed is my sister's.*), Les chaussures qu'il m'a prêtées sont trop grandes. (*The shoes he lent me are too big.*)

c   dont

dont translates the English **whose**, **of whom**, and **of which**. It is used with verbs such as **se servir de** (*to use*), **avoir besoin de** (*to need*) and **avoir envie de** (*to fancy*).

Example: La girafe est un animal dont le cou est très long. (*The giraffe is an animal whose neck is very long.*), Le médecin est la personne dont on a besoin quand on est malade. (*The GP is the person one needs when one is ill.* Literally: *the person of whom one has need.*), Un dictionnaire est un livre dont les traducteurs se servent souvent. (*A dictionary is a book translators often use.* Literally: *a book of which translators make use*.), Le manteau dont elle a envie coûte trop cher. (*The coat she fancies is too expensive*. Literally: *the coat for which she has a fancy*.)

d Prepositions

qui (*whom*) refers only to people when used with a preposition.

Example: C'est le couple à qui nous avons vendu la maison. (*This is the couple to whom we sold the house*.), Les amis avec qui nous avons dîné. (*The friends with whom we had dinner*.)

For animals and things, and also for people, **whom** / **which** translates as follows:

lequel	**laquelle**
(masculine singular)	(feminine singular)
lesquels	**lesquelles**
(masculine plural)	(feminine plural)

Example: Laquelle de ces deux maisons préférez-vous? (*Which of these two houses do you prefer?*)

When accompanied by the prepositions **de** or **à**, the rules of the partitive must be followed.

With **de**: duquel, de laquelle, desquels, desquelles. (Although in this case, **dont** would probably be used – see paragraph c above.)

With **à**: auquel, à laquelle, auxquels, auxquelles.

Example: L'arbre auquel il a coupé les branches. (*The tree of which he cut the branches*.),

La lettre à laquelle j'ai répondu. (*The letter to which I answered*.), Les touristes auxquels / à qui il montre la tour Eiffel. (*The tourists to whom he shows the Eiffel tower*.)

But it is straightforward with other prepositions.

Example: Les lunettes avec lesquelles je regarde la télé. (*The glasses with which I watch TV.*), Le chien sans lequel il s'ennuie. (*The dog without which he gets bored*.), Les enfants pour lesquels / pour qui elle prépare un gâteau. (*The children for whom she is preparing a cake*.)

Note that **où** is usually used for place and time (in preference to **in which**, **on which**, **at which** etc).

Example: La maison où il habite n'a pas de jardin. (*The house in which he lives has no garden*.), À l'heure où il arrive, il est trop tard. (*At the time when / at which he arrives, it is too late*.), Le jour où il va partir (*The day when / on which he will go*)

e ce qui, ce que, ce dont

These translate **what**, meaning **that which**. Here again, **ce qui** is used when it is the **subject**, and **ce que** or **ce qu'** is used when it is the **object** of the relative clause.

Example: Allons voir ce qui se passe. (*Let's go and see what's going on*.), Je me demande ce qui va arriver. (*I wonder what will happen*.), Je ne sais pas ce que Paul veut dire. (*I don't know what Paul means*.), Savez-vous ce qu'elle a fait? (*Do you know what she did?*)

When the verb is followed by the preposition **de**, **ce dont** is used.

Example: Nous ne savons pas ce dont vous avez besoin. (*We don't know what you need*. Literally: *what you have need of*.), Il sait ce dont elle a peur. (*He knows what she is afraid of*.)

10 Les pronoms démonstratifs

a the one(s) / those

The one(s) / those translate into French as follows:

celui
(masculine singular)

celle
(feminine singular)

ceux
(masculine plural)

celles
(feminine plural)

Example: Celui qui a inventé le stéthoscope. (*The one who invented the stethoscope*.), Ceux qui ont découvert le radium. (*The ones who discovered radium*.), Celle que je préfère a un grand jardin. (*The one I prefer has a big garden*.), Ce sont celles dont j'ai besoin. (*They are the ones I need*.)

See section 9 for the use of **qui**, **que** and **dont**.

b this / that one, these / those

When having to differentiate between two similar things, **-ci** is used for the nearer, and **-là** for the one further away.

Example: Je préfère celle-ci. (*I prefer this one*.), Je veux celui-là. (*I want that one*.), Nous détestons ceux-ci, mais nous aimons bien ceux-là. (*We hate these, but we quite like those*.)

Note that **celui-ci / celle-ci**, etc can also be used to translate **the latter** instead of **ce dernier / cette dernière**, etc.

Example: Paul et Jean ont parlé à Pierre. Celui-ci / ce dernier n'a pas répondu. (*Paul and Jean spoke to Pierre. The latter didn't answer*.)

11 Avant / après

avant and **après** are very easy to use if they are followed by a noun.

Example: Avant le match. (*Before the match*.), Après la classe. (*After the class*.)

But when they are followed by a verb, strict rules must be observed to keep the language clear and simple.

With **avant**, use the preposition **de**, followed of course by the **infinitive**, whatever form the English takes, even if there is a personal pronoun or a name. (These should only appear in the other clause in French.)

Example: Avant de sortir, Paul a mis son manteau.

This is the only way to translate into French the following English sentences:
Before Paul went out, he put his coat on.
Before he went out, Paul put his coat on.
Before going out, Paul put his coat on.

Qu'a-t-elle fait avant de s'endormir? (*What did she do before falling / she fell asleep?*), Vous vous êtes disputés avant de vous coucher. (*You had an argument before going / you went to bed*.)

Similarly, whatever form the English takes, always use **après** followed by the **perfect infinitive** to translate **after**. The perfect infinitive is formed by using the infinitive of the auxiliary verb (**avoir** or **être**) with the past participle of the verb.

Example: Après avoir mangé au restaurant, Laurent et Chantal sont allés au cinéma.

This is the best way to translate the following:
After Laurent and Chantal had eaten at a restaurant, they went to the cinema.
After they had eaten at a restaurant, Laurent and Chantal went to the cinema.
After eating at a restaurant, Laurent and Chantal went to the cinema.
After having eaten at a restaurant, Laurent and Chantal went to the cinema.

Qu'est-ce que vous avez fait après avoir quitté le bureau? (*What did you do after leaving the office?*), Après être allée au distributeur de billets, elle a fait des courses. (*After going to the cash dispenser, she did some shopping.*)

So make sure you always remember **avant de / d'** and **après avoir / être**. It is simple but generally quite different from the English structure. Don't be tempted to translate word for word.

12   Le futur

a   Formation

The **stem** is the full infinitive of the verb (**donner**, **partir**, **choisir**, etc), except in the case of **-re** verbs when the **e** must be dropped so that the stem ends in an **r** (vendre → **vendr** . . ., prendre → **prendr** . . . etc). To this stem, add the following **endings** (which happen to be those of the present indicative of **avoir**):

J' _____**ai**   Nous _____**ons**
Tu _____**as**   Vous _____**ez**
Il / Elle _____**a**   Ils / Elles _____**ont**

Example:

jouer (*to play*)	**répondre** (*to answer*)	**finir** (*to finish*)
je jouerai (*I'll play*)	je répondrai (*I'll answer*)	je finirai (*I'll finish*)
tu joueras	tu répondras	tu finiras
il / elle jouera	il / elle répondra	il / elle finira
nous jouerons	nous répondrons	nous finirons
vous jouerez	vous répondrez	vous finirez
ils / elles joueront	ils / elles répondront	ils / elles finiront

b   Irregularities

Verbs ending in **-yer** change their **y** to an **i**, although verbs ending in **-ayer** can either retain the **y** or change to **i**. (To avoid confusion, it might be safer to always change the **y** to **i**.)

Example: employer (*to employ*) → J'emploierai, tu emploieras, etc

nettoyer (*to clean*) → Je nettoierai, tu nettoieras, etc
ennuyer (*to annoy*), s'ennuyer (*to be bored*) → Je (m') ennuierai, etc
essuyer (*to wipe*) → J'essuierai, tu essuieras, etc
essayer (*to try*) → J'essayerai *or* J'essaierai, etc
payer (*to pay*) → Je payerai *or* Je paierai, etc

Verbs with a mute **e** double the consonant or add a grave accent, and keep the same stem throughout the conjugation.

Example:

acheter (*to buy*)	**appeler** (*to call*)	**jeter** (*to throw*)
j'achèterai	j'appellerai	je jetterai
tu achèteras	tu appelleras	tu jetteras
il / elle achètera	il / elle appellera	il / elle jettera
nous achèterons	nous appellerons	nous jetterons
vous achèterez	vous appellerez	vous jetterez
ils / elles achèteront	ils / elles appelleront	ils / elles jetteront

But note that verbs with **é** + consonant + **er** retain the **é** throughout the conjugation.

Example: répéter (*to repeat*): Je répéterai, tu répéteras, etc
espérer (*to hope*): J'espérerai, tu espéreras, etc

You must learn the following irregular futures by heart because the stems change considerably (although, as usual, the endings remain the same):

aller (*to go*)
j'irai, tu iras, il / elle ira, etc.
apercevoir (*to get a glimpse of*)
j'apercevrai
(s') asseoir (*to sit down*)
je m'assoirai or je m'assiérai
avoir (*to have*)
j'aurai
courir (*to run*)
je courrai
cueillir (*to pick*)
je cueillerai
devoir (*must*)
je devrai
envoyer (*to send*)

j'enverrai
être (*to be*)
je serai
faire (*to do, to make*)
je ferai

il faut (*it is necessary, one must*)
il faudra
pleuvoir (*to rain*)
il pleuvra
pouvoir (*can*)
je pourrai
recevoir (*to receive*)
je recevrai
savoir (*to know*)
je saurai
tenir (*to hold*)
je tiendrai
il vaut mieux (*it is better*)
il vaudra mieux
venir (*to come*), **devenir** (*to become*), **revenir** (*to come back*)
je viendrai, je deviendrai, je reviendrai
voir (*to see*)
je verrai
vouloir (*to want*)
je voudrai

c   **Uses**

This tense is used to translate the English **shall** and **will** when they express something which is going to happen.

Example: Ils iront en vacances en Bretagne; ils boiront du cidre et ils mangeront des crêpes. (*They will go on holiday to Brittany; they'll drink cider and they'll eat pancakes.*)

Note that **shall** and **will** are often used in their contracted form **'ll**.

aller + infinitive is also frequently used in French to express the future, particularly the near future.

Example: Je vais lui téléphoner tout de suite. (*I'll telephone him/her straight away.*)

Unlike English, in a future context, the future tense must be used in French after conjunctions of time such as **quand**, **lorsque** (*when*) and **dès que**, **aussitôt que** (*as soon as*).

Example: Quand **je serai** en Alsace, je boirai beaucoup de bière. (*When **I am** in Alsace, I shall drink a lot of beer.*), Les enfants iront à la plage dès qu'**ils arriveront**. (*The children will go to the beach as soon as **they arrive**.*)

It is common to find a condition expressed by **si** (*if*) linked with a sentence in the future tense. As in English, the clause starting with **si** (*if*) is in the present tense.

Example: S'il fait beau, je ferai de la voile. (*If the weather is fine, I'll go sailing.*), Nous irons à l'étranger si nous avons assez d'argent. (*We shall go abroad if we have enough money.*)

When **aller** (*to go*) is used in the future tense, it is usual to omit the pronoun **y** (*there*), for sound's sake.

Example: – Connaissez-vous Paris? (*Do you know Paris?*), – Non, mais **j'irai** l'année prochaine. (*No but **I'll go there** next year.*)

Finally, beware of the various meanings of **shall** and **will** in English. They don't necessarily express the idea of the future. **Shall** may express **Do I have to?**, so you must use **devoir**.

Example: Shall I telephone her? (Dois-je lui téléphoner?)

Will may well express a request or a refusal, in which case you must use **vouloir**.

Example: Will you open the window please? (Voulez-vous ouvrir la fenêtre, s'il vous plaît.), *I asked her to do it, but she won't.* (Je lui ai demandé de la faire, mais elle ne veut pas.)

13   Le futur antérieur

The future perfect is formed by using the future tense of the auxiliary verb **avoir** or **être**, and the past participle of the other verb.

Example: J'aurai acheté. (*I shall have bought.*), Il aura vu. (*He will have seen.*), Vous serez arrivé. (*You will have arrived.*)

It is usually found after a conjunction of time.

Example: Quand j'aurai acheté ma maison, je n'aurai plus d'argent. (*When I have bought my house, I'll have no money left.*), Lorsqu'il aura vu Paul, il sera content. (*When he's seen Paul, he will be happy.* Literally: *When he will have seen Paul . . .*)

Note that after a conjunction of time, the future perfect is not used in English. All the rules of the perfect tense concerning past participle agreements, pronouns, negative and interrogative sentences, etc, apply to this tense. Please refer to section 7.

14   Le participe présent

a   Formation

To form the present participle, take the **nous** form of the verb in the present tense, drop the **-ons**, and add **-ant** instead.

Example:
chanter – nous chantons → chantant (*singing*)
manger – nous mangeons → mangeant (*eating*)

choisir – nous choisissons → choisissant (*choosing*)
partir – nous partons → partant (*leaving*)
vendre – nous vendons → vendant (*selling*)
prendre – nous prenons → prenant (*taking*)
boire – nous buvons → buvant (*drinking*)
voir – nous voyons → voyant (*seeing*)

There are three exceptions:
avoir → ayant (*having*)
être → étant (*being*)
savoir → sachant (*knowing*)

b Uses

The present participle is generally used when two actions are taking place simultaneously. When used as a verb, it is invariable.

Example: Une dame est entrée, portant un chapeau sur la tête. (*A lady came in, wearing a hat.*), Ils sont sortis en courant. (*They ran out.* Literally: *They came out running.*)

Laurant et Chantal font des projets en regardant les dépliants sur l'Alsace. (*Laurent and Chantal make some plans while looking at the leaflets on Alsace.*)

En sortant de l'hôtel, tournez à gauche. (*On leaving the hotel, turn left.*)

It is often accompanied by **en**, which can be translated by **while**, **on**, **in** or **by**.

Example: Un vieux monsieur a fait tomber son portefeuille en mettant une lettre à la poste. (*An old man dropped his wallet while posting a letter.*)

Tout en is used for emphasis, particularly when the two actions seem contradictory or incompatible.

Example: Elle m'a servi tout en bavardant avec une autre cliente. (*She served me while chatting to another customer.*)

en is not used when the actions are not simultaneous, generally when **as a result** is understood. This is also often the case with the form **having done**.

Example: Entendant la voiture, elle est descendue et a mis son manteau. (*Hearing the car, she went downstairs and put her coat on.*), Ayant découvert son erreur, il s'est excusé. (*Having discovered his mistake, he apologised.*)

Note that **having . . .** is translated by **étant . . .** if the verbs are conjugated with **être**.

Example: Étant allé (*having gone*), étant arrivé (*having arrived*), s'étant couché (*having gone to bed*), m'étant levé (*having got up*), etc

Also note that a verb in the present participle form can be used as an adjective, in which case it agrees in gender and number with the noun it qualifies.

Example: Une histoire intéressante. (*An interesting story.*), Ils sont charmants. (*They are charming.*)

c Other translations of the '-ing' form

Although the English translation of the present participle is the **-ing** form, the present participle is not an equivalent of the English gerund. Most of the time, the latter is rendered in French by the infinitive.

Example: I hate ironing. (Je déteste repasser.), *She loves dancing.* (Elle adore danser.), *They are afraid of answering.* (Ils ont peur de répondre.)

The infinitive is also used after verbs of perception such as **écouter**, **entendre**, **regarder**, **voir**, etc.

Example: I listened to him talking. (Je l'ai écouté parler.), *They saw him taking the bag*. (Ils l'ont vu prendre le sac.)

All prepositions, except **en**, are followed in French by the infinitive.

Example: without answering (sans répondre), *after having taken* (après avoir pris), *before leaving* (avant de partir), etc

Descriptive words are translated by the French past participle.

Example: They were sitting. (Ils étaient assis.), *She was lying*. (Elle était couchée.)

Note that **standing** is translated by **debout**, which is invariable.

Example: We were standing. (Nous étions debout.)

The English **-ing** form can also be simply the indication of an action in progress.

Example: He was singing. (Il chantait.)

Remember that there is only one form in French to translate the two English present tenses.

Example: Il travaille. (*He works / He is working*.)

15 L'imparfait

a Formation

To form the imperfect tense, first get the **stem** by taking the **nous** form of the present indicative and dropping the **-ons**.

Example:
envoyer (*to send*): nous envoyons → **envoy . . .**
choisir (*to choose*): nous choisissons → **choisiss . . .**
prendre (*to take*): nous prenons → **pren . . .**
Then, add the following **endings:**

J' _____**ais**		Nous _____**ions**	
Tu _____**ais**		Vous _____**iez**	
Il / Elle _____**ait**		Ils / Elles _____**aient**	

Example:

j'envoyais (*I was sending*)	je choisissais (*I was choosing*)	je prenais (*I was taking*)
tu envoyais	tu choisissais	tu prenais
il envoyait	il choisissait	il prenait
nous envoyions	nous choisissions	nous prenions
vous envoyiez	vous choisissiez	vous preniez
ils envoyaient	ils choisissaient	ils prenaient

The only verb that does not follow the above rule is **être** (*to be*). It must be learnt by heart, particularly as it is widely used in this tense:

j'étais	nous étions
tu étais	vous étiez
il / elle / on / c'était	ils / elles étaient

The only time the endings show any irregularities is with the verbs ending in **-cer** and **-ger**, such as manger (*to eat*), nager (*to swim*), commencer (*to start*), etc. The **nous** and **vous** forms require neither the extra **e** nor the cedilla (**ç**), as the **g**, or **c** are in both cases followed directly by an **i**:

je mangeais	je commençais
tu mangeais	tu commençais
il / elle mangeait	il / elle commençait
nous mangions	nous commencions
vous mangiez	vous commenciez
ils / elles mangeaient	ils / elles commençaient

b   Uses

This tense is used to express various ideas in the past.
It is the tense used for descriptions.

Example: La plage était magnifique. (*The beach was gorgeous.*), Il faisait beau, le ciel était bleu et il n'y avait pas un nuage. (*The weather was fine, the sky was blue and there wasn't a single cloud.*)

It is used to express an unfinished (at the time), continuous action. It can be translated by **was / were _____ ing**. But beware, in English, the **-ing** form is not always used, even if it is understood.

Example: Des paons se promenaient majestueusement. (*Peacocks walked / were walking about majestically.*), Des singes sautaient de branche en branche. (*Monkeys jumped / were jumping from branch to branch.*)

It is also the tense to express that something used to be done regularly. It is often accompanied by expressions such as **tous les jours / chaque jour** (*every day*), **toutes les semaines / chaque semaine** (*every week*), etc, **quelquefois** (*sometimes*), **de temps en temps** (*from time to time*), **quand** (meaning '*whenever*'), **souvent** (*often*), **à chaque fois** (*every time*), **souvent** (*often*), **régulièrement** (*regularly*), **rarement** (*rarely*), etc.

Example: J'allais souvent à la piscine quand j'étais petit. (*I often used to go/went to the swimming pool when I was small.*), Tous les matins je me levais de bonne heure. (*Every morning I used to get up/got up early.*), Après le petit déjeuner, je retournais à la plage. (*After breakfast, I used to go back/went back to the beach.*)

As you can see, the idea of **used to** may be only understood in English. Whether it is actually used or not, the imperfect tense is required in French.

The imperfect tense is also used in reported speech. This means that something is not said directly, but reported, repeated by another person. Reported speech generally follows a phrase such as **He said that . . ., I told him that . . .**, etc. A verb in the present tense will be used in the imperfect tense when direct speech is turned into reported speech.

Direct speech: Elle a dit: «**Je vais** à Marseille». (*She said 'I am going to Marseilles'.*)
Reported speech: Elle a dit qu'**elle allait** à Marseille. (*She said that she was going to Marseilles.*)
Direct speech: J'ai répondu: «**Je suis** désolé». (*I answered: 'I am sorry!'*)
Reported speech: J'ai répondu que **j'étais** désolé. (*I answered that I was sorry.*)
Direct speech: J'ai dit: «Les gens **partent** en vacances». (*I said 'People are going on holiday'.*)
Reported speech: J'ai dit que les gens **partaient** en vacances. (*I said that people were going on holiday.*)

Note that 'that' can sometimes be omitted in English, but never in French.

Example: J'ai dit **que** j'étais désolé. (*I said I was sorry.*)

16 Le passé composé ou l'imparfait?

When talking about what happened in the past it is often necessary to use both the perfect and the imperfect tenses. As we have seen, the **imperfect** expresses how things were (description), what used to happen (habit, repetition) and what was still going on at the time (unfinished action). The **perfect** expresses what took place, that is to say a single completed event. As a result, the latter is the tense used when an event interrupts an action in progress.

Example: Quand le professeur est entré, une élève dansait sur le bureau. (*When the teacher came in – interruption, a pupil was dancing on the desk* – action in progress.), L'élève qui lisait a fermé son livre. (*The pupil who was reading* – action in progress, *shut his book* – completed action interrupting the action in progress.), Le garçon qui dormait s'est réveillé. (*The boy who was sleeping* – action in progress, *woke up* – completed action interrupting the action in progress.)

The imperfect is also used with **depuis**.

Example: J'habitais à Paris depuis deux ans quand j'ai décidé d'aller à l'étranger. (*I had been living in Paris for two years when I decided to go abroad*.), Il travaillait depuis cinq minutes quand Paul a téléphoné. (*He had been working for five minutes when Paul telephoned*.)

It is also the tense used with **venir de**.

Example: Elle venait de se lever quand Jean est arrivé. (*She had just got up when Jean arrived*.), Nous venions de sortir quand il a commencé à pleuvoir. (*We had just gone out when it started to rain*.)

17 Comparatifs et superlatifs

a   **What to use**

To express the idea of **more**, **plus** is always used in French.

Example: plus beau / belle / beaux / belles (*more beautiful*), plus vieux / vieille / vieux / vieilles (*older – literally: more old*)

the most is the same with the appropriate definite article in front.

Example: le plus beau / la plus belle / les plus beaux / les plus belles (*the most beautiful*), le plus vieux / la plus vieille / les plus vieux / les plus vieilles (the *oldest* – literally: *the most old*)

less is rendered by **moins**

Example: moins haut (*less high*), moins profond (*less deep*)

the least is the same with the definite article in front.

Example: le moins haut / la moins haute / les moins hauts / les moins hautes (*the least high*).

Note that **moins** is used far more frequently in French than **less** is used in English.

Example: L'Amérique est moins grande que l'Afrique (Literally: *America is less big than Africa.* But in English one would prefer to say: *America is not as big as Africa.*)

Equality expressed in English by **as** is rendered by **aussi**.

Example: Est-ce que la France est aussi peuplée que le Royaume-Uni? (*Is France as populated as the United Kingdom?*)

Note that after a negative, **si** can be used instead of **aussi**.

Example: La Seine n'est pas aussi longue que la Loire *or* La Seine n'est pas si longue que la Loire. (*The river Seine is not as long as the river Loire*.)

than and **as** are translated by **que/qu'**.

Example: Le désert du Sahara est plus grand que le désert de Gobi. (*The Sahara desert is larger than the Gobi desert*.), La Sardaigne n'est pas aussi grande que la Sicile. (*Sardinia is not as big as Sicily*.)

b   Adjectives

Don't forget that even used comparatively, the adjectives must agree in number and gender with the noun they qualify.

Example: L'océan le plus profond. (*The deepest ocean*.) – Masculine singular.
La mer la plus profonde. (*The deepest sea*.) – Feminine singular.
Le plus haut col des Alpes. (*The highest pass in the Alps*.) – Masculine singular.
Les chutes Victoria sont plus hautes que les chutes du Niagara. (*The Victoria falls are higher than the Niagara falls*.) – Feminine plural.

There are, of course, some irregular comparatives and superlatives which must be learnt by heart.

Example:

Ordinary adjective	Comparative	Superlative
bon (*good*)	meilleur (*better*)	le meilleur (*the best*)
mauvais (*bad*)	plus mauvais *or* pire (*worse*)	le plus mauvais *or* le pire (*the worst*)

When the superlative is used, the adjective can come before or after the noun. When it follows the noun, the definite article must be repeated.

Example: La plus grande île *or* L'île la plus grande. (*The largest island*.), Le plus long fleuve *or* Le fleuve le plus long. (*The longest river*.)

c   Adverbs

Adverbs can also be used in comparisons

Example: Il va au cinéma moins souvent que son frère. (*He doesn't go to the cinema as often as his brother.* Literally: *less often*.), Les Anglais parlent plus lentement que les Français. (*English people speak more slowly than French people*.)

Make sure that you don't mix up adjectives and adverbs, particularly **bon** (*good*) and **bien** (*well*), as they have the same comparative and superlative in English, i.e. **better** and **best**. If you have to translate **better** or **best** into French, always ask yourself what part they play in the sentence, whether they qualify a noun (*adjective*) or a verb or an adjective (*adverb*).

	Comparative	Superlative
bon – *adjective*	meilleur – *better*	le meilleur – *the best*
bien – *adverb*	mieux – *better*	le mieux – *best*

Example: Élisabeth travaille mieux que Paul; elle a de meilleurs résultats. (*Elizabeth works better – adverb – than Paul; she has better – adjective – results*.)

Another source of confusion is the adverb **vite** (*quickly, fast*). There are two reasons for this. First of all, **vite** doesn't end in **-ment** like most adverbs (the equivalent of **-ly** in English). Secondly, **fast** can equally be used as an adjective or an adverb in English. (*He has got a fast car* – adjective. *He runs fast* – adverb.) **Quick** and **quickly** are often used in comparisons, and mistakes are easily made.

Example: Paul court plus vite que sa sœur. (*Paul runs faster* – adverb – *than his sister*.), Paul est le garçon le plus rapide de sa classe. (*Paul is the fastest* – adjective – *boy in his class*.)

Another common adverb which behaves irregularly is **beaucoup** (*much, many, a lot*).

	Comparative	Superlative
beaucoup	plus (*more*)	le plus (*most*)

Example: Ma fille travaille plus que mon fils. (*My daughter works more than my son*.), C'est lui qui mange le plus. (*He's the one who eats most*.)

Note that **much more** translates literally as **beaucoup plus**.

Example: Il marche beaucoup plus lentement. (*He walks much more slowly*.)

This, of course, applies to adjectives as well.

Example: Nous sommes beaucoup plus heureux maintenant. (*We are much happier now.* Literally: *much more happy*.)

d   Others

The strong or emphatic pronoun is often used in comparisons.

Example: Elle danse mieux que moi. (*She dances better than I do.* Literally: *than me*.)

Je patine moins bien que lui. (*I don't skate as welll as he does.* Literally: *less well than*.), Il est pire que nous. (*He is worse than we are.* Literally: *than us*.)

plus, **moins** and **aussi** followed by a noun are rendered thus:

Example: Plus de monde. (*More people*.), Moins d'argent. (*Less money*.), Autant de liberté. (*As much freedom*.), Autant d'élèves. (*As many pupils*.)

Before a number, **than** is translated by **de**.

Example: Il y a plus de douze étudiants. (*There are more than twelve students*.), C'est à moins de six kilomètres. (*It's less than six kilometres away*.)

more and more is translated by **de plus en plus**; **less and less** by **de moins en moins**.

Example: Il va à Paris de plus en plus souvent. (*He goes to Paris more and more often*.)

18   Les pronoms possessifs

The possessive pronouns translate English expressions such as **mine**, **my own**, **my one(s)**, **yours**, etc.

	Singular		Plural	
	Masculine	**Feminine**	**Masculine**	**Feminine**
mine	le mien	la mienne	les miens	les miennes
yours	le tien	la tienne	les tiens	les tiennes
his / hers / its	le sien	la sienne	les siens	les siennes
ours	le nôtre	la nôtre	les nôtres	les nôtres
yours	le vôtre	la vôtre	les vôtres	les vôtres
theirs	le leur	la leur	les leurs	les leurs

Like the possessive adjectives (**mon**, **ma**, **mes**, etc), they agree in gender and number with the noun possessed, not the possessor.

Note that **leur** doesn't take an **e** in the feminine.

Example: – Regarde **mon dessin**. (*Look at my drawing.*), – **Le mien** est plus coloré. (*Mine is more colourful.*), – Tu as vu **les dessins** de Simon? (*Have you seen Simon's drawings?*), – Oui, **les siens** sont horribles! (*Yes, his are horrible!*), – Où est **la clé** de Paul? (*Where is Paul's key?*), – **La sienne** est sur la table, mais j'ai perdu **la mienne**. (*His is on the table, but I've lost mine.*)

The possessive pronouns are frequently used in comparisons.

Example: Ma cravate coûte moins cher que la sienne. (*My tie is cheaper than his.*), Notre maison est plus grande que la leur. (*Our house is bigger than theirs.*)

Note that possession can also be expressed by using **être à** followed by the strong or emphatic pronoun.

Example: – À qui est cette voiture? (*Whose car is this?*), – Elle est à nous / C'est la nôtre. (*It's ours.*), – Cette valise est à toi? / C'est ta valise? (*Is this your suitcase?*), – Oui, elle est à moi. / Oui, c'est la mienne. (*Yes, it's mine.*)

To translate **a . . . of mine / yours**, etc you must use **un(e) de mes / tes . . .** etc, in French.

Example: C'est une de mes clientes. (*She is a customer of mine.* Literally: *She is one of my customers.*), C'est un de leurs amis. (*He is a friend of theirs.*)

19　Le conditionnel

a　The conditional is formed by using the same stem as the future tense (see section 12, including the list of irregular verbs) and by adding the same endings as the imperfect tense (see section 15).

Example:

danser	lire	aller
je danserais (*I would dance*)	je lirais (*I would read*)	j'irais (*I would go*)
tu danserais	tu lirais	tu irais
il/elle danserait	il/elle lirait	il/elle irait
nous danserions	nous lirions	nous irions
vous danseriez	vous liriez	vous iriez
ils/elles danseraient	ils/elles liraient	ils/elles iraient

b　The conditional is normally used to express **would**, and sometimes **could** and **should**.

Example: Nous aimerions visiter la région. (*We would like to visit the district.*), Je voudrais aller à la Martinique. (*I would like to go to Martinique.*), Il ne pourrait pas y aller. (*He couldn't go / He wouldn't be able to go.*), Vous devriez téléphoner. (*You should telephone.*)

But beware whenever you come across **would** in English, and think first of its meaning in the sentence before translating it into French, because it has various uses in English which are rendered differently in French. If it means **used to**, then the imperfect tense must be used.

Example: He would always come with me. (Il venait toujours avec moi.)

If it expresses volition (often a refusal), then **vouloir** must be used.

Example: They would never do their homework. (Ils ne voulaient jamais faire leurs devoirs.)

If it is a polite request, then use **voulez-vous** (**veux-tu** if using the familiar form).

Example: Would you follow me, please? (Voulez-vous me suivre, s'il vous plaît?)

c   The conditional is most often found in conditional clauses, i.e. when the ideas expressed are hypothetical.

Example: S'ils allaient à la Martinique, les Muller verraient Lucien et Josée. (*If they went to Martinique, the Mullers would see Lucien and Josée.*), Vous visiteriez beaucoup d'endroits intéressants si vous veniez à Fort-de-France. (*You would visit a lot of interesting places if you came to Fort-de-France.*)

Be careful not to use the conditional tense in the clause starting with **si** (=*if*). **If** + simple past is always translated by **si** + imperfect.

Example: if I went (si j'allais), *if he ate* (s'il mangeait), *if she sang* (si elle chantait)

The conditional tense is used in the other clause. Note that **si** followed by **il / ils** becomes **s'**, but remains in its full form before **elle / elles**.

Do not confuse **si** (=*if*) with **si** (=*yes*), i.e. the emphatic **yes** answering a negative question or statement.

Example: – Vous n'êtes pas de Londres? (*You are not from London?*), – Si, je suis de Londres. (*Yes, I am from London.*)

d   One can also frequently come across the conditional in reported speech. A verb used in the future tense in direct speech will change to the conditional in reported speech.

Example:
Direct speech
Elle a dit: «'S'il fait beau, nous irons à la plage.» (She said: *'If the weather is fine, we will go to the beach'.*)
Ils ont dit: «Quand nous irons à la Martinique, nous boirons du rhum.» (*They said: 'When we go to Martinique, we'll drink rum'.*)

Reported speech
Elle a dit que s'il faisait beau, nous irions à la plage. (*She said that if the weather was fine, we would go to the beach.*)
Ils ont dit que quand ils iraient à la Martinique, ils boiraient du rhum. (*They said that when they went to Martinique, they would drink rum.*)
Note that, unlike English, the future or the conditional must be used in French, when implied, after conjunctions of time such as **quand / lorsque** (*when*), **dès que / aussitôt que** (*as soon as*) etc. See section 12c.

20   Le plus-que-parfait et le conditionnel passé

a   The pluperfect and the conditional perfect are compound tenses based on the perfect tense, i.e. they are formed by using the auxiliary verb **avoir** or **être**, and the past participle of the verb.

In the pluperfect tense, the auxiliary verb is conjugated in the imperfect.

Example:

écouter

j'avais écouté (*I had listened*)
tu avais écouté
il / elle avait écouté
nous avions écouté
vous aviez écouté
ils / elles avaient écouté

aller

j'étais allé(e) (*I had gone*)
tu étais allé(e)
il était allé
elle était allée
nous étions allé(e)s
vous étiez allé(e)(s)
ils étaient allés
elles étaient allées

se perdre

je m'étais perdu(e) (*I had got lost*)
tu t'étais perdu(e)
il s'était perdu
elle s'était perdue
nous nous étions perdu(e)s
vous vous étiez perdu(e)(s)
ils s'étaient perdus
elles s'étaient perdues

In the conditional perfect, the auxiliary is conjugated in the conditional.

Example:

écouter

j'aurais écouté (*I would have listened*)
tu aurais écouté
il / elle aurait écouté
nous aurions écouté
vous auriez écouté
ils / elles auraient écouté

aller

Je serais allé(e) (*I would have gone*)
tu serais allé(e)
il serait allé
elle serait allée
nous serions allé(e)s
vous seriez allé(e)(s)
ils seraient allés
elles seraient allées

se perdre

je me serais perdu(e) (*I would have got lost*)
tu te serais perdu(e)
il se serait perdu
elle se serait perdue
nous nous serions perdu(e)s
vous vous seriez perdu(e)(s)
ils se seraient perdus
elles se seraient perdues

Note that all the rules of the perfect tense apply, i.e. agreement, negative sentences, use of pronouns, etc (see section 7).

b   The pluperfect is generally used to describe something which went on one step further back in the past.

Example: Il a mis la cravate qu'elle avait achetée pour son anniversaire. (*He put on the tie that she had bought for his birthday.*)

The pluperfect and the conditional perfect are also used in a hypothetical context. In that case, the pluperfect is used in the clause starting with **si** (= *if*). The conditional perfect is used in the other clause.

Example: Ça ne serait pas arrivé si nous avions pris l'autoroute. (*It wouldn't have happened if we had used the motorway.*), Si nous n'étions pas partis en retard, tu n'aurais pas conduit si vite. (*If we hadn't left late, you wouldn't have driven so fast.*)

The pluperfect is used in reported speech, when the perfect tense is used in direct speech.

Example: Elle a dit: «J'ai oublié mes lunettes.» (*She said: 'I have forgotten my glasses'*) **but** Elle a dit qu'elle avait oublié ses lunettes. (*She said that she had forgotten her glasses.*)

In the same way, the conditional perfect is used in reported speech when the future perfect is used in direct speech.

Example: Il a dit «Nous partirons quand nous aurons fini.» (*He said: 'We will leave when we have finished'.*) **but** Il a dit que nous partirions quand nous aurions fini. (*He said we would leave when we had finished.*)

a With **depuis** (= *for*), do not use the pluperfect but the imperfect tense, just as you use the present when the action is still going on, as opposed to the perfect.

Example: Elle apprend l'anglais depuis six mois. (*She's been learning English for six months.*), Elle apprenait l'anglais depuis six mois quand elle est allée en Angleterre. (*She had been learning English for six months when she went to England.*)

Also remember that **has just** is translated by the present of **venir (de)**, and that similarly, **had just** is translated by the imperfect of **venir (de)**.

Example: Ils viennent d'acheter une nouvelle voiture. (*They have just bought a new car.*)

Ils venaient d'acheter une nouvelle voiture quand ils ont eu un accident. (*They had just bought a new car when they had an accident.*)

21 Le subjonctif

The subjunctive mood has almost disappeared from the English language but it is still very much in use in French. It is required after certain verbs and expressions.

a Formation
To form the present subjunctive, use the ***stem*** of the **ils** form of the present tense of the verb. Add the following endings: -e, -es, -e, -ions, -iez, -ent, except for **avoir** (qu'il **ait**) and **être** (qu'il **soit**).

Other frequently used irregular verbs are **aller**, **faire** and **venir**. Please refer to the Verb Table for the full conjugations.

Note that verbs in the subjunctive often look and / or sound the same as the ordinary present tense.

J'aimerais un métier qui me **donne** l'occasion de voyager. (*I'd like a job which gives me the opportunity to travel.*)

b Uses
It is used after verbs of wishing or expressing a preference such as **vouloir que**, **aimer que**, **préférer que**.

Example: Je veux que quelqu'un **vienne** une fois par semaine. (*I want someone to come once a week.*), J'aimerais qu'elle **fasse** le repassage. (*I'd like her to do the ironing.*)

It is also used when **qui** introduces a sentence about a special person or thing which exists as an idea in someone's mind. Compare the following:
J'ai un travail qui est intéressant. (*I have an interesting job.*) – ordinary present tense expressing a real fact.
Je voudrais un travail qui soit intéressant. (*I would like an interesting job.*) – subjunctive expressing something in the mind.
J'ai une veste qui va avec ce pantalon. (*I have a jacket which matches these trousers.*) – ordinary present tense expressing a real fact.

Je cherche une veste qui aille avec ce pantalon. (*I'm looking for a jacket which matches these trousers.*) – subjunctive expressing something in the mind.

As well as being used to express uncertainty and to describe hypothetical situations, the subjunctive is always used after the following expressions:

il faut que	*it is necessary that*
il vaut mieux que	*it is better to*
pour que	*so that*

You can avoid the subjunctive form after **il faut que** by using a pronoun plus the infinitive, or by using **devoir**.

Compare:
Il faut je prenne des médicaments.
Il me faut prendre des médicaments.   *I must take some medicine.*
Je dois prendre des médicaments.

Note that the use of the subjunctive makes the necessity sound more urgent.

The subjunctive is used after many more expressions in French. We have only dealt with what occurs in this book.

22 Le passé simple

The past historic is a simple past tense and corrresponds to the English form **he did**, **I said**, **we saw**, etc.

a Formation

There are three basic types of past historic. All **-er** verbs behave in the same way.

Example:
chanter

je chant**ai** (*I sang*)	nous chant**âmes**
tu chant**as**	vous chant**âtes**
il / elle chant**a**	ils / elles chant**èrent**

The other verbs follow either the **-i** or the **-u** type.

-ir, **-re** and some irregular verbs follow the **-i** type.

Example:

sortir		**perdre**	
je sort**is** (*I went out*)	nous sort**îmes**	je perd**is** (*I lost*)	nous perd**îmes**
tu sort**is**	vous sort**îtes**	tu perd**is**	vous perd**îtes**
il / elle sort**it**	ils / elles sort**irent**	il / elle perd**it**	ils / elles perd**irent**

Many irregular verbs follow the **-u** type.

Example:
boire

je b**us** (*I drank*)	nous b**ûmes**
tu b**us**	vous b**ûtes**
il / elle b**ut**	ils / elles b**urent**

The past historic of common irregular verbs must be learnt by heart for two reasons.

First, to know whether they are an **-i** or a **-u** type, and secondly, because some of them have an irregular stem. Here are two lists to help you, but you will also find them in the verb table.

'-i' type:
(s')asseoir (*to sit*) – il (s')assit
dire (*to say*) – il dit
écrire (*to write*) – il écrivit
faire (*to do, to make*) – il fit
mettre (*to put*) – il mit
prendre (*to take*) – il prit
rire (*to laugh*) – il rit
voir (*to see*) – il vit

'-u' type:
avoir (*to have*) – il eut
apercevoir (*to catch sight of*) – il aperçut
recevoir (*to receive*) – il reçut
boire (*to drink*) – il but
connaître (*to know*) – il connut
paraître (*to seem*) – il parut
courrir (*to run*) – il courut
croire (*to believe*) – il crut
devoir (*to have to, must*) – il dut
être (*to be*) – il fut
lire (*to read*) – il lut
mourir (*to die*) – il mourut
pleuvoir (*to rain*) – il plut
pouvoir (*to be able to, can*) – il put
savoir (*to know*) – il sut
vivre (*to live*) – il vécut
vouloir (*to want*) – il voulut

Also refer to the verb tables for verbs ending in **-cer**, **-ger**.

venir and **tenir** do not follow any of these three types.

venir (*to come*)
je vins   nous vînmes
tu vins   vous vîntes
il / elle vint   ils / elles vinrent

tenir (*to hold*)
je tins   nous tînmes
tu tins   vous tîntes
il / elle tint   ils / elles tinrent

Note that many irregular past historic forms are similar to the past participle of the verb.

Example: prendre (*to take*), pris (*taken*), il prit (*he took*)
            connaître (*to know*), connu (*known*), il connut (*he knew*)

This is useful to remember, but it is not a rule and there are some exceptions.

Example: voir (*to see*), vu (*seen*) *but* il vit (*he saw*).

b   Use
In its use, the past historic is equivalent to the perfect tense.

Example: **il fit** is equivalent to **il a fait** (*he did*), **je dis** to **j'ai dit** (*I said*), **nous vîmes** to **nous avons vu** (*we saw*), etc.

But nowadays, the tense has ceased to be used in everyday spoken French and is only used in written narratives and speeches. Therefore, in conversation and in letters, you must use the perfect tense.

This explains the fact that this tense is hardly ever used with the second persons (**tu** and **vous**).

When writing in the past, you can choose either the perfect tense or the past historic to recount single completed events, i.e. what happened, what people did or said. However, you should not switch from one tense to the other; you must be consistent. But if you have chosen the past historic, you **must** use the perfect tense when people are talking (i.e. in direct speech), as the past historic is only a written tense.

Example: 'Quand tu es allé rue de Turenne, es-tu revenu ici tout de suite?' ('*When you went to rue de Turenne, did you come straight back here?*'), Il rougit soudain, hésita un bon moment avant de répondre. (*He blushed suddenly, hesitated a long time before he answered*.)

If you need to describe an unfinished action in the past, then you must use the imperfect tense.

Example: À ce moment-là, il avait les deux yeux ouverts. Il était donc complètement réveillé. Elle passa dans la pièce voisine, laissa la porte ouverte pendant le temps qu'elle téléphonait. (*At that moment, both his eyes were open. He was therefore wide awake. She went into the next room, left the door open while she was telephoning*.)

23   La voix passive

a   The passive voice is as easily formed in French as in English. One uses the verb **to be / être** in any tense needed, followed by the past participle of the verb used as an adjective. In French, of course, the latter agrees in number and gender with the subject.

Example: La statue du roi a été remplacée par une guillotine. (*The statue of the king was replaced by a guillotine*.), Plus de mille personnes ont été décapitées. (*Over a thousand people were beheaded*.), La tour Eiffel fut construite en 1889. (*The Eiffel tower was built in 1889*.), Un concours fut organisé. (*A competition was organised*.), Des matériaux coûteux furent utilisés. (*Expensive materials were used*.)

Note that both the perfect tense (**a été / ont été**) and the past historic (**fut / furent**) correspond to the same English form, the former being used in spoken or everyday language, the latter being used in writing or speeches.

Example: La maison sera finie à la fin du mois. (*The house will be finished at the end of the month*.), La maison serait finie si les ouvriers n'étaient pas en grève. (*The house would be finished if the workers weren't on strike*.), Elle était aimée de tous. (*She was loved by all*.)

b   The passive voice tends to be used far less in French than in English. When the agent is not mentioned, the active voice is used with **on**.

Example: On a remplacé la statue par une guillotine. (*The statue was replaced by a guillotine*.)

Note that English expressions such as **He was asked, I was given**, etc cannot be put in the passive voice in French, because **he** and **I** would be indirect objects in the active (**demander à, donner à**). Only a direct object can become the subject of a sentence in the passive voice. In such cases, **on** must be used.

Example: He was asked. (On lui a demandé.), *I was given*. (On m'a donné.)

24 Les verbes

Main groups of regular verbs

Infinitif	Participe présent	Participe passé	Présent	Futur	Imparfait	Passé simple	Subjonctif présent
chanter *to sing*	chantant	chanté	je chante tu chantes il chante nous chantons vous chantez ils chantent	je chanterai tu chanteras il chantera nous chanterons vous chanterez ils chanteront	je chantais tu chantais il chantait nous chantions vous chantiez ils chantaient	je chantai tu chantas il chanta nous chantâmes vous chantâtes ils chantèrent	que je chante que tu chantes qu'il chante que nous chantions que vous chantiez qu'ils chantent
perdre *to lose*	perdant	perdu	je perds tu perds il perd nous perdons vous perdez ils perdent	je perdrai tu perdras il perdra nous perdrons vous perdrez ils perdront	je perdais tu perdais il perdait nous perdions vous perdiez ils perdaient	je perdis tu perdis il perdit nous perdîmes vous perdîtes ils perdirent	que je perde que tu perdes qu'il perde que nous perdions que vous perdiez qu'ils perdent
finir *to finish*	finissant	fini	je finis tu finis il finit nous finissons vous finissez ils finissent	je finirai tu finiras il finira nous finirons vous finirez ils finiront	je finissais tu finissais il finissait nous finissions vous finissiez ils finissaient	je finis je finis il finit nous finîmes vous finîtes ils finirent	que je finisse que je finisse qu'il finisse que nous finissions que vous finissiez qu'ils finissent

Irregular verbs

Infinitif	Participe présent	Participe passé	Présent	Futur	Imparfait	Passé simple	Subjonctif présent
aller *to go* (conj. **être**)	allant	allé	je vais tu vas il va nous allons vous allez ils vont	j'irai	j'allais	j'allai	que j'aille
appeler *to call*	appelant	appelé	j'appelle tu appelles il appelle nous appelons vous appelez ils appellent	j'appellerai	j'appelais	j'appelai	que j'appelle que tu appelles qu'il appelle que nous appelions que vous appeliez qu'ils appellent

Infinitive	Present participle	Past participle	Present	Future	Imperfect	Past historic	Subjunctive
s'asseoir *to sit down* (conj. **être**)	s'asseyant *or* s'assoyant	assis	je m'assieds tu t'assieds il s'assied nous nous asseyons vous vous asseyez ils s'asseyent *or* je m'assois tu t'assois il s'assoit nous nous assoyons vous vous assoyez ils s'assoient	je m'assiérai *or* je m'assoirai	je m'asseyais *or* je m'assoyais	je m'assis	que je m'assoie / asseye que tu t'assoies / asseyes qu'il s'assoie / asseye que nous nous assoyions / asseyions que vous vous assoyiez / asseyiez qu'ils s'assoient / asseyent
avoir *to have*	ayant	eu	j'ai tu as il a nous avons vous avez ils ont	j'aurai	j'avais	j'eus	que j'aie que tu aies qu'il ait que nous ayons que vous ayez qu'ils aient
battre *to beat*	battant	battu	je bats tu bats il bat nous battons vous battez ils battent	je battrai	je battais	je battis	que je batte
boire *to drink*	buvant	bu	je bois tu bois il boit nous buvons vous buvez ils boivent	je boirai	je buvais	je bus	que je boive que tu boives qu'il boive que nous buvions que vous buviez qu'ils boivent
commencer *to start*	commençant	commencé	je commence tu commences il commence nous commençons vous commencez ils commencent	je commencerai	je commençais tu commençais il commençait nous commencions vous commenciez ils commençaient	je commençai tu commenças il commença nous commençâmes vous commençâtes ils commencèrent	que je commence

Infinitif	Participe présent	Participe passé	Présent	Futur	Imparfait	Passé simple	Subjonctif présent
conduire *to drive*	conduisant	conduit	je conduis tu conduis il conduit nous conduisons vous conduisez ils conduisent	je conduirai	je conduisais	je conduisis	que je conduise
connaître *to know*	connaissant	connu	je connais tu connais il connaît nous connaissons vous connaissez ils connaissent	je connaîtrai	je connaissais	je connus	que je connaisse
convaincre *to convince*	convainquant	convaincu	je convaincs tu convaincs il convainc nous convainquons vous convainquez ils convainquent	je convaincrai	je convainquais	je convainquis	que je convainque
coudre *to sew*	cousant	cousu	je couds tu couds il coud nous cousons vous cousez ils cousent	je coudrai	je cousais	je cousis	que je couse
courir *to run*	courant	couru	je cours tu cours il court nous courons vous courez ils courent	je courrai	je courais	je courus	que je coure

Infinitive	Present participle	Past participle	Present	Future	Imperfect	Past historic	Subjunctive
craindre *to fear*	craignant	craint	je crains tu crains il craint nous craignons vous craignez ils craignent	je craindrai	je craignais	je craignis	que je craigne
croire *to believe*	croyant	cru	je crois tu crois il croit nous croyons vous croyez ils croient	je croirai	je croyais	je crus	que je croie que tu croies qu'il croie que nous croyions que vous croyiez qu'ils croient
cueillir *to pick*	cueillant	cueilli	je cueille tu cueilles il cueille nous cueillons vous cueillez ils cueillent	je cueillerai	je cueillais	je cueillis	que je cueille
découvrir *to discover*	découvrant	découvert	je découvre tu découvres il découvre nous découvrons vous découvrez ils découvrent	je découvrirai	je découvrais	je découvris	que je découvre
devoir *must / to have to*	devant	dû	je dois tu dois il doit nous devons vous devez ils doivent	je devrai	je devais	je dus	que je doive que tu doives qu'il doive que nous devions que vous deviez qu'ils doivent
dire *to say*	disant	dit	je dis tu dis il dit nous disons vous dites ils disent	je dirai	je disais	je dis	que je dise

Infinitif	Participe présent	Participe passé	Présent	Futur	Imparfait	Passé simple	Subjonctif présent
dormir *to sleep*	dormant	dormi	je dors tu dors il dort nous dormons vous dormez ils dorment	je dormirai	je dormais	je dormis	que je dorme
écrire *to write*	écrivant	écrit	j'écris tu écris il écrit nous écrivons vous écrivez ils écrivent	j'écrirai	j'écrivais	j'écrivis	que j'écrive
envoyer *to send*	envoyant	envoyé	j'envoie tu envoies il envoie nous envoyons vous envoyez ils envoient	j'enverrai	j'envoyais	j'envoyai	que j'envoie que tu envoies qu'il envoie que nous envoyions que vous envoyiez qu'ils envoient
essayer *to try*	essayant	essayé	j'essaie / essaye tu essaies / essayes il essaie / essaye nous essayons vous essayez ils essaient / essayent	j'essaierai *or* j'essayerai	j'essayais	j'essayai	que j'essaie / essaye que tu essaies / essayes qu'il essaie / essaye que nous essayions que vous essayiez qu'ils essaient / essayent
être *to be*	étant	été	je suis tu es il est nous sommes vous êtes ils sont	je serai	j'étais	je fus	que je sois que tu sois qu'il soit que nous soyons que vous soyez qu'ils soient

Infinitive	Participe présent	Participe passé	Présent	Futur	Imparfait	Passé simple	Subjonctif
faire *to do / make*	faisant	fait	je fais tu fais il fait nous faisons vous faites ils font	je ferai	je faisais	je fis	que je fasse
falloir *to be necessary*		fallu	il faut	il faudra	il fallait	il fallut	qu'il faille
jeter *to throw*	jetant	jeté	je jette tu jettes il jette nous jetons vous jetez ils jettent	je jetterai	je jetais	je jetai	que je jette que tu jettes qu'il jette que nous jetions que vous jetiez qu'ils jettent
lire *to read*	lisant	lu	je lis tu lis il lit nous lisons vous lisez ils lisent	je lirai	je lisais	je lus	que je lise
manger *to eat*	mangeant	mangé	je mange tu manges il mange nous mangeons vous mangez ils mangent	je mangerai	je mangeais tu mangeais il mangeait nous mangions vous mangiez ils mangeaient	je mangeai tu mangeas il mangea nous mangeâmes vous mangeâtes ils mangèrent	que je mange
mentir *to tell lies*	mentant	menti	je mens tu mens il ment nous mentons vous mentez ils mentent	je mentirai	je mentais	je mentis	que je mente
mettre *to put*	mettant	mis	je mets tu mets il met nous mettons vous mettez ils mettent	je mettrai	je mettais	je mis	que je mette

Infinitif	Participe présent	Participe passé	Présent	Futur	Imparfait	Passé simple	Subjonctif présent
mourir *to die* (conj. **être**)	mourant	mort	je meurs tu meurs il meurt nous mourons vous mourez ils meurent	je mourrai	je mourais	je mourus	que je meure que tu meures qu'il meure que nous mourions que vous mouriez qu'il meurent
nager *to swim*	nageant	nagé	je nage tu nages il nage nous nageons vous nagez ils nagent	je nagerai	je nageais tu nageais il nageait nous nagions vous nagiez ils nageaient	je nageai tu nageas il nagea nous nageâmes vous nageâtes ils nagèrent	que je nage
offrir *to offer, to give (a present)*	offrant	offert	j'offre tu offres il offre nous offrons vous offrez ils offrent	j'offrirai	j'offrais	j'offris	que j'offre
ouvrir *to open*	ouvrant	ouvert	j'ouvre tu ouvres il ouvre nous ouvrons vous ouvrez ils ouvrent	j'ouvrirai	j'ouvrais	j'ouvris	que j'ouvre
partir *to leave* (conj. **être**)	partant	parti	je pars tu pars il part nous partons vous partez ils partent	je partirai	je partais	je partis	que je parte

Infinitive	Present participle	Past participle	Present	Future	Imperfect	Past historic	Subjunctive
peindre *to paint*	peignant	peint	je peins tu peins il peint nous peignons vous peignez ils peignent	je peindrai	je peignais	je peignis	que je peigne
se plaindre *to complain*	plaignant	plaint	je me plains tu te plains il se plaint nous nous plaignons vous vous plaignez ils se plaignent	je me plaindrai	je me plaignais	je me plaignis	que je me plaigne
plaire *to please*	plaisant	plu	je plais tu plais il plaît nous plaisons vous plaisez ils plaisent	je plairai	je plaisais	je plus	que je plaise
pleuvoir *to rain*	pleuvant	plu	il pleut	il pleuvra	il pleuvait	il plut	qu'il pleuve
pouvoir *can / to be able*	pouvant	pu	je peux (puis) tu peux il peut nous pouvons vous pouvez ils peuvent	je pourrai	je pouvais	je pus	que je puisse
prendre *to take*	prenant	pris	je prends tu prends il prend nous prenons vous prenez ils prennent	je prendrai	je prenais	je pris	que je prenne que tu prennes qu'il prenne que nous prenions que vous preniez qu'ils prennent
recevoir *to receive*	recevant	reçu	je reçois tu reçois il reçoit nous recevons vous recevez ils reçoivent	je recevrai	je recevais	je reçus	que je reçoive que tu reçoives qu'il reçoive que nous recevions que vous receviez qu'ils reçoivent

Infinitif	Participe présent	Participe passé	Présent	Futur	Imparfait	Passé simple	Subjonctif présent
rire *to laugh*	riant	ri	je ris tu ris il rit nous rions vous riez ils rient	je rirai	je riais tu riais il riait nous riions vous riiez ils riaient	je ris	que je rie N.B. que nous riions que vous riiez
savoir *to know*	sachant	su	je sais tu sais il sait nous savons vous savez ils savent	je saurai	je savais	je sus	que je sache
sortir *to go out* (conj. **être**)	sortant	sorti	je sors tu sors il sort nous sortons vous sortez ils sortent	je sortirai	je sortais	je sortis	que je sorte
servir *to serve*	servant	servi	je sers tu sers il sert nous servons vous servez ils servent	je servirai	je servais	je servis	que je serve
sourire *to smile*	please refer to **rire** above						
suivre *to follow*	suivant	suivi	je suis tu suis il suit nous suivons vous suivez ils suivent	je suivrai	je suivais	je suivis	que je suive
se taire *to be(come)* *silent*	se taisant	tu	je me tais tu te tais il se tait	je me tairai	je me taisais	je me tus	que je me taise

Infinitive	Present participle	Past participle	Present	Future	Imperfect	Past historic	Present subjunctive
(conj. **être**)			nous nous taisons vous vous taisez ils se taisent				
tenir *to hold*	tenant	tenu	je tiens tu tiens il tient nous tenons vous tenez ils tiennent	je tiendrai	je tenais	je tins tu tins il tint nous tînmes vous tîntes ils tinrent	que je tienne que tu tiennes qu'il tienne que nous tenions que vous teniez qu'ils tiennent
venir *to come* (conj. **être**)	venant	venu	je viens tu viens il vient nous venons vous venez ils viennent	je viendrai	je venais	je vins tu vins il vint nous vînmes vous vîntes ils vinrent	que je vienne que tu viennes qu'il vienne que nous venions que vous veniez qu'ils viennent
vivre *to live*	vivant	vécu	je vis tu vis il vit nous vivons vous vivez ils vivent	je vivrai	je vivais	je vécus	que je vive
voir *to see*	voyant	vu	je vois tu vois il voit nous voyons vous voyez ils voient	je verrai	je voyais	je vis	que je voie que tu voies qu'il voie que nous voyions que vous voyiez qu'ils voient
vouloir *to want*	voulant	voulu	je veux tu veux il veut nous voulons vous voulez ils veulent	je voudrai	je voulais	je voulus	que je veuille que tu veuilles qu'il veuille que nous voulions que vous vouliez qu'il veuillent

25 Les nombres

a Cardinal numbers

1	un, une	**20**	vingt	**72**	soixante-douze
2	deux	**21**	vingt et un	**73**	soixante-treize
3	trois	**22**	vingt-deux	**77**	soixante-dix-sept
4	quatre	**23**	vingt-trois	**80**	quatre-vingts
5	cinq	**24**	vingt-quatre	**81**	quatre-vingt-un
6	six	**25**	vingt-cinq	**82**	quatre-vingt-deux
7	sept	**26**	vingt-six	**90**	quatre-vingt-dix
8	huit	**27**	vingt-sept	**91**	quatre-vingt-onze
9	neuf	**28**	vingt-huit	**99**	quatre-vingt-dix-neuf
10	dix	**29**	vingt-neuf	**100**	cent
11	onze	**30**	trente	**101**	cent un
12	douze	**31**	trente et un	**200**	deux cents
13	treize	**32**	trente-deux	**201**	deux cent un
14	quatorze	**40**	quarante	**220**	deux cent vingt
15	quinze	**50**	cinquante	**500**	cinq cents
16	seize	**60**	soixante	**550**	cinq cent cinquante
17	dix-sept	**70**	soixante-dix	**1000**	mille
18	dix-huit	**71**	soixante et onze	**5000**	cinq mille
19	dix-neuf				

Cardinal numbers have the same form whether they are masculine or feminine, singular or plural, except for **un / une** (*1*), and **vingt** (*20*), which takes an **s** in quatre-vingts (*80*) – literally, four twenties. **Cent** (*100*) takes a plural **s** when it stands alone, but not when followed by another number.

Example: deux **cents** (*200*); deux **cent** un (*201*).

b Ordinal numbers

Ordinal numbers are formed by adding **-ième** to the cardinals.

Example: trois (3) → trois**ième** (*third*)

If there is a final **e** in the cardinal this is dropped.

Example: quatre (4) → quatr**ième** (*fourth*)

A final **f** becomes **v**.

Example: neuf (9) → neuv**ième** (*ninth*)

A final **q** adds a **u**.

Example: cinq (5) → cinqu**ième** (*fifth*)

Like the cardinal numbers they keep the same form, except for **premier / première** (*first*) and **second / seconde**, an alternative to **deuxième** (*second*).

Compound numbers just add **-ième** (*to the second number*).

Example: vingt-et-un**ième** (*twenty-first*)

Ordinal numbers are not used in French for kings / queens, etc, nor months, except for **first**.

Example: François Ier (**premier**); Elisabeth Ière (**première**) *but* Henri IV (**quatre**); Louis XV (**quinze**); Elisabeth II (**deux**); le 1er janvier, le 1er mai, le 1er avril etc (**premier**); le 24 novembre (**vingt-quatre**); le 14 juillet (**quartorze**); le 6 juin (**six**).